Attachment Narrative Therapy

애착 이야기치료

Rudi Dallos 저
김유숙
최지원
유승림
공 역

학지사

Attachment Narrative Therapy

by Rudi Dallos

역자 서문

Freud는 유아와 엄마의 관계가 성인 시절 연인 관계의 '원형(原型)이자 원조'라고 주장하였다. 부부의 애착은 어린 시절의 애착 경험으로부터 형성된다고 본 것이다. 즉, 애착은 인간 내면의 작동 모델이 된다. 어린 시절의 애착 경험은 타인에 대한 기대, 자신에 대한 기대를 형성하고 배우자를 선택하는 데 영향을 주며, 결국 안정적 관계에까지 영향을 미친다. 애착은 인생 전반에 걸쳐 대인관계에 영향을 미치는 주요 개념이라 볼 수 있다. Bowlby 또한 애착이 인간에게 근본적이며 내재적인 감정이라고 표현한 것처럼, 정서적 유대감과 신뢰는 인간의 삶에서 중요하다. 양육자와의 애착이 인간의 정서 표현과 조절, 정서적 유대감, 신뢰감 형성에 평생 영향을 미치기 때문이다. 애착에서의 정서란 자신의 다양한 감정을 자각하고 중요한 타자에게 표현하거나 유연하게 반응하고 조절하는 과정을 일컫는다. 부모와의 애착과 의사소통에 관하여 연구해 온 기존의 애착 연구가들은 애착의 평가가 항상 대화를 필요로 한다는 사실을 지적한다. 의사소통을 의미하는 대화는 애착에 있어서 중요한 개념이다. 애착이란 정서가 내용이고 의사소통이 형식이기 때문이다. 그런데 인간의 삶의 이야기를 내러티브하는 과정을 통해 재구성하는 것이 이야기치료의 목표다. 오랜 세월 임상

현장에서 애착과 이야기치료는 각각 사랑받아 왔다. 다양한 실천적 모델과 더불어 상담 현장에 필수적이고 효과적이다. 이런 이유로 우리나라의 경우 지금까지 상담 분야에서 애착이론과 이야기치료에 관한 책들은 적지 않게 출간되었다. 그럼에도 불구하고 이 두 분야를 통합하여 소개하는 책은 전무하다고 본다.

이 책의 원저자 Rudi Dallos는 섭식장애를 가진 내담자 가족에게 체계적인 관점과 애착이론, 이야기치료를 통합적으로 접목하는 사례연구를 시작했고, 오랜 연구 끝에 이 책을 집필하였다. 아동 및 청소년 가족치료를 전문적으로 실천하고 있는 역자들은 이 책을 통해 상담 현장에서 궁금해했던 질문들에 대한 답을 얻을 수 있었다. '하늘 아래 새것은 없다'라고 한 것처럼 애착이론과 이야기치료를 다 아는 상담자들에게 이 책이 담고 있는 것이 새롭지 않은 이야기일 수도 있다. 그렇지만 최근 연구 경향은 사회구성주의 관점에 영향을 받아 특정 이론과 학파를 고수하기보다는 통합적이고 절충적인 관점을 유지하는 것을 추구한다. 새롭지 않은 이야기들을 새로운 형식에 담아 볼 수 있기에 역자들은 이 책을 번역하여 많은 임상가가 현장에서 적용할 수 있도록 공유하고 싶었다.

비록 이 책은 애착과 이야기치료 양쪽 분야에 관심을 갖고 임상실천에 힘써 온 역자들이 애정을 갖고 번역을 했으나 문화적 특징을 담아내기에는 어려움이 있었다. 또한 전문 용어를 한국어로 옮기는 문제에 많은 고민이 있었다. 이 책이 가진 의미를 충분히 담아내려면 책 제목으로는 '애착 내러티브치료'가 바람직하지만, 이미 한국에서 narrative therapy가 이야기치료로 정착된 점을 고려하여 '애착 이야기치료'로 결정하였다. 그러나 번역을 함에 있어서는 명확한 의미 전달을 위해 narrative를 '이야기'와 함께 '내러티브'로 혼용하였음을 밝힌다. 이 책을 통해 얻을 수 있는 통합 실천적 지성이 많은 연구자와 상담자에게 도움이 되기를 희망한다.

좋은 책의 출판을 위해 오랫동안 애써 오신 또 한 분의 학자, 학지사 김진환 사장님 그리고 편집부 박지영 대리님의 수고에도 깊은 감사를 드린다.

한스카운셀링센터에서
역자 일동

추천사

"감정은 친밀한 사람들 사이의 상호작용을 만드는 체계에서 가장 중요한 요소다."

—Sue Johnson (1988)

이 책은 우리가 치료적으로 사람들 '속에서' 그리고 사람들 '사이에서' 어떻게 작업할 수 있을지를 연구하기 위한 이론적인 근거를 전개하고 있다. 사람들은 어떻게 그들의 관계적 맥락을 구성하는가? 그리고 어떻게 그 관계적 맥락이 사람들에게 영향을 미치는가? 애착이론, 체계적 실천, 내러티브 접근의 영역들을 함께 치료에 포함하고 있다는 것이 이 책의 주요한 이론적 성과다. 완성도 높은 임상이론의 연구들은 애착과 체계적 이론을 토대로 하고 있고, 보다 최근에 등장한 내러티브 접근 역시 관계적 개념에서 감정을 이론화하는 방법을 제공한다. 이 방법은 궁극적으로 사람들이 자신의 관계를 치유하는 방법에 대한 이야기를 만드는 것을 도와준다.

애착이론은 실천가들이 정서 조절에 관심을 가지게 하였고, 더 나아가 내담자들의 욕구에 대한 단서가 되는 정서에 초점을 맞추도록 이끈다. 가족이나 친밀한 관계들은 그 구성원의 안전감을 촉진하거나 약화시킬 수 있고, 고통이나 회복탄력성의 발달에 영향을 줄 수 있다. 애착이론을 체계적 치료에 통합하는 임상적 실천(practice)의 결과는 지대한 영향을 가져왔다. 즉, 사람들이 자신의 감정에 이름을 붙이고 조절하도록 도왔고, 다른 사람의 감정적인 입장에 서는 법을 배우게 하였다. 또한 친밀한 사이에서의 부정적인 정서 상태를 견디게 하고, 위로하고 스스로를 진정시키는 패턴에 주의를 기울이게 하였다. 이러한 과정을 통해 사람들은 정서적 경험들을 처리할 수 있게 된다. 만약 우리가 치료 작업 속에서 정서 경험의 강도와 영향력을 다루지 않는다면 내용이나 실용적인 주제들 속에서 길을 잃기 쉽다. 애착 이야기치료는 감정정화(catharsis)를 하는 것이 아니다. 애착 이야기치료의 목적은 오히려 생각을 위한 참조틀(framework)을 제공하는 데 있다. 즉, 정서 경험을 처리하고, 친밀한 타자들과의 관계에서 정서적 반응의 범위를 확장하고, 우리의 정서 경험을 통합하는 것이다.

애착 이야기치료에서 제시하는 내러티브에 대한 체계적 접근은 다양한 측면을 가지고 있다. 애착 이야기치료는 관계에 대한 신념과 이야기와 네트워크에 포함된 모든 사람의 관점에서 본 사건들 간의 관련성을 탐색한다. 그것은 이러한 관계들과 사건들에 대한 다양한 관점을 만들어 내는 참조틀을 제공한다. 동시에 오래된 이야기와 좀 더 최근의 이야기들 사이의 적합성 또는 자기, 타인, 사건들 그리고 그것들 간의 관련성에 대한 설명을 탐색한다. 따라서 애착 사고의 통합과 더불어 애착 이야기치료(Attachment Narrative Therapy: ANT)는 치료적 작업에서 생산된 선호하는 개념과 행동의 발달적 · 정서적 그리고 사회적 결과를 진술하는 명확한 참조틀을 제공한다.

Rudi Dallos는 우아하게 잘 표현된 합성어를 사용하여 실천을 위

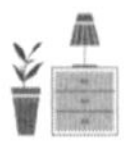

한 통합적 참조틀을 제시하고 있다. 이것은 실천가들과 그들의 내담자들에게 더 많은 선택지를 제공한다. 치료자들은 문화적으로 조율된 방식을 통해 과정(process) 자문가로서의 역할을 한다. 치료자들은 필요에 따라 내담자를 앞서 나가기도 하고 뒤따르기도 할 것이다. 이러한 과정을 통해 경험의 속도를 늦추고, 과정을 반영하고, 새로운 상호작용 패턴을 개발하도록 돕는다. 예를 들어, 치료자들은 어떤 때는 어떻게 변화가 일어나는지에 대한 설명을 공유하기도 하고 다른 때는 위로하면서 다독이는 데에 머물기도 한다. ANT는 문제해결이라는 맥락으로서 안전한 정서적 연결을 만들려는 욕구에 우선순위를 둔다. 이것은 사람들이 이미 문제해결 기술들을 가지고 있고, 그들이 해결하려고 애쓰는 것들은 애착을 근간으로 한 관계 문제들이라는 가정에 근거하고 있다. 우리가 상실로 인해 위협을 받거나 두려워할 때는 우리 자신이 가진 문제해결 기술들을 쉽게 경험할 수가 없다. 애착이론은 우리의 취약성에 대해 언급하고 그것을 인정한다. 영국 전역에서 열렸던 ANT 워크숍을 통해 우리는 실천가들이 관계를 위한, 또한 변화를 위한 지도(map)를 찾고 있다는 점을 알게 되었다. 그것은 우리가 어떻게 우리의 내적 세계를 구성하고 정서적 각성을 조절하는지 그리고 그것이 정서적으로 친밀한 사람들과 호혜적으로 상호작용하는 방법에 어떻게 영향을 미치는지를 파악하는 것이다. 이 책은 매우 적절한 시기에 출간되면서 정서가 어떻게 자기 자신이나 타인과 의사소통하는지에 대해 우리가 흥미를 갖도록 이끌었다.

"사랑, 일과 지식은 우리 삶의 원천이며, 또한 그것들은 우리 삶을 다스려야 한다."

—Wilhelm Reich

Arlene Vetere, 2006

차례

역자 서문 _ 3

추천사 _ 7

서론 _ 15

Chapter 01
애착: 의미와 정체성 • 31

캐시와의 대화 • 33
애착이론과 정체성 • 35
애착이론의 기초: 생물학과 진화 • 39
애착 유형 • 45
내적 작동 모델 • 52
역동: 발달적 관점 • 60
감정과 신념 • 65
감정을 다루기: 감정의 공동조절에서 자기조절로 • 68

Chapter 02
체계, 의사소통, 애착 • 75

체계이론 • 77
의사소통으로서의 애착 • 90
기술로서의 의사소통 • 97
의사소통 패턴과 관련된 애착 유형 • 99
속이기와 왜곡하기 • 101

발달 과정과 의사소통 • 102
성인 애착 • 106
체계적 과정 • 110
커플, 애착과 삼각관계화 • 112
아버지와 어머니 각각에 대한 애착 • 113
거리 조절 • 117

Chapter 03
내러티브와 애착 • 121

내적 작동 모델: 추가적인 고려 사항 • 123
신념 체계: 작동 모델의 구조 • 126
불일치와 부조화 • 133
초인지와 반영적 기능 • 136
애착 내러티브 • 141
애착 내러티브 측정: 이야기 줄기와 성인 애착 인터뷰 • 149
내러티브의 내용과 구조 • 154
치료를 위한 조언 • 163

Chapter 04
체계적 이야기치료: 애착의 관점 • 167

이야기: 정의 • 169
이야기의 내용과 구성: 일관성 • 172
이야기와 사회구성주의 • 178
이야기치료 • 181
치료 과정: 다시 이야기하기(restorying)와 다양한 서술 • 184
이야기치료에서의 변화와 정서 • 196
내러티브 능력 • 201
방어기제와 이야기 • 206

Chapter 05
애착 이야기치료 • 211

체계적 치료와 애착이론 • 213
이야기치료와 애착이론 • 218
ANT: 애착 이야기치료 • 221
치료적 관계: 안전기지 만들기 • 223
애착 이야기치료 관점에서의 사례개념화 • 227
치료적 개입을 위한 제언 • 238
요약 • 247

Chapter 06
애착 이야기치료의 과정 • 251

애착 이야기치료 접근의 개요 • 253
애착 이야기치료 모형의 단계 • 255

Chapter 07
사례연구: 캐시와 그녀의 가족 • 275

안전기지 만들기 • 278
문제의 탐색 • 289
대안의 탐색 그리고 변화 • 298

탐색을 위한 양식 _ 309
부록: 성인 애착 인터뷰 _ 317

참고문헌 _ 321

서론

이 책은 다양한 이론적 신념을 가진 많은 치료자가 내담자 및 그들의 가족과의 작업에서 무엇을 하는지에 관한 것이다. 치료자들은 작업에서 다양한 아이디어와 이론 그리고 기법을 사용하는데, 우리는 이것을 절충주의 또는 실용적인 접근이라고 표현한다. 그러나 우리가 무엇을 사용할 것인가를 선택하는 것은 우리에게 부족한 것과 가능한 것에 대한 이해와 경험을 통해 이루어진다. 나는 이 책을 체계적 가족치료에 기반을 둔 실천가의 관점에서 쓰고 있다. 체계적 아이디어를 차용하는 다른 많은 치료자와 마찬가지로 나 역시 사회구성주의에서 비롯된 접근에 강한 흥미를 가지고 있었다. 이야기치료는 가족 내에서 패턴과 문제들이 의미와 언어라는 수단을 통해 구성된다는 점을 강조하는 중요한 차원을 덧붙인다. 이뿐만 아니라 이야기치료는 치료의 과정이 함께 구성해 가는(co-constructing) 과정이라는 점을 중요하게 여긴다.

하지만 나는 가족의 생활 속에서 그리고 내가 가족들과 작업하는 과정 속에서 정서와 애착의 역할에 대해 몇 가지 계속되는 의문을 가지고 있었다. 이런 생각과 의혹 중 일부는 내가 섭식장애 문제를 보이는 가족들과 지속적인 작업을 하는 동안 생겨났다. 치료 회기가 거듭되고 가족들을 만날수록 치료가 더 긴장되고, 꺼림직하고, 정서적으로 소진되어 간다는 것을 경험했다. 나는 치료실에서 대화가 일어나도록 '만들어야만' 할 것 같은 기분이 들었으나, 가족들이 말을 하도록 격려하는 일은 결코 쉬운 일이 아니라고 느꼈다. 나는 이런 경험이 도대체 무엇 때문에 생기는지 궁금해지기 시작했다. '내가 가지고 있던 치료기술이 힘을 발휘하지 못하는 것인가? 혹은 가족들이 의뢰되는 과정에서 몹시 화가 나서 치료에 온 것일까? 아니면 치료에 대한 가족의 관점 때문일까? 만약 이런 이유가 아니라면 이것은 가족이 말하는 것, 특히 관계에 대해 말하는 것을 어떻게 여기는지와 관련이 있을까?'라고 스스로에게 여러 가지 질문을 던졌다. 마지막 질문은 가족의 패턴 또는 유형이라는 전형적인 아이디어에서 벗어난 치료를 추구하는 포스트모던 접근에서는 중요한 시사점이 된다. 초기 가족치료의 시발점(Hoffman, 1981; Dallos & Draper, 2005)은 가족 패턴과 연결된 다양한 형태의 심리적 장애라는 정형화된 증상의 근원을 찾는 것이었다. 예를 들면, 가족에서의 이중구속 유형이라는 개념은 '정신증적' 증상들의 발현과 연결된다는 식이다.

애착이론은 단순한 유형론과 관련이 있으며, 잠재적으로 어머니들을 비난하는 접근이라고 여겼기 때문에 나는 그동안 이것에 그다지 큰 관심을 두지 않았다. 그러던 중 한 동료가 나에게 애착이론의 최신 동향을 소개해 주었다. 그런데 최근 발전된 애착이론은 의외로 내러티브와 애착 경험 사이의 연결에 대한 흥미로운 아이디어들을 포함하고 있었다(Main et al., 1985; Crittenden, 1997). 이러한 발전은 내가 처음으로 가족치료에서 관심을 가졌던 근본문제들을 다루는 것 같았다. 최근 발전된 애착이론들은 가족 관계의 패턴과 이러한 패턴들이 내적 세계를 상이한 형태로 조성하는 방법 간의 관련성에 대해 다루고 있다. 여기에는 우리가 자신과 타인들에 대해 발달시켜 온 이야기들, 특히 감정과 관계들 그리고 애착과 관련된 이야기들이 포함된다. 이 작업에서 매우 중요한 점은 가족을 병리화(pathologizing)하지 않는 데에 있다. 가족 패턴은 그것이 어떻게 병리의 형태를 만드는지를 비난하기 위해 고안된 것이 아니다. 오히려 가족 역동에 가장 적합한 내적 경험의 형태가 어떻게 조성되는지를 보여 준다. 나는 가족 체계 유형들, 애착 그리고 내러티브라는 생각의 가닥들을 한데 모아 가는 것에 점점 흥분되었다. 나는 이 책이 이런 흥분을 공유하고 다른 사람들이 이와 같은 아이디어를 받아들이고 더욱 발전시키는 데에 도움이 되기를 바란다.

나는 먼저 어떤 가족과 나눈 마지막 대화에서 발췌한 내용을 소개하려고 한다. 이 가족은 내가 함께 작업하면서 많은 것을 배울 수 있었던 가족 중 하나다. 이 인터뷰는 바바라 가족과의 마지막 회기 중에 이루어졌다. 바바라는 거식증으로 고통받고 있었다. 그녀는 별거 중인 부모(해리와 타냐)와 번갈아 가며 살고 있었다. 당시 바바라의 체중은 안정되었고 학교로 복귀하여 잘 지내고 있었다.

저자: 치료가 어떨 것이라고 기대했나요?

타냐: 우리는 치료가 아주 형식적일 거다, 말하기가 어려워서 서로 발끝만 내려다보면서 입을 다물고 있을 거다, 누가 무슨 말인가 꺼내기를 기다리면서도 너무 사적인 얘기는 안 했으면 좋겠다…… 그렇게 생각했죠.

해리: 저는 분석당하는 거라고 생각했어요…….

타냐: 그래요, 맞아요. 웅크리고 앉아서 모든 것을 숨기고 싶었죠. 이게 제가 '치료는 이럴 것이다'라고 생각하는 관점이었어요.

해리: 제 생각은 우리는 치료가 필요 없는데, 그렇지만 하라고 하니까 해야만 한다…… 그런 거였죠. 그런데 사실 저는 초반부터 부드러워졌다는 것을 인정할 수밖에 없네요. 하지만 그게 솔직한 제 첫인상이었어요……. 이것 참 진땀 나게 하는구나.

저자: 바바라, 당신은 어때요?

바바라: 저는 이게 아주 끔찍한 아이디어라고 생각했어요. 끔찍할 거야, 나는 아무 말도 하지 말아야지. 곤혹스럽고, 정말 꺼내기 싫은 말을 하라고 할 것 같고…… 저는 치료가 진짜 끔찍할 거라고 생각했어요.

저자: 제가 칭찬을 들으려고 하는 것은 아닌데요, 치료가 여러분이 기대했던 것과는 어떻게 달랐나요?

타냐: 뜻밖에 저는 말하는 게 쉽구나, 아주 편안하다…… 그렇게 생각했어요. 저는 이야기하는 것이 아주 쉬웠고, 우리 모두 말할 수 있었다는 사실이 놀랍고 인상적이었어요. 우리는, 특히 해리는 말하는 것을 싫어하거든요……. 저는 우리 가족이 함께 대화를 했다는 것이 정말 기뻤어요. 여기에서 선생님이 판단해 주는 데서 말하는 것이 집에서 우리끼리 대화하는 것보다 훨씬 수월했어요. 아마 집에서는 꺼내기 어려웠을 질문들이 계기가 되었던 것 같아요. 질식할 것 같은 답답한 분위기의 집에서였다면 우리는 겁을 먹었을 거예요.

나는 가족의 삶에 끼어든 거식증에 대한 그들의 싸움에 대해 탐색하면서 바바라와 그녀의 가족과 약 1년가량 작업을 했다. 거식증은 똑똑한 젊은이들에게 들러붙어서 비틀리고, 느리고, 고통스럽고, 절박한 상태로 그들의 삶을 갉아먹는다. 나는 바바라와 그녀의 부모를 좋아했고, 그들 역시 나를 믿고 좋아했다고 생각한다. 이처럼 우리가 긍정적인 관계를 맺을 수 있었다는 것이 내가 그들과 작업하는 데에 도움이 되었다고 생각한다.

앞의 간단한 축어록에는 이 책에서 다루는 중요한 요소 중 일부가 담겨 있다. 가족은 상당한 두려움을 가지고 치료를 전망했다. 특히 그들은 말하는 것을 어려워했던 것으로 보인다. "우리는, 특히 해리는 말하는 것을 싫어하거든요." 반면에 그들은 나와 편안한 시간을 보낼 수 있음을 깨달으면서 이러한 두려움과 그들의 대화 능력이 변화했다고 말한다. 이것은 가족치료가 무엇인지를 설득력 있게 표현한 것이다. 가족치료는 중재자(adjudicator)와 함께함으로써, 꺼내기 어려운 것들에 대해 말하는 것을 가능하게 하는 다른 맥락을 제공한다.

가족치료는 심리학, 상담 및 사회학 등과 같은 사회'과학'에서의 변화와 동행하면서 의미와 의미 만들기(meaning and meaning-making)의 중요성을 강조해 왔다. 이것은 언어와 말하기가 인간의 삶에서 중심이라고 주장해 온 사회구성주의의 포괄적인 개념에 속하는 것이다. 초점의 대상이 행동과 상호작용의 패턴에서 벗어나서 의미를 만드는 과정으로 옮겨 갔다는 뜻이다. 또한 이 같은 자세에는 치료자와 연구자의 입장이 '객관적인 관찰자'에서 '능동적인 참여자'로 변해야 할 필요가 있다는 점에 대한 인식이 내재되어 있다. 흥미롭게도, 우리는 앞의 이야기에서 이러한 요점들의 좋은 예

들을 찾아볼 수 있다. 가족 구성원들은 가족치료에 참여하는 것에 대한 그들의 기대나 신념에 대해 말한다. 그 상황은 그 자체로 그들에게 의미를 갖게 한다. 여기서 핵심이 되는 부분은 그들이 치료에 대해 두려움을 가지고 전망하는 것처럼 보인다는 점이다. 그러나 중요한 점은 가족이 자신들에게 치료가 필요하며 자발적으로 치료에 왔다는 점을 깨닫고 있다는 것이다. 그리고 가족이 자신들만의 의미 만들기 과정에 적극적으로 참여했다는 것을 이 경험에서 중심이 되는 것으로 인식했다고 말하고 있다는 점이다. 실제로 그들은 자신들에게 필요했던 작업을 하면서 나를 중재자로 사용했다고 말한다.

그들의 이야기는 또한 이 책의 중심이 되는 감정에 대한 문제를 강조한다. 이 가족 구성원들에게 치료란 감정으로 가득한 것을 의미했다. '사적인 것은 노출하지 않기를 바라는 마음' '끔찍하게 긴 침묵' '웅크리고 숨는 것'을 원한다는 것, '곤혹스럽게 되는 것' '그것은 정말 끔찍할 거예요'와 같은 말과 이 가족에 대한 나의 경험은 그들이 불안과 두려움을 느꼈다는 것을 보여 주었다. 더욱이 그들은 대화란 어쩌면 위험할 수도 있는 것이라는 신념을 가지고 있었는데, 이 믿음이 상황을 더 나쁘게 만들 수도 있었다. "질식할 것 같은 답답한 분위기의 집에서였다면 우리는 겁을 먹었을 거예요." 간혹 나는 사회구성주의자의 의미 만들기에 대한 설명에는 이런 지극히 중요한 요소가 결핍된 것 같다고 생각한다. 말하기는 감정들로 가득 차 있다. 우리가 말할 때, 심지어 우리가 말하려고 생각할 때조차 감정들은 활성화된다. 의미 만들기는 감정과 무관한 일이 아니라 감정적인 일이다. 어쩌면 우리는 사람들과의 사회적 상호작용에 대해 감정에 치우치지 않고 합리적인 관점을 갖는 것을 촉진하는 서구의 가부장적인 담론들(discourses)의 영향을 지나치게 받아 온 것일 수도 있다(Foucault, 1975; Bruner, 1990; Gergen, 1999). 흥미롭게도, 발달 연구는 생애 가장 초기부터 감정이 핵심이 된다는 점을 주장하고 있다. 우리가 긍정적인 감정들의 중요성과 그것들이 어떻게 관계를 형성하는지에 대해 자주 잊어버린다는 점도 일깨워준다(Trevarthen, 1992). 이것은 감정을 내보이거나 상호적으로 반응하는 것에 어려움이 있는 유아들(아스퍼거 증후군 또는 자폐 스펙트럼 장애로 다양하게 이름 붙여진)의 어머니들이 느끼는 극심한 고통을 통해 생생하게 알 수 있다.

개인적인 관계

내가 애착이론에 관심을 갖게 된 또 다른 이유가 있을까? 내가 다른 관점들이나 이론들보다 애착이론을 통해 내 삶을 보다 분명하게 이해하는 데에 도움을 받았다는 점이 그 대답이 될 것이다. 나는 1956년 '혁명'이 일어났던 헝가리에서 난민이 되어 도망쳐 나오면서 고통스러운 이별을 경험했다. 내가 진심으로 사랑했고 나를 사랑했던 외할머니 그리고 여동생과 이별했다. 영국에 도착하고 나서도 어머니와 고통스러운 이별을 여러 번 경험했다. 아마 내가 가진 특이한 배경이 나의 궁극적인 관심사를 잘 설명해 주는 것 같다. 어쩌면 이러한 초기 경험들이 내가 인식으로부터 차단하고자 시도했던 감정들을 다시 탐구하고자 하는 욕구로 만들어 낸 것일 수도 있다. 애착이론은 우리의 초기 경험이 특이하거나 평범하거나와 상관없이 모든 사건이 우리 삶에 극적인 영향을 미친다고

주장한다. 어린 아동에게는 어린이집에 처음으로 등원하는 날과 같은 일상의 이별이 표면적으로는 더 중요한 것처럼 보이는 극적인 이별만큼 강력하게 경험될 수 있다.

이 책의 방향: 체계적 가족치료, 애착이론 그리고 이야기치료

이 책은 애착 및 내러티브 관점과 관계를 맺으려는 체계론적 치료자의 관점에서 저술되었다. 이 책의 방향은 애착이론가 또는 이야기치료사가 단순히 두 관점을 연결하기 위해 썼을 때와는 상당한 차이가 있을 것이다. 이 책의 목적 중 하나는 가족에서 의미 만들기 과정과 애착 유형 간의 관련성을 고찰하는 것이다. 보다 광범위한 목적 중 하나는 가족의 사회적 세계가 가족 구성원의 내적 세계를 어떻게 형성하는지, 또한 각 구성원의 내적 세계가 어떻게 가족의 사회적 세계를 만드는지를 살펴보는 것이다. 하지만 이런 관점은 종국에는 우리가 통합시킬 필요가 있는 것을 구분하는 위험을 포함하고 있다. 분명히 내적 세계와 사회적 세계는 구분되거나 분리되는 측면들이 아니라 오히려 불가분하게 엮여 있다. 이것은 '상호주관성(intersubjectivity)'이라는 개념으로, 개인의 경험은 다른 사람과 공존한다거나 다른 사람 경험의 한 부분이라는 감각 속에 내재한다는 생각이다. 자기(self)를 사회적 과정 체계의 부분이라고 보는 이와 같은 아이디어는 사회구성주의와 체계이론의 핵심이다.

애착이론은 초기 상호작용 과정과 이것이 내적 상태 발달에 미치는 영향에 대해 주의 깊게 살펴봄으로써 의미 만들기 과정에 세

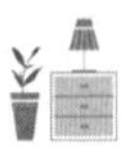

부사항들을 추가한다. 이 책의 주요한 주제 중 하나는 가족에서의 의미 만들기를 이해하기 위해서 애착이론이 무엇을 제공해야만 하는지를 탐구하는 것이다. 보다 명확히 말하자면, 아동이 자신의 경험들을 담기 위해 이야기와 내러티브를 발달시킬 때 이러한 의미 만들기가 어떻게 형성되는지를 살펴보고자 한다. 이러한 이야기 또는 내러티브는 동시에 아동의 정체성을 형성한다. 이와 더불어 애착이론은 아동이 의사소통을 배우는 방식과 가족 내에서의 의사소통 유형에 대한 이해의 폭을 넓혀 줄 수 있다.

왜 애착 이야기치료(ANT)인가: 애착이론, 체계적 관점 그리고 이야기치료의 통합이 필요한 이유

각 관점들이 가진 제한점을 요약하고 이러한 통합이 필요한 몇 가지 이유를 제시하고자 한다. 나는 이것이 불만의 목록이 아니라 각각의 관점으로부터 내가 개념과 방법을 차용했던 경험과 생각에 대한 개관이 되기를 바란다.

체계적 이론과 치료

- 개인적인 경험을 무시함
- 발달적 관점이 부족함
- 최근의 가족치료는 유형들을 무시함
- 가족 유형과 문제들 간의 연결을 무시함

오늘날의 체계적 치료(Dallos & Draper, 2005)는 넓은 범주의 개념들을 포함하고 있다. 그것은 필수적으로 심리내적(intrapsychic)

방향성을 가졌던 이전 모델들에서 벗어나 문제에 대한 대인관계적(interpersonal), 관계적(relational)인 관점으로 이동하는 데에 있어서 급진적인 입장을 갖는다. 문제를 다양한 형태의 개인적 결함 또는 병리로부터 나온 결과로 보는 것과는 달리, 체계적 치료는 문제를 관계의 과정과 유형의 결과로 보는 관점을 제공한다. 이것은 치료 윤리라는 관점에서 치료에 대한 심오한 함의를 갖는다. 체계적 치료는 우리로 하여금 자기 내면의 어떤 것에 대해서가 아니라 가족의 역동에 대한 반응을 부각하여 고통을 겪는 사람들을 비난하고 치료를 강요하는 입장에서 벗어날 수 있도록 돕는다. 그러나 이와 같은 사고의 혁명은 우리가 유형을 크게 강조하도록 만듦으로써 우리로 하여금 가족에서 개별적인 경험의 속성과 어떻게 상이한 정체성과 성격이 발달하는지를 간과하게 만들었다. 과정과 유형에 관한 논의가 복잡해지면서 사람을 잃게 되었다. 흥미롭게도, 최근의 체계적 가족치료는 유형을 고려하는 것에서 벗어나서 의미 만들기 과정을 강조하는 쪽으로 더 많이 옮겨 갔다. 사회구성주의자의 관점에서 보면, 일상적인 가족생활 흐름 속에서 의미가 구성되는 중요한 장소 중 하나로서 가족을 강조하는 방향으로 변화가 일어난 것이다. 치료는 유형을 찾으려고 시도하는 대신에 특정한 변화의 방향을 주장하지 않으면서 변화를 격려하는, 보다 실용적인 과정이 되었다.

이와 같은 변화는 실용주의적 경향과 연결될 수 있다. 그것의 근원은 Haley(1963, 1987), Watzlawick 등(1974), Parazzoli 등(1978)과 같은 초기 선구자들에 의해 옹호되었던 전략적 · 실용주의적 방향까지 거슬러 올라간다. 그들은 성공적인 치료의 준거는 '효과가 있는 방법이 치료적인 것이다(what works is what works)'에 있다고 보았다. Haley(1963, 1987)는 유형들, 문제의 발달에 대한 인과적 이해, 가족 패턴의 탐색 그리고 이것들이 어떻게 문제와 연결되는지에 대한 탐구는 연구자들을 위한 질문이나 우선순위로 볼 수 있다고 주장했다. 그러나 이런 것들이 치료자들에게는 치료와 무관한 산만함이 될 수도 있다. 예를 들어, 가족생활의 복잡성을 고려했을 때 어떻게 문제가 발생하는가를 이해하려고 노력하는 것은 헛된 일일 뿐 아니라 가족이 변하도록 도울 수 있는 방법들을 찾는 데 큰 도움이 되지 않을 수도 있기 때문이다.

이러한 논쟁 중 어떤 것들은 설득력이 있었다는 점은 인정한다. 그러나 그것들은 치료 실제(practice)를 발달시키고 이끌 수 있는 이론을 형성하지 않으면서 궁극적으로는 우리를 순전히 실용주의적인 입장에만 남겨 둘 뿐이다. 오히려 나는 가족 구성원들의 경험과 특정한 유형들이 가족 구성원들의 발달을 조성하는 방식을 고려하는 것이 중요하고 유용하다는 점을 강조하고 싶다. 이것은 우리가 전문가 자세로 복귀하는 것이 필요하다는 의미가 아니다. 오히려 우리는 임시적이고(tentative) 제안적인(propositional) 입장을 취함으로써 '만약에(as if)'라는 관점에서 유형과 정체성 발달에 대해 생각할 수 있다는 의미다. 이것은 우리가 가족에 대해 가지고 있는 유용한 가설들에 의해 유도될 수도 있다.

체계이론과 마찬가지로 이야기치료에 관한 몇 가지 계속되는 질문들이 발생한다.

이야기 이론과 치료

- 이야기는 어떻게 발달하는가?
- 사람들은 그들의 내러티브 능력/'기술'에서 차이가 있는가?

- 이야기와 생활사건 그리고 가족 패턴 사이에는 어떤 연관성이 있는가?

많은 체계적 가족치료사는 가족들과의 작업에서 내러티브 접근을 더해 왔거나 내러티브 접근으로 옮겨 갔다. 3장에서 보겠지만, 내러티브 접근은 인간 활동의 중심으로서 의미 만들기를 강조하고 사람들이 의미 만들기를 하는 주된 방법은 자신의 삶에 대한 이야기나 내러티브의 구성을 통해서라는 개념을 특별히 강조하는 사회구성주의적 관점을 사용한다. 특히 '정신질환'으로 고통받는 가족 구성원의 이야기와 같은 내러티브는 개인들이 그 자신을 어떻게 여기는지, 다른 사람들은 그들을 어떻게 보는지, 그들이 어떻게 취급되었는지, 그들에게 부과된 활동들은 무엇이었는지, 그들의 미래 삶에 대해 어떤 희망과 불안이 공존하는지 또는 보다 정확하게는 그들에게 미래가 없다는 점에 대한 상당한 함축성을 가진다. 가족들과 함께하는 내러티브 작업은 다른 방식을 통해 보다 세련될 수 있다. 즉, 새롭고 덜 억압적이고 덜 학대적인 이야기들이 가족들과 함께 공동 구성될 수 있다.

그러나 이 같은 작업을 할 때 항상 따라오는 질문이 있다. 먼저, 가족과 가족 구성원들이 이런 식의 작업에 관여할 수 있는 정도가 어떻게 차이 나는지를 생각해 볼 수 있다. 한 연구는 우리의 경험을 내러티브로 자리매김하는 것은 정교한 기술로, 이것은 아동기에 점진적으로 발달하며 더욱 촉진되고 길러질 필요가 있다고 주장한다. 또한 내러티브의 내용은 현실의 생생한 경험을 통해 형성된다. 심각한 박탈이나 학대적인 관계의 경험을 가진 가족들은 이러한 경험에 상응하는 내러티브를 발달시킨다. 따라서 그들은 스스로를 비관적이고 자기비하적인 방식으로 보기 시작한다. 그러나 이야기치료에서 중요한 것은 그들 내러티브의 내용뿐 아니라 그것이 구조화되어 가는 방식이다. 내러티브 발달에 관한 연구는 내러티브의 구조화가 가족 과정 및 정신 건강과 관련이 있다고 주장한다. 최근 발전된 애착이론에서는 가족의 정서적 과정이 내러티브 과정을 형성한다고 본다. 내러티브 과정이란 내러티브가 사건들을 왜곡한 정도 그리고 다른 사람들의 감정과 생각을 포함하여 내러티브가 얼마나 일관성 있게 사건들을 통합하고 있는지와 같은 일관성 정도 등을 말한다. 예를 들어, 이야기치료를 위해서 어떤 가족들이 치료적 대화와 반영팀(reflecting team)을 이해하고 활용할 수 있는지 생각해 보는 것이 도움이 될 수 있다. 이 점을 고려하지 않는다면 우리는 가끔 내담자들이 아니라 우리 자신에게 이야기하고 있음을 간과할는지도 모른다. 내담자들이 자신의 경험을 내러티브로 옮기는 것을 어떻게 배웠는지 그리고 그들이 사건들을 변환시키는 방식들, 예를 들어 내담자들이 자신의 문제에 감정, 애착 그리고 관계들이 기여한 것을 배제시키는 패턴 등을 이해하는 것이 가족들과 함께 대화하면서 새로운 내러티브를 구성하는 우리 능력에 도움이 될 수도 있다.

애착이론

- 지나치게 생물학적-결정론적?
- 모(母) 비난하기?
- 2자 관계 중심은 너무 단순한 것 아닌가?

1, 2, 3장에서 살펴보겠지만, 애착이론은 가족에서 어떻게 정체

성이 발달하는지에 대한 관계적 설명을 제공하고, 보다 최신의 애착이론은 우리의 내러티브들이 어떻게 발전하는지를 알려 준다. 그러나 애착이론은 2자 과정(dyadic process)을 강조함으로써 전반적으로 편협하게 보일 수 있다. 또한 이것이 주로 모-아 관계의 패턴들에 초점이 맞춰져 있으며, 자녀의 불안감(insecurity) 발달에 대해 모의 비난적(mother-blaming)인 의미를 내포한다는 점이 이 이론의 취약한 부분이다. 애착이론은 적절하고 좋은 양육, 적절한 수준의 유대감(bonding)과 부모의 역할 등을 형성하는 사회문화적 과정을 고려하는 대신 애착의 기초에 대해 지나치게 생물학적인 관점을 차용해 왔다.

애착 이야기치료라는 새로운 치료적 접근이 필요한가

John Byng-Hall(1995)은 체계이론은 애착이론에서 나온 개념들을 포함함으로써 이점이 있고 실제로 두 접근 간에는 여러 가지 면에서 겹치는 부분이 있다고 설득력 있게 주장했다. Bowlby(1969, 1973)는 체계적 아이디어들을 사용하여 애착이론을 전개해 가면서 애착을 아동과 돌봄 제공자(caregiver) 간의 상호작용 체계라고 보았다. 따라서 Byng-Hall(1995)은 또 다른 형태의 치료를 개발할 필요가 없다고도 주장했다. 나는 그의 관점에 일부 동의한다. 그리고 그의 선구적이고 놀라운 업적과 같이, 이 책이 시도하는 것은 애착과 이야기치료로부터 유용한 관점을 가족치료 속으로 가져오려는 것이다. 세 접근이 가진 측면들이 합쳐져서 더 큰 전체를 만들기 때문에 나는 이것을 하나의 접근으로 지정하는 것이 유용할 것이라고 생각한다. 또한 이것은 우리로 하여금 절충적인 혼합의 수준

에 머무르는 대신에 우리가 이러한 관점들을 통합하는 데 포함되는 주제들에 대해 생각하는 데에 기여할 것이다. 어떤 수준의 통합이 가능한가에 대해서는 질문이 있을 수 있다. 나는 세 이론의 수정판을 만들었다고 주장하는 것이 아니다. 이 책을 이끄는 기본적인 생각은 체계적 이론이다. 이것은 경험, 유형, 차이가 가진 관계적 속성을 폭넓게 강조하는 메타이론으로서 다양한 모델을 포함할 수 있다.

이 책의 목적은 이러한 관점들 간의 관련성뿐 아니라 중요한 차이점들, 그리고 내담자와 그들의 가족과 작업하기 위한 통합적인 접근에 주목하는 데에 있다. 체계적 치료와 마찬가지로 애착이론은 50년 이상 존재해 왔다. 그러나 애착이론은 분명한 치료 모델을 개발하지 않았다. 대신에 애착이론은 연구와 평가 접근으로 더 많이 알려졌고 치료적 접근들을 제공해 왔다. 나는 애착이론 내에서 최근 연구의 관심이 내러티브의 연구로 이동한 것이 치료에 있어 상당히 유용한 방향을 제공한다고 생각한다. 그것은 임상가들에게 어떻게 이러한 것들을 새로운 통합적 접근에 대한 시도, 즉 ANT로 결합할 수 있는지를 탐색하는 데에 유용한 지침을 제공할 수 있을 것이다.

CHAPTER 01

애착: 의미와 정체성

• • •

이 장은 애착이론이 우리가 자신이 누구인가라는 감각-즉, 정체성과 자기-을 어떻게 발달시키는지에 대한 중요한 통찰을 제공해 주고 있음을 설명하는 것으로 시작한다. 애착에 대한 기본적인 욕구들이 생물학적 기반을 가지고 있으나, 애착이론은 다른 사람들과 관계를 맺는 양식이 어떻게 발달하는지에 대한 사회적 설명도 제공한다. 이 장에서는 기존에 알려져 있는 주요 애착 유형들에 대해 개관하면서 애착이론의 기본 개념들을 살펴본다. 그리고 아동이 위험으로부터 부모의 보호 제공 가능성을 예측하는 것을 어떻게 배우는지 보여 주는 '내적 작동 모델(internal working model)' 개념을 알아본다. 먼저 자신과 타인에 대한 의미 체계의 발달이라는 관점에서 작동 모델들을 살펴보고, 아동들이 부모의 도움을 받으면서 자신의 감정을 조절하는 방법을 발달시키는 것을 어떻게 학습하는지에 대해 논의하려고 한다. 애착 과정의 대인관계적 특성과 체계적인 특성에 대해 강조하면서 이 장을 마무리한다.

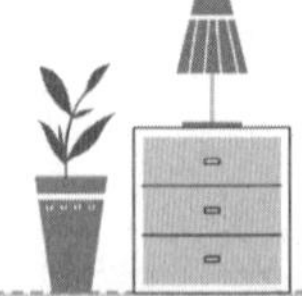

캐시와의 대화

면접자: 관계라는 관점에서 당신 가족에 대해 설명해 줄 수 있나요?

캐시: 우리 가족은 아주 가식적이고 이상해요. 제 말은 많이 변했다는 거예요. 제가 더 어렸을 때는 항상 끔찍했는데요, 지금 저는 분노를 싫어해요. 마치 끊임없이 말다툼하는 것 같았어요. 끔찍했어요. 가족의 말다툼을 멈추게 하려고 저는 뭐든 다 했죠. 분노는 두려움 같은 거예요. 지금은 화내는 것을 싫어해요. 분노는 통제될 수 없는 감정 같아요. 그리고 저에게 상처를 입히죠……. 그렇지만 최근에는 가족 모두가 정말로 노력을 해요. 노력을 하기는 하는데, 여전히 저한테는 가짜같이 보인다는 거죠……. 가족이 말하는 것은 다 저에 대한 거예요. 만약 제가 이게(거식증) 없었다면, 다 각각 뿔뿔이 흩어졌을 것 같아요. 최소한 거식증 때문에 얘기는 하잖아요. 내가 더 안 좋아질 수 있으니까 내 상태가 이럴 때는 엄마, 아빠가 싸우지 않는 거죠. 그래서…… 내가 마음대로 할 수는 없지만 그런 식으로 상황을 더 통제할 수 있었어요.

면접자: 그렇다면 당신이 어렸을 때 화가 났거나 괴롭거나 아니면 무서웠을 때 누구에게 갔나요?

캐시: 아무에게도요. 아무한테도 안 갔어요. 제가 그랬던 거는 딱 한 번 있었는데요, 엄마가 일하고 있었고 저는 오빠 방에서

자야만 했을 때가 있었거든요. 왜 그랬는지 기억은 안 나는데, 거기에 우리가 어릴 때 나를 안고 얼러 주는 엄마 사진이 있었어요. 그때 저는 어렸을 때인데, 그 사진을 보고 있다가 울음이 터졌어요. 왜냐하면 우리 엄마, 아빠는 다른 부모들에 비해 나이가 더 많아서 엄마가 곧 돌아가실 것 같다는 생각이 들었거든요. 그래서 아빠한테 갔더니 아빠는 '바보같이 굴지 말고 자러 가라'고 했죠. 그래서 다시 자러 갔어요. 그 일이 있고 난 후 다시는 아빠한테 안 갔어요. 저는 아빠를 귀찮게 안 하려고 그냥 꾹 참았어요.

캐시(17세)는 가족 내에서의 애착 유형을 탐색하기 위한 우리 연구를 도와주고 있었다. 나는 캐시와 그녀의 가족이 거식증과 싸우고 있을 당시 그들과 임상적인 작업을 함께 했다. 우리는 캐시에게 가족 내에서의 삶, 부모의 관계, '거식증'과 관련된 문제들 그리고 어린 시절 위로받은 기억에 대해 말해 달라고 요청했다. 캐시의 대답에서 우리는 그녀가 어떻게 가족 내에서의 자기 삶에 대해 이해하려고 노력했는지를 엿볼 수 있다. 캐시는 부모 사이의 갈등 삼각 구조에 뒤엉켜 있을 때 자신이 어떤 기분이었는지에 대한 슬픈 이야기를 들려주었다. 캐시는 또한 자신이 부모 사이의 파괴적인 분노라고 생각했던 것을 중단시키기 위해서 스스로 문제를 가진 아이로 남아 있어야만 했다고 말했다. 그녀의 두 번째 대답에서 캐시는 그녀가 화가 났을 때 누구를 찾아갈 수 있다고 생각했는지, 어떤 돌봄을 기대했는지를 설명하고 있다. 캐시는 부모 모두를 중요하게 언급했으며, 친밀감에 대한 기억과 미래에 일어날 수 있는 상실이 강력한 슬픔을 촉발했다고 말했다. 그리고 이런 슬픔에 싸인 자신을 위로해 줄 것이라는 기대를 가지고 아버지에게 갔던 일에 대해서도 말했다. 아버지에게 접근하는 것이 불가능하다고 느낀 캐시의 기억은 아버지와의 관계에 대한 그녀 이야기에서 중요한 전환점이 되었던 것으로 보인다. 이 축어록은 애착이론이 특히 영아와 어머니 간의 2자 관계에 중점을 두고 있기는 하지만 가족 내에서의 애착은 다중적이고 복잡하다는 것을 강조하고 있다. 가족생활에서 극적인 변화가 일어나는 것은 아동들이 부모, 계부모, 조부모, 형제들 그리고 가족 밖의 보호자들로부터 양육을 받는 경험이 늘어나기 때문이라고 볼 수 있다. 이 장에서 우리는 핵심이론의 일부를 살펴보고자 한다. 이러한 이론들은 주로 2자 관계에 대한 연구에 기초하고 있지만 가족 내에서 애착의 복잡성을 고려하고 있다.

캐시의 이야기를 이끌어 낸 질문들은 3장에서 보다 자세히 살펴보게 될 성인 애착 인터뷰(Adult Attachment Interview: AAI)에서 차용한 것이다. 이 장에서는 아동이 자신의 생각을 표현할 수 있는 언어를 가지기 이전에 발생을 시작하는 애착의 초기 발달에 대해 살펴보고자 한다. 어쨌거나 캐시의 이야기는 애착을 형성하는 초기 경험들의 의미와 경험에 대한 흥미로운 통찰을 제공해 주고 있다.

애착이론과 정체성

나는 이 장에서 애착이론이 자기(self)의 발달에 대해 중요한 관점을 제공하고 있다는 점을 언급하고자 한다. 여기에는 아동이 어

떻게 정체성을 발달시키는지, 즉 우리는 누구인가라는 생각과 우리는 어떻게 우리 자신이 되었는가에 대한 견해가 포함되어 있다. 이것은 심리학적 이론과 치료를 개인적이고, 주관적이며, 또한 정체성과 의미의 구성과 관련 있는 것으로 강조하는 사회구성주의자들의 접근에 부합한다고 볼 수 있다. 애착이론은 전형적으로 사회구성주의자들의 입장과 일치하지 않았기 때문에 여기에서 애착이론을 선택한 것이 이상하게 보일 수도 있다. 애착이론은 오히려 생물학적 핵심요소들의 관점에서 시작해서 애착 방식의 유형론을 제안하는 근대주의적 접근에 명확한 뿌리를 두고 있기에 사회구성주의에 반대하는 입장이라고 여겨져 왔다.

나는 근대주의나 환원주의적 접근처럼 보여서 혼란을 겪지 않으면서 애착이론에 대한 이야기를 어떻게 시작할 수 있을지 많은 고민을 했다. 자칫 애착 유형을 정확하게 측정하는 방법이나 양육자, 특히 애착 유형의 원인이 되는 어머니의 행동을 기술하는 것에 사로잡히기 쉽기 때문이다. 나는 상이한 자기의 유형이 발전해 가는 과정에서 공통성을 탐색함과 동시에 사람들이 자신의 삶에 대해 가지는 독특한 의미들을 연결하도록 노력하는 것은 가치가 있다고 생각한다. 이것이 바로 우리가 그녀의 경험이 가진 독특성과 공통성 모두를 제시하기 위해 캐시의 이야기를 살펴보는 것에서 시작한 이유다.

캐시가 자신과 자신의 가족에 대해 말한 것으로부터 우리가 이해한 것은 무엇인가? 애착이론의 렌즈를 사용한다면 캐시의 이야기는 그녀가 **집착형**(preoccupied) 애착 유형을 가지고 있어서 자신의 어린 시절을 기억할 때 고통스러운 감정들과 강렬한 기억들을 떠올린다는 것을 보여 주고 있다. 그러나 캐시는 어느 누구도 찾지 않고 스스로를 의지하기로 한 자신의 결정을 설명하고 있기 때문에 동시에 **무시형**(dismissing) 전략의 측면도 보인다. 이처럼 상당히 적은 분량의 축어록을 근거로 단일한 전략과 연결시키는 것은 어려운 일이다. 캐시를 **집착형** 또는 **무시형**이라고 기술하는 것은 그녀의 내부에 분류되거나 측정할 수 있는 어떤 실체가 존재한다는 것을 암시하는 것이다. 폭넓게 보면 이것은 객관적인 분류와 기본적인 실체로 현상을 환원시키는 것에 관심을 둔 실증주의자와 환원주의자의 접근에 속한다. 캐시가 말한 것에 대해 생각하는 또 다른 방식은 그녀가 표현하거나 보여 주는 것이 바로 애착이론에서 설명하는 **작동 모델**(working model)—캐시가 그녀 자신과 가족에 대해 가지고 있는 지속적인 일련의 신념이나 표상—이라고 보는 것이다. 이러한 신념들은 도식화하거나 측정될 수 있는 안정성과 현실성을 가지고 있는 것으로 여겨진다.

그러나 캐시의 이야기를 보는 또 다른 방법은 그녀가 내적인 대화를 나누고 있다고 여기는 것이다. 즉, 캐시의 생각 속에서 일어나는 긴장을 보여 주는 각기 다른 생각들을 병렬로 배치하는 것으로도 이해할 수 있다. 이것은 내러티브 또는 대화적 접근이라고 불려 온 것으로, 그녀가 면담자로부터 받은 질문에 대해 반응하면서 자신에 대해 심사숙고한다고 보는 방법이다(Bruner, 1990; Gergen, 1999). 이 같은 이해 과정은 적극적인 내적 대화에 관여하는 것으로 나타난다. 그녀는 이러한 대화 속에서 자신이 가지고 있는 서로 다른 설명과 이해, 감정들 간의 대립과 긴장을 이끌어 낸다. 예를 들어, 캐시가 엄마의 사진을 묘사할 때 엄마에게 접근이 불가능하다는 점을 받아들이는 것과 엄마와의 친밀감을 바라는 것 간의 긴장이 존재한다. 또한 친밀감을 원하는 것과 이런 감정을 배제한 채로

자기 자신만 의지해야 한다고 생각하는 것 간의 긴장을 볼 수 있다. 사실 이때 캐시는 자신보다 20세가량 연상의 여성 심리학 연구자와 대화를 통한 상호작용을 하고 있었다. 그 연구자는 캐시가 말한 것을 이해하기 위해 노력했으며 캐시 역시 연구자가 그 일을 잘 수행할 수 있도록 도왔다. 그렇다면 이때 캐시는 단순히 자신의 인생에 대해 서술하고 자신의 신념에 대해 표현하는 것만은 아니다. 그녀는 연구자와 함께 두 사람에게 모두 이해가 되는 이야기를 공동 구성하는(co-constructing) 것이라고 볼 수 있다.

끝으로, 캐시의 축어록을 읽을 때 우리는 우리 자신의 신념과 경험이라는 관점에서 그 이야기를 이해해 가기 때문에 결국 우리 자신의 애착 유형이 우리가 캐시의 경험과 연결되는 방식에 기여하기도 한다. 이것은 양립할 수 없는 상이한 입장일까? 체계적 가족치료의 창시자 중 한 사람인 Jackson(1957, 1965)은 가족 내에서 '유형들(patterns)'과 공통성은 실재(realities)로서가 아니라 '만약에(as if)'로서 중요하다고 주장하였다. 즉, 제안이나 가정으로서 고려할 때 우리 생각이나 실행을 이끄는 데에 다양한 아이디어를 유용하게 적용할 수 있다는 것이다. Bowlby(1969)도 초기에는 자신이 관찰한 애착 유형에 대해 잠정적인 관점을 갖는 것이 최상이라는 유사한 주장을 했다. 그는 우리가 애착 유형에 대해 충분히 파악하기 전까지는 애착 유형들에 회피적 · 불안/양가적이라고 이름을 붙이는 것은 미숙하고 경멸적이라고 언급하면서 단순하게 A, B 또는 C 유형이라고 부를 것을 제안하였다. 불행하게도 그의 조언은 무시되었으며, 결과적으로 애착이론은 판단적인 접근을 주장하는 것처럼 인식되었다.

애착이론의 기초: 생물학과 진화

애착이론의 중심에는 우리가 위험을 경험할 때 부모(또는 양육자)로부터 보호를 추구한다는 진화론에 근거한 본능을 다른 종(species)들과 공유한다는 명제가 있다. 분리와 상실을 경험했던 아동에 대한 관찰을 근거로 하여 Bowlby(1969)는 처음에 모성 박탈이 아동에게 미치는 손상의 효과라는 관점에서 애착이론에 관한 자신의 생각을 밝혔다. 그는 부모들, 특히 어머니와 분리되어 고아원이나 다른 시설에 있던 아동들이 감정을 드러내지 않거나 반사회적인 정체성을 나타낼 수 있다고 언급하였다. 이런 아동들은 때로는 화가 나 있고 공격적인 것처럼 보였고, 친밀한 감정을 나타내거나 관계를 유지하는 데에 어려움이 있는 것으로 보였다. Bowlby(1969)는 이러한 젊은이들의 정체성 발달과 그들 중 얼마나 많은 수가 사회 속에서 불행하고, 비행을 저지르는 아웃사이더 또는 사회적 낙오자가 되는지에 대해 지대한 관심을 가졌다. 이들은 의심이 많고, 다른 사람들을 경계하고, 타인을 속이는 일에 관여하는 경향이 높아서 다른 사람의 문제에 대해 공감할 수 있는 의지나 능력이 부족한 존재로 묘사되었다. 그러나 이런 젊은이들의 고통에 대한 Bowlby의 설명은 동정적이었다.

Bowlby(1969, 1988)는 신생아는 우는 것과 부모에게 접근하는 것 같은 선천적인 행동의 레퍼토리를 가지고 태어나는데, 이런 것들은 아이가 고통스럽거나 두려움을 느낄 때 활성화된다고 주장하였다.

나의 양육 개념에서 중요한 특징은 부모 모두에 의해 제공되는 안전기지(secure base)다. 아동이나 청소년은 이 같은 안전기지로부터 바깥세상을 향해 모험을 떠날 수 있다. 그리고 그들은 언제든 자신이 되돌아가면 환영받을 것이라는 확신을 가질 때 필요에 따라 그곳으로 되돌아갈 수 있다. 그곳에서는 육체적 · 정서적으로 영양분을 공급받을 수 있으며 괴로울 때는 위로를, 두려울 때는 안심을 얻을 수 있다. 본질적으로 이러한 역할은 격려해 달라거나 도와달라는 요청을 받았을 때 반응할 준비가 되어 있어야 한다. 그러나 분명하게 필요한 경우에만 개입해야 한다.

Bowlby (1988)

우리가 스스로 움직이고, 먹고, 자신을 방어할 수 있기까지는 상당한 시간이 필요하기 때문에 애착의 발달은 특히 유아에게 중요하다. 애착은 모든 대인관계의 상호작용이 아니라, 위협이나 위험에 의해 활성화되는 행동과 관련이 있다는 사실을 인식하는 것이 중요하다.

Bowlby(1988)는 애착을 상호작용 체계로 묘사하면서, 그 안에서 편안하게 허용할 수 있는 제한 범위 내에서 안전감이 유지된다고 보았다. 유아가 상대적으로 안전함을 느끼거나 위협을 느끼지 않을 때, 그 아기는 부모를 떠나서 탐험하거나 모험을 할 수 있다. 이때 아기는 일시적으로 위협이나 위험에 노출되는데, 유아는 이런 위협이나 위험을 마주한다면 고통 반응을 하게 된다. 부모는 유아의 탐험을 살펴보면서 만약 유아가 고통스러워한다면 보호와 안전을 제공하기 위해 반응할 것이다. 이런 방식으로 아동의 정서 체계는 편안하거나 견딜 만한 수준으로 균형을 회복한다. 이와 유사하게 아동이 만족스럽고 안전하게 보인다면 부모는 아동의 안전이 무시되지 않는 범위 내에서 다른 활동에 주의를 기울이기도 한다. 이처럼 부모는 아기가 지금 하고 있는 행동에 초점을 두면서 지속적인 관심을 갖는 것이 필요하다. 이것은 우리가 아는 바와 같이 청년기까지 지속된다. 중년의 부모들은 청년기의 자녀가 보다 더 독립적이 되어 마침내 집을 떠나게 되면 안도의 한숨을 쉴 수 있게 된다.

Bowlby(1969)는 애착이란 기본적·생득적인 것으로 생물학적인 근거를 가진 동기라고 보았다. 그는 애착은 불가피한 것이며, 아동들은 부모나 양육자가 보상을 주는지의 여부와는 관계없이 그들에게 애착된다는 점을 강조하였다. 부모로부터 심하게 학대를 받은 아동들의 경우, 그 같은 경험에도 불구하고 부모에게 강하게 애착되기 때문에 그들의 경험은 더욱 고통스러울 수 있다는 사실이 명백히 드러났다. Bowlby(1969)는 애착이 적응적인 자기조절 체계로 작동한다고 해도 이것이 단순히 정해진 경로대로 움직이지 않음을 강조하였다. 그는 목표물의 위치 정보에 따라 방향을 조절해 가는 열추적 미사일(heat-seeking missile)이라는 군사적 비유를 사용하여 애착을 설명했다. 따라서 화가 나거나 무서울 때, 아동은 부모에 대한 접근성을 획득하기 위해서 부모가 안아 주고 달래 줄 때까지 기거나, 걷거나 또는 우는 것과 같은 다양한 수단을 사용한다. 일단 진정이 되고 안전감을 느끼게 되면 아동은 다시 환경을 탐색하기 시작한다([그림 1-1] 참조).

이러한 애착 체계는 본질적으로 아동의 '안'에 존재하며, 부모나 양육자는 아동의 애착 체계의 대상이다. 접촉을 하려는 아동의 시도에 대해 부모의 반응 양상이 아동의 애착 체계를 형성한다. 안정,

자녀는
위협을 경험함
즉시성(proximity)을 추구함
안전하면 탐색과 놀이로 돌아감

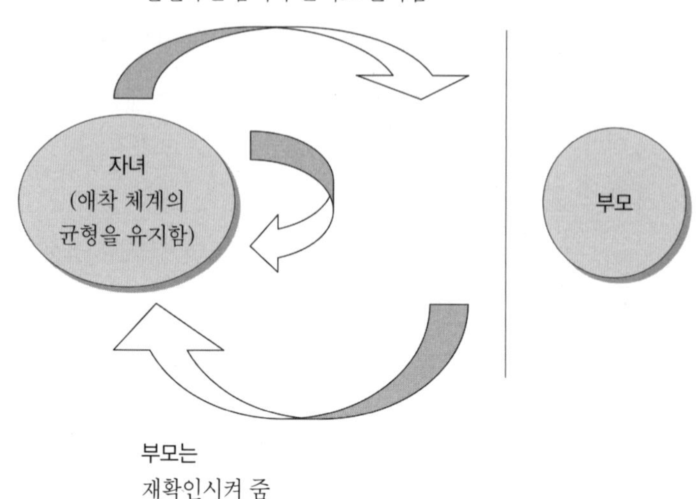

부모는
재확인시켜 줌
위로해 줌
자녀가 안정되면 탐색을 허용함

[그림 1-1] 체계로서 아동의 애착

회피, 불안/양가 또는 심각/해체와 같은 아동의 애착 유형은 상이한 반응 유형에 의해 만들어진다.

애착이론은 대부분 안전-위협과 관련이 있고, 이러한 근본적인 욕구들이 충족되는 방식은 현재적이고 즉각적인 패턴들뿐 아니라 다른 관계들로 일반화된다. Hazan과 Shaver(1987)는 이 같은 초기의 패턴들은 이후 낭만적인 사랑 관계에도 이어져서 파트너들은 서로에게 애착 대상으로 기능한다고 보았다.

초기 애착 관계가 주로 생물학적으로 결정된 아동의 본능적인 행동 레퍼토리로 설명되기는 하지만, 부모에게도 동일한 일이 가

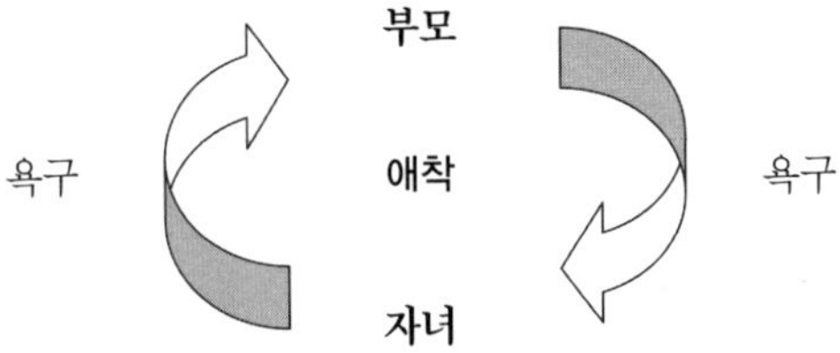

부모

욕구 애착 욕구

자녀

[그림 1-2] 상호적인 애착 욕구

능하다는 것에 주목해야 한다([그림 1-2] 참조).

아동이 분리에 대해 어떻게 반응하는지에 대한 Bowlby(1969, 1973)의 초기 관찰 이후에 부모가 유아들에게 어떻게 반응하는지를 탐구하는 연구들이 지속적으로 이루어졌다. 예를 들어, 어머니들은 유아들이 나타내는 다양한 종류의 울음이나 고통에 대해 본능적으로 반응을 보이며, 유아의 상태와 조율하면서 고통과 각성을 경험할 수 있다. 뿐만 아니라 초기의 신체적 접촉, 미소 짓기 등은 어머니가 자신의 아기와 연결됨을 느끼는 데에 중요한 요소로 밝혀졌다. 유아가 발달함에 따라 이러한 애착의 상호성은 보다 복잡하고 미묘해진다. 예를 들어, 부모들은 자녀들에 의해 거절당하고 버려졌다고 느끼면 상실감을 느끼면서 고통스러워 할 것이다.

다중 애착 대상

애착이론의 시작 단계부터 있어 왔던 핵심 쟁점 중 하나는 한 명의 중요한 애착 인물이 있는 것인지, 아니면 여러 명과 애착 관계를 형성할 수 있는 것인지에 관한 것이다. 이것은 또한 얼마나 오랫동안 양육자가 개입해야 할 필요가 있는지와 애착 인물로서 기능하기 위해서 어떤 종류의 양육을 제공해야 하는지에 대한 논의

도 불러일으켰다. 가족생활 양식이 변화하고 양육 제공에 있어서 아버지들의 참여가 늘어남에 따라 오늘날의 애착은 보다 다중적이 되었다. 어떤 관점에서는 애착 인물들이 아동에게 얼마나 중요한가는 각기 상이하므로 애착 인물을 위계적인 것으로 이해하기도 한다(Bretherton, 1985). 캐시의 사례에서 우리는 그녀가 자기 어머니를 좀 더 중요하게 언급하는 것을 알 수 있다. 그녀는 어머니에게 접근하는 것이 불가능했을 때 아버지를 찾았다. 언제나 일차적 대상이 존재하는가라는 질문에 대한 명확한 답은 없을 것이다. Howes(1999)는 이것에 대해 생존 개념을 적용하는 것이 왜 유익한지에 대한 여러 가지 중요한 이유를 제시하였다. 한 명의 주요한 대상이 있으면 위험한 순간에 아동에 대한 책임이 누구에게 있는지에 대한 혼돈이 일어나지 않는다. 이와 같이 아동 역시 위험한 순간에 누구에게 가야 할지 명확히 안다. 심각한 위협이나 위험의 상황에서 시간은 결정적인 요인이기 때문에 이것이 중요한 논의점이 될 수 있다. 그러나 많은 연구는 아버지가 초기의 양육 활동에 참여한 경우, 자녀의 아버지에 대한 애착은 어머니에 대한 애착과 차이가 거의 없다고 주장한다(Lamb, 1977; Howes, 1999). 어머니가 초기 양육에 일차적으로 관여한 경우에는 아동에 대한 어머니의 애착이 아버지와 아동의 애착을 형성할 때 영향을 미치는 것으로 보인다(Steel & Fonagy, 1995). Howes(1999: 679)는 "유아 자녀들과 자신의 부모 역할에 대해 보다 더 긍정적인 감정을 표현하고 유아 자녀들과 보내는 시간을 우선순위에 두는 아버지들의 자녀들이 보다 더 안정적이다."라고 하였다.

Howes(1999)는 애착 대상으로서 조부모에 대한 문헌은 매우 드물다고 하였다. 그러나 나의 임상적이고 개인적인 경험에서 보면

조부모들은 애착 대상으로 상당히 중요한 역할을 하기 때문에 흥미로운 영역이다. 특히 유아가 부모에게 접근하기 어렵거나, 부모가 아프거나, 자녀를 학대 또는 방임하는 경우에 더욱 그러하다.

또한 맞벌이 부모들은 다양한 종류의 보육시설을 어느 정도로 이용해야 하는지에 대해 많은 고민을 한다. Howes(1999)에 의하면 이런 경우의 아동들은 반복적인 분리를 경험하지만 아동은 부모, 대부분의 경우 주로 어머니가 예상대로 다시 돌아오고 자신과 함께 즐겁고 편안한 활동을 한다는 것을 배운다고 하였다. 물론 어머니가 정당한 대우를 받지 못하는 일을 하면서 피로한 상태에 있다면 아동과 함께 상호적으로 생산적이며 즐거운 활동을 할 수 있는 가능성은 낮을 것이다.

애착 유형

Bowlby(1969)는 그의 초기 연구에서 부모로부터 분리되었거나 부모를 상실한 아동들이 사람들과 관계를 맺으면서 자신의 감정을 표현하는 방식에 차이가 있음을 발견했다. 이후 그의 관심은 부모가 있는 아동들을 연구하는 것으로 옮겨 갔다. Bowlby는 부모로부터 분리되었을 때 아동들이 반응하는 방식에서 뚜렷한 차이가 있음에 주목하였다. Bowlby는 사람들에 대한 아동의 애착에서 불안정하거나 반대로 안정적인 유형들 간의 특징을 구분하였다. 그는 초기에 확연히 구분되는 세 개의 유형을 밝혔는데, 각 유형이 어떤 의미인지에 대한 성급한 판단을 피하기 위해 A, B, C라고 이름 붙일 것을 제안하였다. 그가 안정적이라고 보았던 유형(B)에서는 아

동들은 부모와 분리된 상황에서 고통과 저항을 보였으나 상당히 빠르게 진정되고 안심할 수 있었다. 그 이후에도 아동들은 편안하게 놀이와 탐색을 했다. 반면에 불안정(A와 C) 유형을 나타낸 아동들은 안심하고 진정하는 데에 있어 보다 더 어려움을 갖는 경향이 있었으며, 회피 유형 또는 불안함과 매달리기 그리고 거부적 행동이 혼합된 유형 중 하나를 나타냈다.

또한 Bowlby는 부모로부터 지속적인 분리를 경험하지 않은 아동일지라도 어려운 정서적 문제를 발달시킬 수 있음을 발견했다. 이것은 Bowlby로 하여금 가족 내에서의 상호작용의 특성에 관심을 갖게 했으며 아동이 보이는 불안의 원천이 무엇인지에 대해 밝히도록 이끌었다. 이러한 유형에 대한 연구는 Bowlby의 제자였던 Mary Ainsworth(Ainsworth et al., 1978)에게 큰 영향을 미쳐서, 그녀는 오늘날 널리 사용되는 연구 프로토콜인 낯선 상황(Strange Situation; 〈글상자 1-1〉 참조)이라는 관찰 실험을 개발하였다. (이 연구에 참여한 아동들의 연령은 전형적으로 2~5세 사이에 속하였다.)

〈글상자 1-1〉 낯선 상황

일방경을 통해 다음과 같은 상황에서 어머니와 아기의 상호작용을 관찰하면서 녹화한다.

- 어머니와 아기는 편안하게 자리를 잡고 장난감을 가지고 노는 등의 상호작용을 함
- 낯선 사람이 방에 들어와서 어머니, 아기와 최소한의 상호작용을 함
- 어머니가 3분간 방에서 떠나 있음
- 어머니가 돌아와서 아기와의 놀이에 다시 참여하는 것을 시도함

- 어머니가 6분간 방에서 떠나 있음
- 어머니가 다시 돌아오고 낯선 사람이 방에서 나감
- 어머니는 아기와의 놀이에 다시 참여하는 것을 시도함

가정에서의 관찰 그리고 낯선 상황에서와 같은 보다 구조화되고 통제된 관찰을 통해서 Ainsworth는 분리 이후 재결합하는 과정에서 유아들은 세 가지 중 하나의 유형을 특징적으로 나타낸다는 것을 확인했다. 세 가지 유형은 안정, 회피 또는 불안/집착(매달리는)하는 애착 유형이다(〈글상자 1-2〉 참조). 낯선 상황 연구에서 어머니들은 분리하기 전에도 아기들과의 놀이에 참여하면서 아기들의 필요에 조율하는 방식에서 차이를 보였다. 예를 들어, 재결합 시에 안정 애착 유형을 나타내는 아기들의 어머니들은 아이들과 함께할 때 행동이나 정서 반응에 대해 맞추려고 노력하면서 민감하게 반응하고, 지나친 참견을 하지 않았다. 이와 반대로 재결합 시에 불안정 애착 유형을 보이는 유아의 어머니들의 특징은 산만하거나 아이들에게 덜 맞추어서 아이들이 엄마에게 접근이 가능한지를 예상하기 어렵게 하였다(Ainsworth et al., 1978).

〈글상자 1-2〉 기본적인 애착 유형

- 안정 애착

  아동은 부모가 돌아오면 빨리 진정되고, 눈맞춤을 하며, 긍정적인 정서를 나타낸다. 이러한 상호작용은 아동이 충분히 안전감을 느끼고 놀이와 탐색으로 되돌아가는 데에 부모가 '특별한' 역할을 함을 보여 준다.

- 불안정 애착
  - **회피적(A유형)**: 부모가 돌아왔을 때 아동은 냉담하고 무관심하게 행동하는데, '마치' 자신이 부모가 있든 없든 신경 쓰지 않고 부모를 그리워하지 않았던 것처럼 행동한다. 부모에게 신체적 또는 언어적으로 접근하려는 시도를 거의 하지 않는다. 강박적인 보살핌–아동은 자녀라기보다 부모처럼 행동한다.
  - **불안/양가적(C유형)**: 아동은 상반되는 행동을 보이는데, 의존적이고 위로를 구하다가도 갑자기 분노나 저항을 나타내며 울기도 한다.
  - **심각한(A/C유형)**: 아동은 이상하고 일관성이 없는 행동들을 하거나 얼어붙거나, 부모에게 다가가다가 멈추고, 혼란스러워하고, 멍한 표현과 우울한 감정들을 보이기도 한다. 임상 집단들을 떠올리면 이해가 쉬울 것이다.

애착을 유형화하는 것, 특히 앞에서 심각한 유형(A/C유형)이라고 설명한 것과 관련하여 애착이론 내에서도 논란이 있다. 이 유형은 해체(disorganized) 유형 또는 '분류할 수 없음' 유형 등과 같이 다양하게 표현되었다(Main & Solomon, 1986). 예를 들어, 낯선 상황의 상호작용에 대한 녹화 테이프를 분석해 보면 어떤 아동들은 어느 유형에도 딱 들어맞지 않는 특이하거나 '괴이한' 행동들을 보이는 경우가 있다. 간혹 아동들은 얼어붙은 것처럼 보이기도 하고 때로는 경직된 것 같고, 이상한 포즈를 취하거나 또는 울부짖는 것 같은 매우 심한 고통의 표현을 보이기도 하면서 슬픔에 빠져 있는 것처럼 보였다. Crittenden(1997)은 이러한 아동들이 분류가 불가능하다고 보는 대신, 이들이 심각한 A와 C 유형을 포함하고 있는 것으로 보아야 한다고 주장했다. 이것은 아동이 학대나 위험 그리고 공

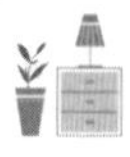

포나 다른 부정적 정서를 표현했을 때 처벌을 받는 등 심각한 초기 경험과 관련이 있을 것이라고 추론할 수 있다.

> "나를 진짜 심하게 때렸어요, 세게 걷어차고, 주먹으로 치고, 발로 막 찼죠. 집 안 여기저기 끌고 다니면서 막 때리고…… 뚝 그치지 않으면 더 맞을 거라고 했어요……. [다른 때는] …… 또 맞았죠. 내가 왜 안 울었는지 모르겠어요."

이 짧은 이야기는 한 성인이 자신의 어린 시절을 되돌아보면서 한 이야기다. 우리는 이것을 통해 그가 어린아이로서 심각한 A/C 전략을 발달시키도록 했던 가족 내에서의 일들을 알 수 있었다. 그가 맞은 것에 대해 두려움과 고통을 표현하는 것이 그의 아버지로 하여금 그를 더 때리도록 만들었던 것으로 보인다. 이런 공격이 어린아이에게는 아마 극도의 혼란과 두려움을 주었을 것이다. 그리고 이것이 아이가 위험의 순간에 사랑과 보호, 위로를 구하는 대상인 부모로부터 이루어졌기에 혼란스러운 감정은 더욱 심했을 것이다. 동일한 대상에 대한 극심한 두려움과 사랑의 욕구 간의 상반되는 경험을 통합한다는 것은 어린아이에게 매우 혼란스러운 일이었을 것이다. 이렇게 상충되는 맥락에 있다면, 어린아이가 심하게 회피하고, 크게 두려워하고, 불안해하는 전략들 사이를 넘나드는 '괴이한' 행동을 하는 것은 어쩌면 당연한 일일 것이다. 어떤 경우에는 아동이 자신의 두려움과 약함을 드러냈을 때 놀림당하거나 조롱당하고 망신을 당하기도 한다.

애착 유형과 부모와의 관계

낯선 상황 실험에서의 부모 관찰은 부모들이 유아들과 상호작용하는 방식에서 중요하고도 특징적인 차이가 있음을 보여 준다. 이러한 관찰은 부모와의 상호작용 특성으로부터 아동의 행동이 발생한다는 점을 강조하는 체계적인 관점에 적합하다. 또한 애착 유형이 발달함에 따라 아동의 행위에 의해 결과적으로 부모의 행위가 촉발된다는 점 역시 중요하다. 실제로 어떤 유형이 형성되고 나면, 부모가 자녀와의 상호작용 속성을 바꾸고 싶다고 바라더라도 그것은 쉬운 일이 아니다. 애착이론에서는 애착 유형을 부모와 자녀 사이에 과거에 일어난 사건들에 귀결시키는 것이 일반적이다. 그러나 애착 유형을 현재 상호작용 패턴들에서 행동이 유지되게끔 만드는

〈글상자 1-3〉 애착 유형과 부모 행동 간의 관계

안정적인 유아(B): 아기의 필요에 빠르게 반응함. 어머니는 보다 더 친밀한 신체적 접촉을 제공함. 아기를 부드럽고 조심스럽게 안아 줌. 아기의 욕구에 민감하게 조율함

회피적인 유아(A): 유아의 필요에 지체하여 반응함. 아기를 덜 인정해 줌. 덜 반응적임. 퉁명스러운 태도. 간섭하거나 거부적임. 분노와 짜증을 많이 표현함. 언어적 표현에 덧붙여서 강제적이고 물리적인 개입을 많이 사용함

집착적인 유아(C): 유아의 고통에 대해 가장 늦게 반응함. 아기를 안고서 바쁘게 일상적인 활동을 함. 신체 접촉을 하는 동안에도 아기를 다루는 것이 미숙함

출처: Ainsworth et al. (1978).

계속 진행되는 패턴이라고 보는 것도 가능하다(〈글상자 1-3〉 참조).

이러한 분류는 판단적인 특징을 가지고 있는데, 최근의 연구는 이러한 '애착' 유형들이 더욱 복잡하다고 주장한다(Cassidy et al., 2005). 다른 관점으로 보면, 예를 들어 부모가 유아에 대해 지체하고, 무시하고, 반응이 없다고 하더라도 최종적으로 긍정적인 반응이 일어나기만 하면, 부모는 '충분히 좋은(good enough)' 존재로서 안정 애착을 조성할 수 있다. 특히 아동이 확신과 위로를 필요로 할 경우에 그럴 것이다. 중요한 것은 부모 또한 자신의 두려움이나 트라우마 때문에 아동의 활동을 침범해서는 안 된다는 것이다. 간단히 말하자면, '충분히 좋은(good enough)' 부모란 매우 광범위한 것으로, '완벽한' 부모나 맹목적으로 사랑하는 부모 또는 자기희생적

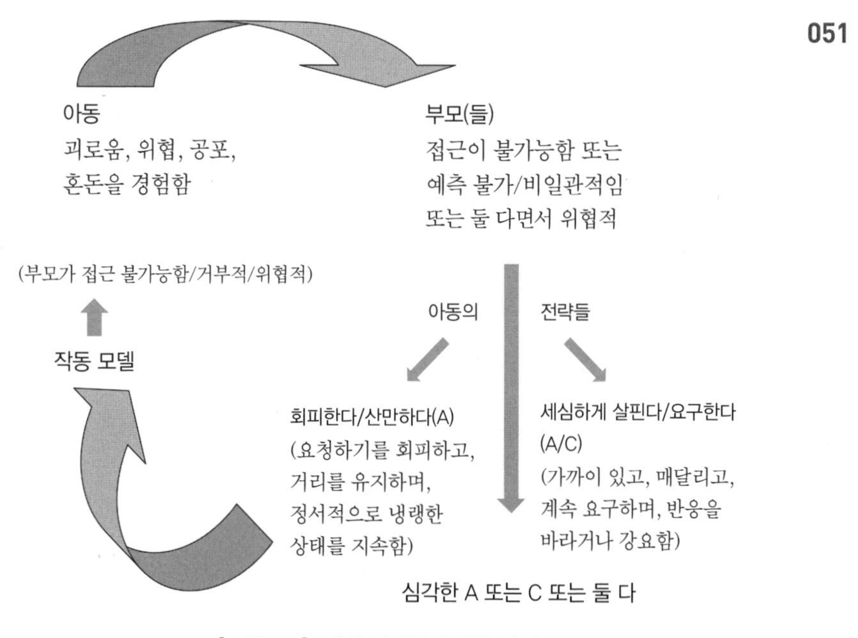

[그림 1-3] 애착 전략들과 양육 방식

인 부모를 말하는 것이 아니다.

연구 결과는 [그림 1-3]과 같이 정리할 수 있다. [그림 1-3]이 보여 주는 바와 같이, 부모와 아동 간에는 계속되는 역동 과정이 있다. 시간이 흐름에 따라 여러 번 반복하면서, 아동은 괴롭고 두려울 때 부모에게 어떤 것을 기대할 수 있을지에 대한 일련의 예측을 축적한다.

내적 작동 모델

애착 행동이 시작 단계부터 생물학적이고 진화론적 과정에 의해 동기화되는 것처럼 보인다 할지라도 Bowlby(1969, 1988)는 이러한 초기 경험들이 정신 과정을 형성하게 된다고 주장하였다. 그는 정신 과정의 역동적이고 활동적인 측면을 담아내기 위해 '작동 모델(working model)'이라는 개념을 선택하였다. 아동은 단순하게 사건들에 대한 내적인 기억들을 축적하는 것이 아니다. Bowlby는 작동 모델이 마치 사건들에 대한 정보를 저장하고 추후에 외부 세계의 모델에 따라서 능동적으로 예측을 하는 컴퓨터의 시뮬레이션 프로그램처럼 존재한다고 강조하였다.

> 우리가 삶 속에서 만나는 모든 상황은 우리 자신과 우리가 속한 세계에 대해 우리가 가지고 있는 표상적인 모형들로 구성된다. 감각기관을 통해 우리에게 전달된 정보들은 이러한 모형들에 의해 선택 및 해석되고, 우리 자신과 우리가 소중하게 여기는 사람들의 중요성 역시 이러한 모형에 의해 평가되

며, 계획과 활동들은 이러한 모형들을 가지고 우리 생각 속에서 고안되고 실행된다. 우리가 각각의 상황을 어떻게 해석하고 평가하는가는 더 나아가 우리가 어떻게 느끼는지가 된다.

Bowlby (1980: 229)

'작동 모델'은 다음과 같은 관점에서 타인과 자기 자신에 대한 일련의 신념과 기대를 포함하고 있다.

- 자기 자신과 다른 사람들의 행동
- 나는 얼마나 사랑스럽고, 가치 있고, 수용될 수 있는가와 같은 자기에 대한 관점
- 다른 사람들은 내가 필요할 때 도움을 줄 수 있는가? 나에게 얼마나 관심을 가지고 있는가? 다른 사람들은 나를 아끼고 돌봐 주는가?

또한 아동은 관계에 대한 관점뿐 아니라 관계 속에서의 자기에 대한 관점, 예를 들어 아버지와 어머니의 관계 속에서의 자기 자신에 대한 관점을 발달시킨다. 캐시의 경우, 그녀는 아버지와 어머니가 맺고 있는 관계와 관련된 자기감(sense of herself)을 가졌다. 부모의 관계는 자녀에게 안전감이나 또는 두려움과 불안이라는 감각을 유발하는 맥락을 조성할 수 있다.

Bowlby(1969)는 내적 작동 모델이 아동으로 하여금 부모가 보일 수 있는 반응들을 예측하고, 더 나아가서는 이러한 부모의 반응들을 다룰 수 있도록 하는 전략들을 발달시키는 데에 도움이 된다고 강조하였다. 그는 유아들이 자신의 애착 욕구 충족을 위해 하는 행

동(일차 전략)과 애착 인물이 즉각적인 접근이 불가능할 때 또는 아동의 내적 작동 모델이 애착 인물이 접근 불가능하거나 예측 불가능하다고 예견할 때 하는 행동(이차 애착 전략)을 구분했다. 만약 아동이 자신의 아버지 또는 어머니가 예측 불가능하고 일관적이지 않다는 것을 경험해 왔다면, 그 아동은 부모를 가까이서 감시하고, 요구하는 것이 점점 늘어 가고, 접촉을 하라고 우기는 등의 **과잉활성적인**(hyperactivating) 전략들을 발달시킬 수도 있다. 이와 반대로 만약 자신의 부모가 일관되게 접근 불가능하다고 생각한다면, 아동들은 단절하기, 접촉을 바라지 않기, 부모를 바라보는 것을 꺼리기 등과 같은 **비활성적인**(deactivating) 전략들을 발달시킬 것이다. 발달적으로 보면, 어린 영아들은 달래 주지 않으면 처음에는 매우 괴로워할 것이다. 그러나 이러한 전략들은 아동이 어느 정도 자기 조절의 역량이 발달하기 시작하면서 작동하게 된다.

실제로 아동은 두 가지 형태의 전략을 발달시키는 것으로 보이는데, 첫 번째는 애착 감정들을 차단하려고 시도하는 것이고 두 번째는 애착 감정들을 증가시키는 것이다. 애착 유형의 두 형태 모두 상당한 양의 정신에너지 또는 인식의 영역을 소모한다고 여겨진다. Kobak(1999)은 비록 차단하는 것처럼 보이는 회피적 애착 유형을 나타내는 아동들일지라도 생리적으로는 높은 수준으로 각성된다는 것을 보여 주었다. 이와 마찬가지로 불안하거나 집착하는 아동들 역시 생리적으로는 각성되어 있다. 다른 사람들에게 접근 가능한지를 관찰하는 아동들이 갖는 관심은 소위 '과잉행동적' 장애라고 불리는 아동들에게서 관찰되는 산만한 유형에 해당한다. Crittenden(1997)은 비활성적 전략에서는 인지를 강조하고, 자기 자신을 감정들, 특히 애착과 관련된 감정들로부터 분리하는 다양한 방식이 주로 나타난다고 하였다.

불안정 애착의 결과 중 하나는, 두 유형의 아동들이 관계에 대한 인지적 정보나 관련된 정서 그리고 이러한 정보들을 통합하는 복잡한 과제에 접근할 수 있는 공간과 정신적 영역이 부족하다는 것이다. 아동들이 놀이나 탐구 그리고 다른 사람들의 생각이나 감정에 대해 생각해 볼 수 있는 공간을 거의 남겨 두지 않는다는 점을 인식하는 것이 중요하다. Fonagy 등(1991a)은 이러한 역량을 '반영적 기능(reflective functioning)'이라고 불렀는데, 이것은 자기 자신과 다른 사람들의 내적 상태에 대해 생각할 수 있는 능력을 의미한다. 이것은 또한 공감의 발달이라고도 할 수 있다. 즉, 아동은 다른 사람의 의도와 상황 그리고 자기 자신의 감정과 생각에 대한 정보를 통합하는 능력을 발달시킬 필요가 있다. 여기에는 또한 자신의 생각 속에서 불일치와 대립 그리고 실수를 알아차리는 것도 포함된다.

표상: 인지와 감정

어린 유아들이 자신의 인생 초기 사건들을 어떻게 이해하고 표상하는가에 대한 질문은 매우 중요하다. Crittenden(1997)은 내적 작동 모델의 초기 발달을 두 가지 형태의 정보를 이해하는 아동의 능력이라는 관점에서 설명한다. 첫째는 **인지적**(cognitive) 정보로서, 유아는 이것을 통해서 특정한 사건들 뒤에는 다른 것이 따라온다는 것을 배운다. 예를 들어, 유아는 지속되는 경험을 통해 괴로움을 드러내면 혐오스러운 결과가 따른다는 것을 경험할 수도 있다. 처음에 이런 일은 조건화를 통해 전의식(preconscious) 수준에서 일어난다. 왜냐하면 어린 유아는 아직 이러한 연결을 의식적으로 인식

할 수 있도록 하는 스키마나 언어를 가지고 있지 않기 때문이다. 두 번째 정보 형태는 **정동적**(affective) 또는 정서적이다. 유아는 어두움이나 시끄러운 소리, 낯선 환경 그리고 혼자 있는 것과 같은 다양한 상황에 의해 촉발되는 두려움, 불안, 고통 등과 같은 정서를 본능적으로 경험한다. 이러한 감정들은 실존(presence)과 연결됨으로써 바뀔 수 있는데, 예를 들어 그들을 도와주는 부모의 존재와 연결됨으로써 유아들은 두려움을 느끼는 대신에 안심과 편안함을 느낄 수 있다. 한편 감정들은 보다 강렬해질 수도 있고 전에는 두렵지 않던 상황들의 어떤 측면이 위험 또는 고통의 두려움과 연합될 수도 있다.

Crittenden(1997)은 이 같은 두 가지 과정이 애착 유형의 특징이 어떻게 발달하는지를 설명해 준다고 보았다. 이러한 표상들은 우리의 대인관계 경험에 의미를 부여한다. 중요한 점은 이것을 통해 아버지나 어머니가 우리의 고통과 두려움에 어떻게 반응할 것인지에 대한 예측을 한다는 것이다.

회피적 애착 유형

이 전략은 유아가 아버지나 어머니를 이용할 수 없다거나 유아가 친밀감을 보이거나 친밀감을 얻기 위해 노력할 때 거절당하는 경험이 반복적으로 그리고 예측한 대로 이루어질 때 발달한다. 부모가 보상해 주지 않거나 처벌적인 보상을 할 것이라는 사실에 대한 확실한 예측이 가능하다면 유아는 자신의 인지적 정보가 믿을 만하다는 것을 배우게 된다. 그리고 이것은 결국 감정의 표현을 차단하는 것으로 이어진다. 이런 유아는 상황의 관계적이지 않은 측면에 주의를 기울이면서 애착 욕구로부터 자신의 관심을 다른 곳

으로 돌리는 방법들을 발달시키게 된다. 아스퍼거 스펙트럼 장애에서 자주 보이는, 사람이 아닌 사물에 집착하는 것이 이러한 현상의 극단적인 한 형태일 수 있다. 때로는 유아들이 부모와의 눈맞춤이나 상호작용을 회피할 수 있다. 이 경우 유아가 성장하면서 이런 태도는 '무례하다'고 혼날 수 있기 때문에 유아는 자신이 슬프거나 괴로울 때 행복한 척하는 속이기 행동을 발달시킬 수 있다. 또 다른 경우, 유아가 돌봄을 준다는 것이 더욱 큰 보상을 받는 행동이라고 생각해서 성장하면서 돌봄 추구 행동 대신에 돌봄을 주는 일에 더 많이 관여하게 될 수도 있다(Crittenden 1997).

이 유형은 정서 체계를 차단하기 위한 시도들을 하므로 **비활성적**이라고 표현된다. 다른 사람으로부터 지지를 구하거나 애착 인물에 접근하는 것이 불가능하다고 느껴질 때 파생되는 좌절이나 더 큰 고통을 감소시키기 위한 시도들을 할 때 이런 유형이 생겨난다. 이러한 전략은 애착과의 관련 여부와는 상관없이 어떤 형태의 고통으로부터라도 개인을 분리시키는 것을 강화시킨다고 알려져 있다. 고통을 야기하는 생각과 기억들을 억압하는 것뿐 아니라 위협적인 사건과 개인적인 취약성에 대한 적극적인 무관심을 포함한다. 고통스러운 기억이 연상에 의해 예상치 못하게 활성화되는 것처럼 이 같은 전략의 특성이 제대로 작동되지 못할 경우, 그 생각들은 적극적으로 억압되거나 억제된다. 이 전략은 친밀한 관계에서 철수하는 것과 고통스러운 부정적인 기억들을 억압하는 것, 부정적인 기억의 억제, 부정적인 감정들을 인식하는 것의 실패 그리고 근본적인 두려움에 대한 부인 등을 포함하고 있다. 자기 자신의 취약성을 부인하도록 만드는 자기의존(self-reliance) 욕구에 대한 신념이 발달하게 된다. 과잉활성적 전략들에서와는 달리, 비활성적

인 개인의 내적 세계는 깔끔하고 정돈이 잘 되어 있는, 감정이나 욕구, 고통과 타인들이라는 어수선함이 전혀 없는 정서적인 사막일 수도 있다.

불안/양가적 애착 유형

이 유형의 경우, 유아는 자신이 괴로움을 내보였을 때 아버지나 어머니의 접근이 비일관적이라는 것을 경험한다. 그러므로 유아는 계속해서 자신의 감정과 괴로움을 과도하게 표현하게 된다. 이것은 또한 유아가 상당한 기간 동안 고통스러운 상태에 처해 있다면 환경의 다른 특성들이 불안 및 두려움과 연합될 수도 있다는 뜻이다. 때로는 유아가 간헐적으로 주어지는 보상을 경험하는 것으로 볼 수 있는데, 간헐적 보상은 이러한 부정적인 감정의 표현을 효과적으로 지속시킨다. 또한 이 유형은 유아를 과민하게 만들어서 기회가 있을 때마다 어떤 식으로든 주의를 끌고 관심을 받을 가능성을 극대화하도록 유도한다. 유아는 모든 것이 불확실한 상황에서 혹시 자신의 욕구를 충족시킬지 모르는 단서들을 찾으려 한다. 그러나 이것을 추측하는 것은 거의 불가능하기 때문에 유아는 자신이 감정을 표현하는 것만을 유일하게 믿을 수 있다고 예측한다. 즉, '내가 울고 조르고 화를 내면 결국 내 욕구가 채워질 것이다'라고 믿는 것이다. 예상과는 달리 울고 조른 결과로 '입 다물어'라며 부모가 화를 내는 반응이 되돌아올 수도 있는데, 이것은 유아에게 더 큰 고통과 분노를 불러일으킨다.

과잉활성화라고도 알려져 있는 이 전략은 탐색과 놀이가 줄어들고, 부모에 대해 지나치게 주의 집중과 관심을 가지며, 분노와 괴로움을 표현하는 것이 교차해서 나타나는 것과 관련이 있다. 여기에

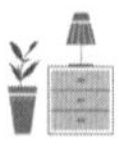

는 위협과 위험을 감지하는 경향성의 증가와 위협적인 사건에 대한 정서적 반응 강도의 증가, 그리고 위협과 관련된 생각들에 대한 정신적 반추가 상승하는 것이 포함된다. 개인은 자기증폭(self-amplifying) 과정에 의해 만성적으로 못마땅함, 흥미 감소 또는 있을 법한 유기(abandonment) 등을 나타내는 가능한 전조들에 집착하게 된다. 언어의 출현과 함께 내적인 대화들은 이미 비관적인 세계관과 인간관 그리고 부정적인 결과에 젖어 들어 있게 된다. 여기에는 자기에 대한 부정적인 관점과 타인의 배신에 대한 상상에서 비롯된 분노가 반복되어 나타날 수 있다. 외부의 실제적 위협이 없을 때라도 애착과 관련된 걱정들의 활성화가 일어날 수 있다.

> 과잉활성화 전략들은 괴로움에 대한 자기증폭적인 사이클을 만든다. 이 사이클에서는 비애착 관련 활동들에 관여하는 것으로 인해 애착 체계 활성화가 지속적으로 방해받게 된다. 과거와 현재의 고통이 뒤섞임으로써 혼란스럽고 미분화된 정신적 구조물이 생성되는 것이다.
>
> Mikulincer et al. (2003: 85)

안정 애착 유형

유아는 요청할 때마다 안심과 편안함을 제공하는 부모로부터 일관된 반응을 경험한다. 따라서 유아는 부모의 행동에 대해 인지적으로 예측을 할 수 있고 자신의 감정을 표현할 수 있다. 이것은 유아가 점진적으로 인지적 정보를 통해 사건을 예측하고, 긍정적인 것을 포함해서 폭넓은 감정의 레퍼토리를 활용하는 것을 가능하게 만들어 준다. 이것은 또한 유아가 상황을 안전하다고 여기고 새로

운 맥락들에 의해 괴로움을 덜 느낄 수 있도록 해 준다는 뜻이다. 유아는 새로운 상황을 탐색하는 것 때문에 촉발될 수 있는 어떤 불안을 느끼더라도 부모로부터 일관되게 안심과 위안을 얻는다는 경험을 해 왔을 것이다.

두 가지 불안정 전략은 유아의 생각이나 경험의 많은 부분을 애착 욕구들이 계속해서 차지하고 있다는 점을 시사한다(Kobak & Cole, 1994). 두 가지 유형의 전략은 결과적으로 유아가 애착으로 인해 산만해지고 다른 활동에 참여하는 것의 가능성을 감소시킨다. 특히 두 가지의 불안정 전략은 유아가 보살핌의 추구와 회피 사이에서 끊임없이 분투하는 내적인 순환에서 벗어나지 못하도록 만든다.

역동: 발달적 관점

Crittenden(1997)은 애착을 역동적인 성숙의 과정으로 보아야 한다고 주장하였다. 작동 모델은 아동이 발달시키는 예비적 의미 체계다. 작동 모델들은 언어와 인지적 능력이 발달함에 따라 점차 복잡하고 정교해진다. 앞에서 언급한 바와 같이, 아동은 다른 사람들이 자신의 욕구에 어떻게 반응할 것인가에 대한 작동 모델뿐 아니라 '내가 사랑과 관심을 받을 만한 가치가 있는가?' 하는 자기 자신에 대한 작동 모델도 발달시킨다. 타인과의 관계 속에서 느끼는 이러한 자기감(sense of self)은 정체성 발달에 있어서 중심이 되는 요소다. 또한 회피적 유형은 그 특성상 자신은 사랑과 관심을 받을 가치가 없으며 다른 사람에 의해 돌봄을 받을 것을 기대하지 않는 것이 최상이라는 감각을 갖는다. 회피적 유형은 충분히 괜찮다(good enough)고 느끼지 못하며 애착의 중요성을 축소한다. 이와는 달리 불안/양가적 유형은 애착과 감정들이 중요하다는 감각과 돌봄을 제공하지 않는 다른 사람들을 향한 분노와 거절당하는 것에 대한 두려움과 관련이 있다.

아동이 성장함에 따라 보다 정교한 인지적 처리를 가능하게 하는 능력도 발달한다. Crittenden은 특히 작동 모델이 미래 사건을 예측하는 시도들을 그 특징으로 하고 있다고 주장한다([그림 1-4] 참조).

의미를 만들어 가는 이 과정은 정보가 변환 · 조작되거나 심지어 거짓으로 위조되는 다양한 처리 과정들을 포함할 수 있다. 아동이 위로받고 싶은 욕구를 표현하면 거절이나 처벌이 따른다는 것을

- **버리기(Discarding)**: 특정한 유형의 정보/경험을 오해하는 경험. 예를 들면, 위로에 대한 욕구 → 거절 · 불편감을 느낌 → 위협
- **왜곡하기(Distortion)**: 일반적인 예측을 과장함. 예를 들면, 나는 항상 거절을 당한다/나의 부모는 전혀 일관성이 없다.
- **속이기(Falsification)**: 거절당하지 않기 위해 다른 사람이나 자기 자신에게 실제와는 다르게 느끼거나 생각하는 척하는 것을 학습함. 예를 들어, 진짜 화가 나거나 슬플 때 행복한 표정을 짓는다/부모가 약속을 안 지킬 때 내가 원하는 것을 얻기 위해 거짓말을 한다.

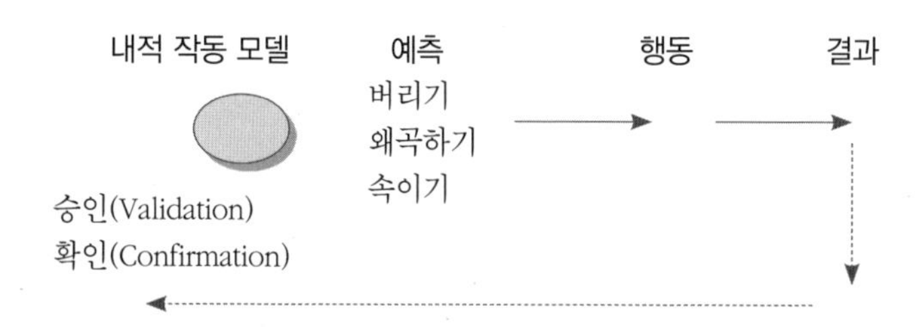

[그림 1-4] 예측과 애착 인지의 발달

반복적으로 경험할 때 정보의 버리기가 발생할 수 있다. 결과적으로 아동이 원하는 것, 말하자면 편안함/위안을 얻도록 하는 데 기여하지 못하기 때문에 이러한 감정들은 제거되거나 금지된다. 반면에 아동이 사건들이 어떻게 발생하는 것인지에 대한 인과적 예측을 발달시키게 되면 왜곡이 생겨날 수 있다. 실제로는 부모가 상황에 따라 10% 정도는 접근 가능성을 가지고 있으나, 아동이 정보의 버리기와 더불어서 '나는 항상 거부당한다'와 같은 일반화를 발달시키는 경우도 있다. 그러나 이 경우 부모로부터 거부당할 가능성이 높기 때문에 아동은 결과적으로 '안전하게 노는 것'처럼 꾸며서 상처가 될 만한 미래의 거부 상황을 피하려고 한다. 아동은 진짜로 느끼는 것과는 다르게 생각하고 느끼는 척하는 것이 더 낫다는 것을 학습함으로써 의미를 거짓으로 속이는 추가적인 과정들이 생길 수도 있다.

Crittenden(1997)은 두뇌와 복잡한 추론 능력 그리고 언어가 성숙함에 따라 아동은 보다 복합적이고 정교한 전략들을 발달시킨다고 주장하였다. 그녀는 특히 언어가 가장 쉽게 속일 수 있는 전략 중 하나라고 보았다. 그리고 우리는 아동이 진심이 아닌 것을 말하거나 사건의 해석을 왜곡하는 것을 배우거나 심지어 일어나지 않은 사건에 대해서도 언급할 수 있다는 점을 염두에 두어야 한다고 강조하였다. 그녀는 이때 두 가지 중요한 과정들이 있다고 보았는데, 그것은 감정은 무시되면서 인지가 지배적인 회피적-무시하는 유형과 이와는 반대로 감정이 지배적이고 인지가 차단된 불안/양가적 집착 유형이다([그림 1-5]에 요약).

Crittenden(1997)의 모델은 안정, 회피, 불안/양가적, 해체적 유형의 전통적인 네 모델 유형을 넘어선 것이다. 그녀는 모든 애착 유

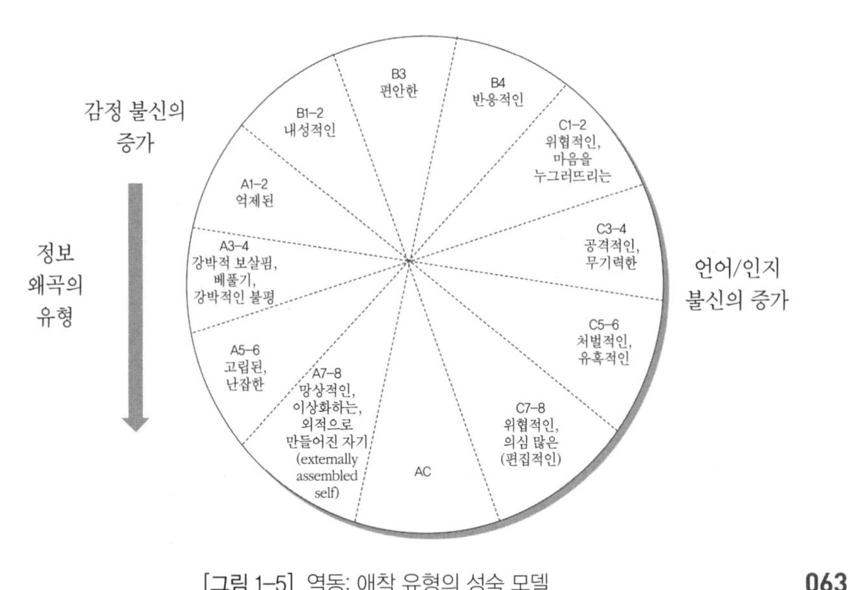

[그림 1–5] 역동: 애착 유형의 성숙 모델

애착 유형 또는 범주로 보이지만 Crittenden의 모델은 차원적 접근(dimensional approach)이라고 할 수 있다. 여기에는 인식과 감정에 대한 신뢰가 증가하는 것에서부터 정보의 왜곡이 증가하는 것까지 연속성의 경향이 있다.

출처: Crittenden (1998).

형은 아동이 가지고 있는 대인관계 맥락에 적합한 감각 속에서 조직화된다고 주장하였다. 즉, 아동이 자신의 가족 상황에 맞춰서 이해하고 거기에 적응하는 것이 최상의 방법이다. 그러나 애착 유형은 가족 밖에서도 영향을 미친다. 예를 들어, 그녀의 주장에 따르면, C유형(집착 유형)을 보이는 아동들은 점차 강제적이고 무기력한 전략의 혼재를 분리하게 된다. 이러한 유형은 극단적으로 보자면, 모든 활동 또는 활동이 아닌 것들, 심지어 낯선 사람이 보이는 모든 활동/비활동마저도 잠재적으로 위험하거나 위협적이라고 여

기는 편집적이고 위협적인 전략들을 발달시킬 수 있다. 생애 전반에 걸쳐 심한 두려움을 경험하거나 높은 수준의 불일치에 노출되었던 보호시설의 아동들이 전형적인 경우이다. 이와 유사하게, 극단적으로 높은 수준의 A(회피)전략들은 망상적 신념처럼 매우 높은 수준의 자기의존을 포함할 수 있다. 그 속에서는, 예를 들어 상당히 학대적인 부모를 자신을 사랑하는 부모라고 여기거나, 부모가 자신에게 바란다고 느끼는 것을 위해 아동이 매우 열심히 노력할 수도 있다. 이것은 또한 부모로부터 소소한 인정이나 애정을 얻기 위해 부모를 즐겁게 하고 돌보기 위해 애쓰는 아동의 강박적인 돌봄 행동 패턴과 연관이 있을 수 있다.

이 모델은 Bartholomew와 Horowitz(1991)의 이차원 모델에 상응하는 것으로도 볼 수 있다(〈표 1-1〉 참조). 두 개의 차원은 회피와 불안으로, 애착의 중심적 특징을 이룬다. 안정 애착은 낮은 회피와 낮은 불안을 특징으로 한다. 안정 애착 유형의 사람은 지지를 얻기 위해 다른 사람들에게 다가갈 수 있으며, 그렇게 하는 것에 대해 불안해하지 않는다. 반대로 Main 등(1985)의 분류 체계에 의하면, 불안이 매우 높지만 회피하지 않는 사람들은 불안/양가적 집단에 속한다고 볼 수 있다. 또한 이 모델은 회피적이지만 불안한 사람들과 애착의 중요성을 무시하는 사람들과는 반대되는 친밀한 애착을 원하는 사람들을 구분한다. Crittenden의 혼합된 A/C 분류는 불

표 1-1 애착의 이차원 모델

구분	낮은 불안	높은 불안
낮은 회피	안정적	불안, 양가적
높은 회피	무시적, 회피적	불안, 회피적

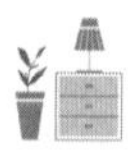

안 회피 유형에 상응하는 것으로 볼 수 있는데, A/C 혼합 유형은 불안과 회피 둘 다가 혼재되어 있다. 이것은 차원 모형이므로 네 개의 일반적인 애착 유형에 한정하지 않는다.

Crittenden(1997) 모델의 중요한 특징은 애착 전략들의 변증법적 속성을 강조한다는 것인데, 각각의 변화들은 최소한 두 개의 상반되는 입장을 혼합하고 있다. 이것은 자기의 발달이 대조적인 입장들로 이루어져 간다는 관점에서 George Kelly(1955)의 개인구성개념 이론 및 대상관계 이론과 유사하다. 이것은 또한 자기를 '과정 중에 있다'고 보는 내러티브 관점에 적합하다. 왜냐하면 우리는 상반되는 내적 과정 또는 대화들 사이의 연속적인 긴장 상태에 있기 때문이다. 이에 더하여 Crittenden은 전략들이 A–C 조합 또한 포함할 수 있다고 주장하였다. 예를 들어, 엄청난 감정적 변화에 직면했을 때 아동이 회피 전략의 사용을 중단하고 일시적으로 불안/집착 전략으로 변환될 수도 있다. 이것은 경험의 특별한 측면들에서도 밝혀질 수 있다. 우리는 경험 중에 있을 수 있는 미해결된 측면을 고려하여 비전형적인 전략들로 되돌아가려고 한다. 이에 대해서는 내러티브의 발달에 관해서 보다 상세하게 다루는 다음 장에서 심도 있게 논의하고자 한다.

감정과 신념

이러한 전략들이 우리가 가지고 있는 인식, 이야기들, 내러티브에 어떻게 영향을 미칠 수 있을까를 생각해 보는 것은 흥미로운 일이다. 예를 들어, Pereg(2001)는 일련의 실험연구로부터 애착 전략

들이 부정적이거나 긍정적인 감정 경험에 대한 사람들의 반응 방식에 영향을 미친다고 주장한다. 어떤 연구에서 참여자들은 자동차 사고에 관한 괴로운 이야기 또는 취미를 위한 조립 세트를 맞추는 것에 관한 중립적인 이야기를 읽도록 요청받는다. 부정적 또는 중립적 감정의 유도에 뒤이어 참여자들은 긍정적이고 부정적인 헤드라인 목록이 있는 소책자를 읽으라는 지시를 받고 나서, 사전 지시 없이 가급적 많이 그 목록들을 기억하도록 요구받는다. 두 번째 연구에서 참여자들은 '당신이 비밀로 지켜 달라고 했던 것을 파트너/배우자가 공개했다' 등과 같은 부정적인 관계 사건들의 원인 목록을 작성하도록 요청받는다. 과잉활성 전략을 가진 참여자들(높은 애착 불안 점수)은 보다 부정적인 헤드라인들을 기억했으며 보다 지속적이고 일반적인 원인이라는 관점에서 관계 문제를 인식했다. 비활성 전략들을 가진 참여자들은 유도된 부정적인 사건들의 영향을 받지 않았다. 그러나 안전한 전략을 가진 참여자들은 보다 긍정적인 헤드라인들을 기억해 냈으며 관계 문제들을 덜 지속적이고 덜 일반적인 방식으로 이해하였다. 이를 통해 Mikulincer 등(2003)은 다음과 같은 연구의 중요한 측면들을 제안하였다.

> 연구의 결과들은 과잉활성 전략들이 관계적 파트너에 대해, 심지어 그 파트너가 부정적인 정서의 원인이 아닐 때조차 부정적으로 편향된 귀인들로 끝나게 된다는 점을 시사한다. 즉, 파트너가 관계 위협적인 방식으로 행동할 때뿐 아니라 비관계적인 다른 원인들에 의해 부정적인 정서가 유발된 경우에도 파트너에 대한 부정적인 인식은 촉발된다.
>
> Mikulincer et al. (2003: 88)

이러한 발견들은 많은 연구와 임상적 증거에 부합한다. 예를 들어, 가정폭력이 있는 경우에 불안한 파트너는 상대로부터 아무런 명백한 촉발 요인이 없더라도 부정적이고 위협적인 생각을 하는 것처럼 보인다.

긍정적인 감정 경험의 영향에 관해서는 차이들이 있다는 연구 결과 또한 흥미롭다. Mikulincer와 Shefi(2000)는 애착 전략들이 사람들의 창의적인 활동과 인지적인 활동에 관여할 수 있는 범위에 영향을 미칠 수 있다고 주장한다. 예를 들어, 과잉활성적인 전략에 부합하는 위협 관련 주제들 또는 비활성적인 전략이 가진 새롭고도 안전하지 않는 사건들에 대한 혐오에 관한 만성적인 초점 두기는 환경이 상대적으로 안전할 때조차 사람들이 탐색하는 기회를 감소시킨다. 그들은 긍정적인 감정을 유도하는 것이 안정 유형으로 분류된 사람들의 창의적인 문제해결을 증진시키지만 회피적이라고 분류된 사람들에게는 아무 영향이 없음을 발견했다. 보다 흥미로운 것은 불안-양가적으로 분류된 사람들에게는 긍정적인 정서 유발이 문제해결을 감소시킬 수도 있다는 점이다.

이러한 연구에서 얻은 흥미로운 결과들은 회피적이고 비활성적인 유형의 사람들은 부정적이거나 긍정적인 감정 모두를 무시하는 것으로 보인다는 것이다. 따라서 그들은 감정 인식을 발달시키는 기회를 차단한다. 이것은 불안하고 과잉활성적인 사람들과는 반대인데, 이들에게는 부정적인 감정이나 긍정적인 감정 중 어느 것이라도 부정적인 감정을 활성화시킬 수 있다. 왜 이런 일이 일어나는지에 대해서는 다양한 이유가 있을 수 있다. 예를 들면, 긍정적인 감정들은 과거의 많은 긍정적 감정이 결국은 고통스럽게 끝났다는 사실을 떠올리게 할 수도 있을 것이다. 이것은 또다시 보다 긍

정적인 시간들에 대한 기억이 괴로운 감정들을 방출시킬 수 있다는 임상적 경험에 부합한다. 부분적으로 이것은 미래에 대한 부정적인 예측들—즉, 그들의 인생은 불행한 과정을 지속하게 될 것이라는 신념이나 이야기—에 관한 것일 수도 있다. 이 장의 서두에 나오는 캐시의 사례로 되돌아가 보면 이 점에 대해 일부 발견할 수 있다. 미래에 일어날 가능성이 있는 상실에 대한 슬픈 감정을 촉발한 것은 캐시와 그녀의 어머니가 가까이서 찍은 사진이었다. 그녀는 "거기에 우리가 어릴 때 나를 안고 얼러 주는 엄마 사진이 있었어요. 그때 저는 어렸을 때인데, 그 사진을 보고 있다가 울음이 터졌어요. 왜냐하면 우리 엄마, 아빠는 다른 부모들에 비해 나이가 더 많아서 엄마가 곧 돌아가실 것 같다는 생각이 들었거든요."라고 말하고 있다.

감정을 다루기: 감정의 공동조절에서 자기조절로

애착 추구 행동들은 아동기뿐 아니라 우리 생애 전반에 걸쳐서 분명하게 나타난다. 애착이론은 아동들이 불안하거나 괴롭다고 느낄 때 돌봄을 기대하는 방법을 어떻게 학습하게 되는지 그 유형들을 제시한다. 보다 넓게 보자면, 우리는 신체적 위험뿐 아니라 감정적인 고통이 있을 때에 지지나 위로를 받기 위해 다른 사람들에게 의존해야 할 필요가 있다. 아동이 성장함에 따라 직계가족 밖의 사람들, 즉 친구나 성적 파트너 그리고 더 나아가 많은 사람, 상담사나 심리치료사들이 이러한 인물이 될 수도 있다.

위협에 대한 감정을 다루기 위해 다른 사람들을 사용하는 능력

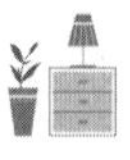

은 애착 유형과 매우 밀접하다. Mikulincer 등(2003)은 아동의 발달 중인 작동 모델은 다음의 두 측면을 포함한다고 하였다. 첫 번째는 선언적 지식(declarative knowledge)으로, 이것은 타인의 선의와 고통을 다룰 수 있는 자신의 능력에 대한 일련의 기대, 즉 신뢰에 관한 것이다. 두 번째는 절차적 지식(procedure knowledge)으로, 이것은 아동이 무엇을 하도록 배우고 있는지를 강조한다. 여기에는 다른 사람에게 두려움과 괴로움을 기꺼이 내보이려는 의지와 고통을 감소시키기 위해 다른 사람으로부터 지지를 구하고 문제해결에 참여하는 것 등이 포함된다. 상대적으로 안정 애착 유형의 사람들은 고통을 인정하고 표현하는 것이 다른 사람들로부터 지지를 이끌어 낸다는 점을 학습하게 된다. 그들은 또한 스스로 감정을 조절할 수 있지만 필요할 때는 다른 사람들을 찾는 것이 조절에 도움이 된다는 것을 배운다. 이와 같은 신념/믿음은 더 넓은 탐색, 즉 타인을 돌보고 돌봄을 받는 것을 통한 즐거움을 허용하기 때문에 여기에는 긍정적인 사이클이 내재하고 있음이 분명하다. 이것들은 유능감과 신뢰감을 형성하고 자기조절력과 자율성을 향상시키는 데에 도움이 된다. 예를 들어, 이들은 회피적 애착 유형의 사람들과는 달리 언제나 자신의 괴로움을 혼자 해결해야만 한다고 느끼지 않는다. 캐시는 이것을 가슴 아프게 표현했다. "아무에게도요. 아무한테도 안 갔어요……. 아빠한테 갔더니 아빠는 '바보같이 굴지 말고 자러 가라'고 했죠. 그래서 다시 자러 갔어요. 그 일이 있고 난 후 다시는 아빠한테 안 갔어요. 저는 아빠를 귀찮게 안 하려고 그냥 꾹 참았어요." 그녀의 말에서 그녀가 다른 사람을 의지하지 않고 모든 일을 자기 속에 담아 두는 것을 최선의 전략으로 선택했다는 느낌을 받게 된다.

자신의 감정을 다루기 위해서 처음에는 부모와 보호자에게 상당히 의존적일 필요가 있는 상태에서부터 시작하여 아동들은 자기 스스로 조절할 수 있게 되고, 필요시 언제 어떻게 다른 사람들을 감정 조절을 위해 포함시킬지를 결정할 수 있게 된다. 앞서 살펴본 바와 같이, 아동은 실제 애착 대상에게 물리적으로 접근하기 어려울 때 이차 전략을 발달시킨다. 여기에는 우리가 애착 대상에 대한 내적인 표상(internal representation)을 발달시키고 그것에 눈을 돌리게 되는 것까지 포함된다.

> 개인이 경험을 축적해 가고 인지적으로 발달함에 따라 안전감을 확대시키는 애착 대상의 역할은 '내재화(internalized)'되고 개인의 강점과 회복탄력성의 일부가 되어 갈 수 있다. 성인기에는 애착 대상에 관한 문자적 차원의 질문이 스트레스를 다루기 위한 내적 · 외적 애착 관련 자원들의 타당성에 관한 질문으로 바뀌게 된다. 많은 사례에서 안정 애착의 역사가 없는 사람이 지지받기 위해 실제 애착 인물에게 의존하려는 의지가 있거나 의존할 수 있다면 내적 자원이 충분한 것으로 볼 수 있다.
>
> Mikulincer et al. (2003: 82-3)

Mikulincer 등은, 예를 들어 위협적인 단어들을 읽는 경험을 포함하여 위협적인 상황들이 애착 관련 사고(attachment-related thoughts)를 불러일으키는 것이라고 주장한다. 실제로 우리는 약한 수준의 위협을 경험할 때조차 애착 대상에 대해 생각하기 시작하는 것 같다. 또한 Mikulincer 등은 애착 대상의 역할은 내재화되고

우리는 과거에 애착 대상이 했다고 기억하는 일에 우리 자신을 대입하게 된다고 주장하였다. 이것은 현재 상황이라면 애착 대상들은 어떻게 했을까, 우리 기분을 낫게 만들기 위해 그들은 무엇을 하고 어떤 말을 했을까를 우리가 상상할 수 있다는 의미다.

Shaver와 Mikulincer(2002)는 연관된 세 개의 과정에 의해 아동들은 먼저 자신의 감정을 공동조절(co-regulation)하기 시작하고 그 후에 감정 중 일부를 스스로 조절할 수 있는 방향으로 나아간다고 보았다. 첫 번째는 탐색(exploration)을 통한 것이다. 새로운 경험을 위해 눈앞의 세상 속으로 모험을 나서는 것이 안전하다는 것을 배운다면 아동들은 자신의 감정을 스스로 조절할 수 있는 법뿐 아니라 다른 사람들이 그들의 감정을 조절하도록 돕는 것을 배울 수 있다. 두 번째 과정은 자기의 확장(expansion of the self)이라고 표현할 수 있다. 아동을 위로할 때 성인들은 아동의 필요에 상응하여 반응하게 된다. 이것은 접촉했다거나 연결된 기분을 촉진하고, 아동은 성인을 자신의 일부로 경험하게 된다. 성인의 강점이나 능력은 이런 식으로 아동의 자기감에 포함된다. 여기에는 부모가 어떻게 정서적으로 말하고 문제를 해결하는지가 포함된다. 끝으로, 아동은 성인의 행동을 내면화하거나 반영(mirror)할 수 있다. 예를 들어, 아동은 성인들이 자신의 행동과 성공을 어떻게 칭찬하고 인정하고 축하하는지를 내재화할 수 있다. 아동은 생각 속에서 부모나 다른 성인이 자신에게 무엇이라고 말할는지를 상상하거나 재생해 볼 수 있게 된다. 이 같은 세 개의 과정이 긍정적으로 일어날 때 아동은 자신감과 더불어 자신의 기분을 조절하는 능력을 발달시킬 수 있을 것이다.

그러나 이와 같은 세 개의 과정이 건설적인 방식으로 일어나지

않을 때는 어떤 일이 일어나게 될까? Mikulincer 등(2003)은 가능성이 있는 현상학적 이야기를 제시함으로써 아동이 두 가지 상이한 종류의 정신적 고통을 경험할 수도 있음을 보여 준다. 하나는 애착 대상과 밀접한 관계를 유지하는 것에서의 실패와 애착 욕구의 좌절로 인한 것이고, 다른 하나는 괴로움과 불안을 다루는 데에 있어 애착 대상과 함께 작업을 할 수 없을 것이라는 감각이다. 첫 번째 마음 상태에서 애착 대상에 대한 접근은 비보상적(non-rewarding)이거나 벌로써 경험되기 때문에 아동은 관심을 요구하면 벌을 받게 될 것이라는, 앞날에 대한 두려움을 갖게 된다. 부모는 이런 감정을 촉진하는 다양한 행동을 할 수도 있는데, 여기에는 지속적인 무관심, 부정적인 감정을 보인 것에 대해 벌을 주겠다는 위협, 아동이 접근하려 할 때 외상적인 폭력적 경험, 자립적이 되라거나 또는 애정 결핍이나 취약성을 표현하는 것을 억제하라는 내용의 분명하거나 암시적인 메시지들이 포함된다. 애착 대상이 위로의 원천이 되거나 접근성을 가지는 대신에 주된 위협의 근원이 될 수도 있다. 이때 아동은 감정은 혼자서만 조절할 수 있고 다른 사람을 의지할 수 없다고 느끼게 된다.

이와 대조적으로 Mikulincer 등은 아동이 무기력과 취약함을 유발하는 비일관성과 방해를 경험할 때는 다른 상태의 마음이 발달한다고 주장하였는데, 이 경우 아동은 애착 대상으로부터 그들에게 필요한 보호와 위로를 얻기 위해 더 열심히 노력하는 것으로 반응한다. 이런 사례에서 애착 대상과의 거리감은 고통으로 경험된다. 이때 양육자의 행동에는 비일관성, 방해, 자율성의 차단 및 아동의 무능감, 취약성 그리고 무력감을 강조하는 명확하거나 암시적인 메시지들 그리고 아동이 애착 대상과 분리되었을 때의 외상적이

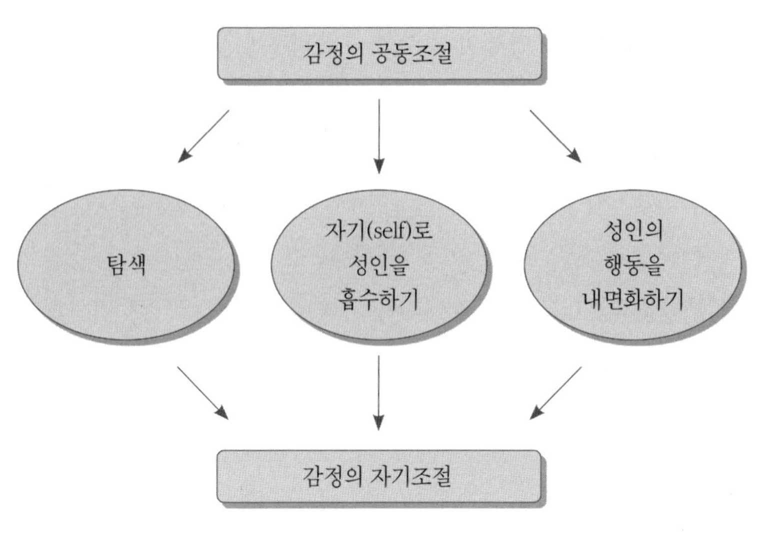

[그림 1-6] 감정의 자기조절이 발달하는 과정

거나 폭력적인 경험들이 포함될 수 있다. 그러므로 자신의 감정을 혼자 다루어야 한다는 예측은 두려움으로 경험되고, 아동들은 무력감과 외로움을 느끼게 된다. 이러한 경우 아동은 자신의 감정을 스스로 조절할 수 없다고 느끼기 쉬우며, 부모가 자신의 감정을 정리하는 것을 도와줄 수 없다면 무력감과 동시에 분노를 느낀다.

Mikulincer 등(2003)의 연구는 현상학적 관점에서 아동의 내적 경험에 대한 묘사와 아동이 자신의 감정들, 특히 위로와 확신에 대한 아동 자신의 욕구들을 다루기 위한 전략으로 발달시키는 행동의 패턴들 사이에 흥미로운 관계를 제시할 수 있었다.

이 장에서는 아동의 정체성과 자기감이라는 관점에서 애착의 발달을 살펴보았다. 아동이 자신을 어떻게 평가하는지, 특히 '나는 사랑받을 만한가?' 그리고 '돌봄을 받기 위해 다른 사람을 의지할 수 있는가?'라는 측면에서 자기를 어떻게 평가하는지가 정체성의 출

현에 핵심이 된다. 아동이 어떻게 자신의 감정을 조절하며 자신감을 획득하는지 그리고 이와 더불어 자신의 감정 조절을 위하여 다른 사람에게 도움을 요청하거나 기꺼이 다른 사람을 의지할 수 있는지가 자기감의 발달에 있어서 본질적인 부분이다. 중요한 것은, 애착과 정체성을 사회적이고 대인관계적(inter-personal)인 과정으로 본다는 점이다. 다음 장에서는 가족 내에서의 애착과 의사소통 과정을 살펴봄으로써 이 주제에 대해 다루고자 한다.

CHAPTER 02

체계, 의사소통, 애착

• • •

이 장에서는 체계적 관점과 애착이론 간의 관계를 살펴본다. 애착이론의 체계론적 근거와 더불어 Bowlby는 부모와 자녀가 서로의 감정과 행동을 상호적으로 조절하는 상호작용 체계로서 애착을 어떻게 개념화하는지를 개관한다. 체계이론의 의사소통적 기초는 애착과 의사소통 과정으로서의 내적 작동 모델(internal working model) 분석을 통해 논의한다. 관계 체계에서 의사소통의 개방성에 대해 다룬다. 이것은 어떤 정서와 사건들이 의사소통될 수 있을지에 대한 일련의 '규칙' 그리고 의사소통 또는 내러티브 기술의 발달이라고 볼 수 있다. 이 장은 애착을 의사소통의 참조틀로 사용하면서 이중구속이론(double-bind theory)을 다른 측면에서 살펴보고 이것이 어떻게 애착 불안에 의해 가속화되는지 알아본다. 이후 커플 관계를 다루고, 로맨틱 파트너에 대한 애착이 어떻게 아동기 애착과 유사하거나 영향을 받았는지를 살펴본다. 그러고 나서 보다 복잡한 가족 패턴, 즉 삼각관계(triangles)를 탐색하여 부모의 역동이 어떻게 안전 또는 안전 결핍이라는 맥락을 제공할 수 있는지를 다룬다. 끝으로, 어떻게 자녀가 부모의 부부갈등에 휘말리고 부모 간의 정서적 거리감을 조절하는 데에 영향을 주는지를 살펴본다.

1장에서는 영아가 가진 그리고 순차적으로 종(species)이 가진 진화론적 생존 기능을 충족시키는 본능적인 과정으로서 애착 개념을 설명하였다. Bowlby(1969)는 애착 패턴을 체계이론의 아이디어를 차용하여 설명하려고 하였으나, 그의 접근은 본질적으로 체계적 사고의 대인관계적 차원이라기보다는 심리내적인 설명에 더 가까웠다. 그럼에도 불구하고 그는 자녀가 발달하면서 부모의 행동이나 감정에 영향을 미친다는 것을 인식하였다.

체계이론

체계적 접근에서는 인간의 어떤 상호작용이라도 피드백에 기초한 상호 영향을 미치는 과정에 의해 특징지어진다는 점을 강조한다. 이것은 인과관계의 순차적 패턴과 반대되는 순환적 패턴으로 설명된다([그림 2-1] 참조).

순차적 패턴에서 인과관계는 본질적으로 한 방향으로 이어지므로 낸시의 영향력은 그녀의 아들인 대니얼에게 가해진다. 그러나 위로하기라는 것은 단순히 일회적인 사건이 아니다. 이것은 일정

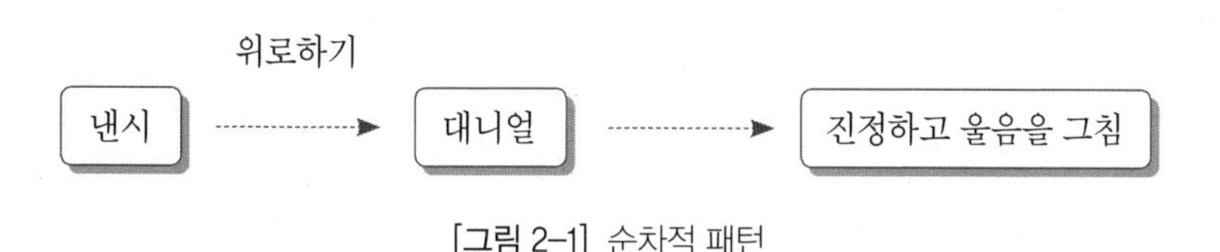

[그림 2-1] 순차적 패턴

위로 제공: 말하는, 만지는, 확인시켜 주는, 웃어 주는

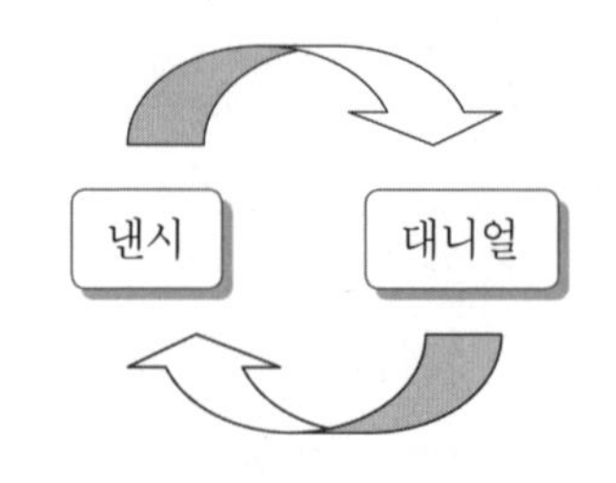

우는, 고통스러운, 반응하는, 감정적인

[그림 2-2] 순환적 패턴

기간의 시간 동안 일어났을 수 있으며 아기와 엄마 모두에게 영향을 미쳤을 수도 있으므로 자세히 살펴보면 실제로 순환적 패턴이라고도 볼 수 있다. 경우에 따라서는 낸시가 대니얼이 힘들어하는 이유를 알아내고 어떻게 달래고 위로할지를 찾기까지 상당한 시간이 필요할 수도 있다. 이런 식으로 위로하기는 엄마와 아기가 상호간에 영향을 주고받는 순환적 패턴이며 상호적인 것으로 볼 수 있다([그림 2-2] 참조).

애착이론은 부모-자녀가 어떻게 상이한 방식의 돌봄에 관여하는지를 밝히는 데에 매우 도움이 되었다(Ainsworth, 1973). 자녀와 부모 사이에 피드백에 의해서 조장되는 체계적 패턴으로서 두 개의 주된 불안정 애착 패턴을 생각해 볼 수 있다. 이것을 상호작용 패턴으로 설명할 수도 있으며, 이에 더해 어떻게 감정의 억압과 인식이라는 내적 상태의 두 가지 조직화가 동시에 형성되는지도 볼 수 있다([그림 2-3] 참조).

불안/양가적 부모-자녀 패턴에서 아동은 처음에는 부모로부터 예상치 못한 반응을 마주하는 것으로 보인다. 결과적으로 부정적

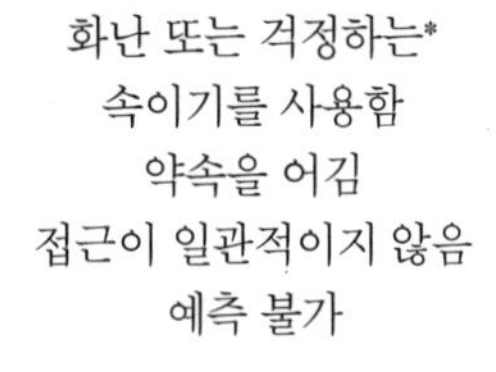
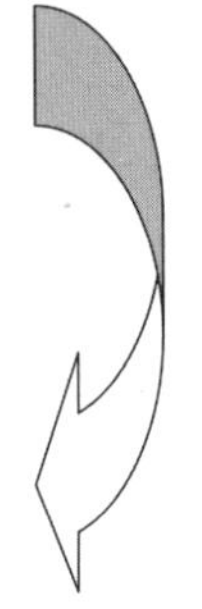

* 돌봄 제공자가 '정말로' 화가 났을 때, 아동은 종종 화를 내는 것에서 애교를 부리거나 필사적인 것으로 변한다.

[그림 2-3] 불안/양가적 부모-자녀 패턴: 악화

인 감정들은 상승하고 자녀는 계속해서 저항하고 요구한다. 자녀가 성장하면서 이러한 행동들은 점차 강압적이고 위협적이 될 수 있으며, 부모는 포기해야만 할 것 같은 기분이 들고 때로는 무력하게 느낄 수 있다. 반면에 부모들은 이와 동시에 간섭하는 돌봄을 제공하고 의존성을 부추김으로써 자녀에게 무력감을 느끼게 할 수도 있다. 그러므로 부모가 화가 나서 이것을 거두면 아동의 입장에서는 상당한 거절감과 불안을 느끼면서 결국 무력한 반응을 한다. 사실상 부모-자녀 2자 관계는 감정적으로 고양된 상호작용 과정에 사로잡히게 되며 여기에서 벗어나는 것은 점점 더 어렵게 된다.

감정과 부정성이 발생할 것이라는 사실과는 별개로, 감정들이 우세하게 되고 불일치가 인과적 · 시간적 순서를 식별하는 것을 방해하기 때문에 상황을 이해하는 것, 즉 인식을 사용하는 것이 점점 더 어려워진다. 이러한 일련의 과정에서 무슨 일이 벌어지고 있는지 이해하거나 일치하는 전략들을 발달시키기 어렵다고 말하는 부모들의 호소를 듣게 된다. '우리가 할 수 있는 일은 없다. 통하는 방법이라고는 없다. 우리는 딸이 도대체 왜 이러는지 이해할 수가 없다.' 자녀가 성숙하면서 점차 의도적인 조종(manipulation)을 사용하게 된다. 맥락에 따라 자연스럽게 화를 내기도 하지만 의도적으로 화를 내고 협박을 하기도 한다. 이에 더하여 부모가 일관적으로 행동하거나 약속을 지킨다는 것을 믿지 못할 뿐 아니라 부모들이 말한 것을 신뢰할 수 없기 때문에 자녀들은 거짓말과 속이기 등과 같은 다른 전략들을 사용한다. 또한 대화는 대부분 감정적이 되거나 급속하게 악화되어 자신들의 통제를 벗어나기 때문에 자녀들은 부모가 왜 이런 식으로 행동하는지를 이해하기 어렵게 된다. 부모 역시 자녀를 화나게 하지 않기 위해 몰래 빠져나가기 전에 한창 놀이 중인 자녀의 주의를 분산시키기도 하는 등 속이기 방식을 사용하기도 한다. 좀 더 큰 아이를 대하는 부모라면 계속되는 감정 폭발이나 갈등을 피하기 위해 자신들이 잘 속이고 때로는 거짓말도 해야만 한다고 느낄 때도 있다. 이 모든 것이 대인관계 맥락에 더해지면 말이나 인식은 믿을 수가 없고 감정과 감정의 폭발이 지배적이 된다([그림 2-4] 참조).

부모

무반응
감정의 표현을 방해함/막음
잘못된 정서에 대한 보상
자립심을 격려함

감정을 차단함

감정을 억누름
잘못된 감정
보살핌을 위해 자기를 의지함
부모를 면죄해 줌/자기를 비난함

자녀

[그림 2-4] 회피적 부모-자녀 패턴: 악화

이와 대조적으로 회피적 유형에서는 지나치게 인식에 의지하는 경우도 있다. 부모들은 자녀의 행동을 매우 쉽게 예측하여 감정의 표현은 받아들여지지 않는다는 분명한 메시지를 전달하기도 한다. 이런 패턴이 지속되면 자녀는 다른 전략들을 개발한다. 부모에게 돌봄을 받는 대신 자녀가 부모의 돌봄 제공자가 되는 돌봄의 역전(reversal of caring)이 일어나는 것이 대표적인 예다. 부모는 이것을 인정해 주는 반응을 할 수도 있다. 이때 자녀는 자신이 먼저 돌봄을 통해 반응을 유도했음에도 불구하고 부모의 인정을 애정의 표현으로 이해하기도 한다. 자녀들은 점차 자신의 감정을 속이는 패턴을 발달시켜 가면서 자기의존적(self-reliant)이 되어 버린다. 이러한 아동들은 나이가 들면 들수록 다른 사람들을 만족시키려는 다른 방법들을 찾게 된다. 예를 들면, 성적인 호의를 제공하거나 관계를

맺더라도 자신의 감정은 의도적으로 숨긴다.

회피적 유형과 불안/양가적 유형에 대한 앞에서의 묘사는 상호 간의 영향과 피드백에 기초해서 유형들이 이해될 수 있음을 보여 준다. 이러한 유형들은 단기적 상호작용(short-term interactions)이라는 측면에서만 이해되어서는 안 된다. 보다 장기적으로 지속될 수도 있다는 점을 잊지 말아야 한다. 긴 세월에 걸쳐 형성된 것은 단기간에 만들어진 것과는 상당한 차이가 있기 때문이다.

구두점

우리가 애착 유형을 이해하는 데에 있어서 체계적 관점이 기여한 것은 구두점(punctuation)이라는 개념이다(Watzlawick et al., 1967; Procter, 1981; Dallos, 1991; Eron & Lund, 1993). 이것은 상호작용의 유형들이 해석하기와 행위 간의 상호 연관된 사이클이라는 관점으로 이해될 수 있다는 것을 보여 준다. 우리의 신념은 우리가 어떤 특정한 방식으로 행동하도록 이끈다. 또한 우리가 상호작용하는 파트너로부터 얻게 되는 결과적인 피드백은 결국 우리가 믿는 것을 보다 강화시킬 수 있다. 상호작용 파트너 역시 이와 같은 패턴을 유사하게 경험할 수 있다([그림 2-5] 참조).

[그림 2-5]는 분명히 단순화시킨 것이기는 하지만 애착 유형이 행동, 신념, 감정의 피드백 고리로부터 발달될 수 있다는 가능성을 보여 주고 있다. 이것은 상호적으로 유지되기 때문에 이 패턴을 인식하는 것은 파트너 중 어느 한 명이 변화를 시도할 때 가능하다. 어느 순간 낸시는 대니얼로부터 애정을 좀 더 받고 싶다고 느끼고 다가가지만, 대니얼은 엄마인 낸시가 새로운 행동을 시도하는 것에

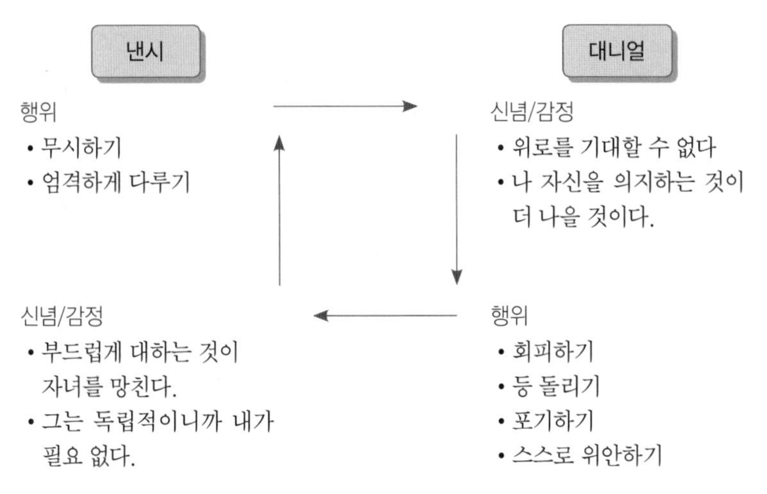

[그림 2-5] 행위-신념/감정의 순환

대해 반응하지 않는다. 낸시 역시 대니얼이 보다 더 다정해지고 엄마를 필요로 한다는 행동을 하더라도 그에 대해 반응하지 않을 것이다. 왜냐하면 대니얼의 그런 행동이 낸시에게는 그가 여전히 너무 매달리고 연약하다는 사실을 입증하는 것으로 보이기 때문이다.

확대

체계적 관점은 어떤 안정화 과정(stabilizing process)이 없다면 사이클이 지속적으로 악화되어서 두 사람이 극단적으로 분리된다는 점을 강조한다. 그러나 낸시가 먼저 어린아이들의 '연약함(softness)'에 대해 허용 범위가 어떠한지에 대한 생각을 할 수도 있다. 그리고 그들의 관계가 그녀가 수용할 수 있는 범위 내의 어느 쪽으로라도 방향이 바뀌어서 어떤 수준에서 그녀와 대니얼의 관계가 안정되었다면 적응이 이루어질 것이다. 이것에 대해 Crittenden (1997)은 그녀의 모형에서 무시하는 유형 또는 집착하는 유형의 점진적 변화를 보여 주는 애착 패턴의 관점을 가지고 설명한다([그림 1-5] 참조). 이것은 자녀에 대한 부모 행동의 극단성과 관련이 있다. 아마도 현상학적으로 이러한 분석은 부모들이 자녀와의 관계에서 느끼게 될 수 있는 자포자기의 심정에 의해 가장 잘 설명될 수 있을 것이다. 예를 들어, 극단적인 불안/양가적인 유형을 나타내는 아동의 부모들은 자신들이 자녀들의 떼쓰기(tantrums), 강압적인 행동(coercive behaviors), 위협이나 유혹하는 행동 패턴의 피해자라고 느낄 수 있다. 이와 동시에 부모들은 이러한 패턴을 유지시키는, 자녀들에 대한 자신의 행동의 비일관성을 인식하지 못하는 경우가 빈번하다.

여기에서 체계적 접근은 양자 관계가 상보성(complementarity)과 대칭(symmetry)의 두 가지 형태로 확대될 수 있음을 강조해 왔다. 상보성이란 양자가 각기 상이하지만 보완적인 행동을 나타내는 것으로, 예를 들어 자녀는 의존하고 부모는 돌보는 것을 말한다. 대칭이란 양자가 유사한 행동을 보이는 것을 말한다. 두 유형 모두 점진적으로 확대되는 경향이 있다. 비록 처음에는 부모-자녀 유형이 상호 보완적으로 보일 수 있으나 자녀가 부모의 애착 유형을 학습해 감에 따라 대칭적인 유형이 되기도 한다. 예를 들어, 낸시와 대니얼([그림 2-5] 참조)은 둘 다 회피적 행동을 보인다. 이론적으로 모든 애착 유형은 대칭적이 되는데, 부모가 먼저 자녀의 행동을 이끌기 때문에 자녀는 부모가 행동하는 방식과 똑같이 행동한다. 그러나 세대 간의 전수가 일어난다는 증거가 있기는 하지만 부모의 유형과 자녀의 유형 간에 완벽한 상응이 있는 것은 아니다. 연구는 세대에 걸쳐 상당한 정도의 가변성이 있음을 주장한다(Crittenden, 1997; Salomon & George, 1999). 이 장의 후반에서 논의하겠지만, 이것은 애착이 본질적으로 양자 간의(dyadic) 현상이라기보다는 다인적(multi-person)이기 때문일 수 있다. 이와 유사하게 체계이론에서는 양자 간의 과정은 본질적으로 불안정하며 과정을 안정시키기 위해 제3자 또는 다른 사람들의 개입을 필요로 한다고 설명하고 있다. 애착을 2인이 아니라 최소한 3인 사이의 과정으로 고려할 필요가 있는 것이다.

애착이론과 체계적 관점의 유사성은, 안정적인 유형들은 상호작용이 대칭적이고 보완적인 형태 사이를 넘나들 수 있는, 과정에서의 융통성 있는 대안들로 이루어진다고 보는 점에서 찾아볼 수 있다. 영아들은 그들이 추구하는 돌봄과 안심이 주어졌을 때 돌보는 사람에 대한 요구가 감소하면서 보다 더 차분해지고 놀이와 탐색으로 주의가 전환된다. 상호작용은 돌봄 제공자와 아동이 함께 즐기면서 미소, 웃음, 놀이를 통해 서로를 자극하는, 상호적으로 대칭적인 것으로 변화할 수 있다. 자녀들이 발달함에 따라, 예를 들어 부모가 아프거나 화가 났을 때 자녀가 돌보는 역할에 참여하면서 관계는 대칭적이고 상보적인 형태들 사이에서 달라질 수 있다. 만성적으로 그런 것이 아니라면 이것은 적절하다고 볼 수 있다. 왜냐하면 자녀가 유능감과 독립성을 향해서 중요한 걸음들을 떼는 것을 배우는 것이기 때문이다. 이러한 상호작용에서 돌봄 제공자는 보다 편안함을 느낄 수 있고 다른 활동들로 관심을 전환할 수 있게 된다.

애착이론이 부모에게 어떤 일이 일어나는지에 대해서 설명한 바는 거의 없다. 예를 들어, 부모가 영아의 요구를 어떻게 경험하는지, 영아에 대한 부모 자신의 행동을 어떻게 지각하는지, 부모 자신이 어떻게 유능하다거나 압도되었다고 느끼는지에 대해서

는 언급하지 않았다. 가정 상황에서의 부모 행동에 대한 관찰연구(Ainsworth, 1973)는 부모들이 자녀들의 요구를 해석하고 반응하는 데에 있어서 분명한 스타일을 가지고 있음을 보여 주는 반면, 다음과 같은 주제를 탐색한 연구들은 거의 없다.

> 애착 대상에 의해 경험되거나 묘사된 애착 관계들에 관한 연구들이 거의 전무하다는 사실은 안타깝다고 생각한다. 성인의 애착 관계에서 내적 작동 모델(internal working model)을 연구할 때조차 연구자들은 성인이 가진 아동기 부모 경험에 대한 관점에서만 관심을 가진다. 애착 관계에서 부모의 내적 작동 모델을 포함하는 부모 애착 시스템 연구에서의 실패는 애착이론이 가진 심각한 결점이다.
>
> Bretherton (1985: 33-4)

그러므로 영아-부모 양자 관계로 확장된 체계적 분석은 아동이 과정에 의해 형성될 뿐만 아니라 아동이 직접 과정을 만들어 간다는 점을 주장한다. 이러한 상호적 과정의 어떤 측면들은 영아의 기질이라는 관점에서 탐색되어 왔다. 어떤 아기들은 다른 아기들에 비해 보다 더 활동적이고, 어떤 아기들은 쉽게 겁을 먹거나 고통스러워하기도 하는데, 이것은 어머니의 반응에 영향을 미칠 수 있다(Belsky, 1999; Vaugh & Bost, 1999).

발달적 관점을 갖는 것 또한 중요하다. 자녀가 발달함에 따라 부모에게 미치는 자녀의 영향은 점차 증가하게 된다. 나이가 많은 자녀들은 보다 가시화된 요구들을 할 수 있게 되며 다양한 방식으로 부모의 행동에 대해 언급하거나 비판할 수 있게 된다. 이러한 행동

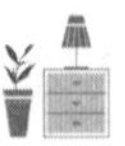

은 부모에게 영향을 주며, 부모가 자기 자신에 대해 어떻게 느끼는지에도 영향을 준다. 가족 밖에서 일어나는 자녀들의 성공, 실패, 불안, 고통스러운 경험들도 부모에게 영향을 미친다. 아마 가족치료사가 만나는 젊은 가족의 전형적인 사례 중 하나는 부모가 자신들은 실패했다, 부적절하다, 충분히 좋은 부모가 못된다고 느낀다는 것이다. 애착이론은 안정 애착을 가진 부모들은 이런 어려움들을 견딜 수 있다고 본다. 이러한 부모들은 자녀의 욕구를 회피하거나 자녀의 걱정에 무익한 방식으로 휘말리거나 압도되는 패턴으로 빠지지 않을 수 있을 만큼 회복력이 있다. 그러나 어떤 상황에서는 이것이 많은 부모에게 의문을 야기할 수 있다. 체계적 관점에서 보면 다양한 외부적 요인에 의해 촉발된 어려움들의 범위는 상당히 넓으며, 이것은 안정적인 부모가 특정한 자녀와 불안정 애착을 형성하도록 이끌 수도 있다는 점을 시사한다. 애착은 확실히 부모가 자녀를 이끌고 있으므로(그 반대 상황이라기보다는) 어느 정도는 선형적인 패턴인 것처럼 보인다. Salomon과 George(1999)는 보다 더 체계적이고 순환적인 관점이 가능하다고 하였는데, "돌봄 제공 체계에 자녀가 미치는 영향은 피드백 고리의 일환이라고 할 수 있다. 다시 말해서, 이것은 선형적이거나 일방향적(unidirectional)이라기보다는 교류적(transactional)이다"(1999: 659). 부모-자녀 상호작용을 포함하여 가족 체계의 특성을 변화시키는 것을 목적으로 하는 가족치료가 부모와 자녀 모두에게 있어서 보다 더 안정적인 애착 범주를 향한 변화를 이끌어 낼 수 있는가라는 질문은 흥미로운 연구 주제가 될 것이다.

George와 Solomon(1999)은 애착을 체계적 과정으로 보는 관점을 강조하는 것에 동의하면서, 애착이론이 영아기의 애착 유형과

내적 작동 모델 발달에 대한 탐색뿐 아니라 돌봄 제공자의 변화도 함께 연구해야 한다고 주장한다. 애착이론에서 영향력 있는 한 관점은 부모, 특히 어머니가 제공하는 돌봄의 질은 그 자신의 애착 유형과 직접적으로 관련이 있다는 것이다. 우리는 이것에 대해 다음 장에서 보다 상세히 다루겠지만, 본질적으로 어머니는 애착의 작동 모델을 그녀 자신이 아동으로서 부모와 가졌던 경험으로부터 획득하는데, 이것이 활성화되고 그녀가 자신의 자녀를 향해 어떻게 반응할지를 이끌게 된다는 논지다. 여기에서 중요한 특징은 어머니가 얼마나 민감한지, 아기의 요구에 대해 어떻게 조율하고 있는지에 있다. 애착이론가들은 정상적인 환경에서는 어머니가 영아와의 관계에서 경험한 것을 자신이 가진 애착의 정신적 표상과 통합한다고 설명한다(Bretherton, 1985; Main et al., 1985; Fonagy et al., 1996). 이 관점에 대한 증거는 어머니의 애착 표상에 기반을 두고 있는데, 이것은 어머니가 자신의 영아와의 관계에서 갖게 될 애착의 질에 대한 예측 요인이 된다. 이 과정에서 중요한 점은 영아에 대한 어머니의 민감성이 기질 차이 등과 같은 다른 요인들을 상회할 것이라고 밝혀졌다는 것이다. 그러나 Salomon과 George(1999)는 이러한 증거는 믿어져 왔던 것에 비해서 덜 분명하다고 하면서, 어머니와 아기의 애착 유형 간 일치는 안정 애착의 어머니에게서 가장 높고, 불안정 애착 영아의 어머니에게서, 특히 자신의 생애 초기 상실을 해결하지 못한 어머니에게서는 덜 확실하다고 주장하였다. 한 가지 가능성은 안정 유형의 어머니들은 최고 수준의 일관성이 있는 관계를 맺기 때문일 수 있다. 불안정 유형은 예측을 불가능하게 하는 부모 사이의 보다 큰 가변성과 불일치성과 연관되었을 수 있다. 또한 이것은 자녀가 어떤 불안정 유형을 발달시킬는지 예

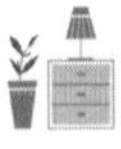

측하는 것을 어렵게 만든다. 이것은 영아와의 상호작용 특징에 영향을 미치고, 결국 여기에 자리하게 될 애착의 특징을 형성한다.

이 장의 후반부에서는 커플의 역동을 연구하는 데에 있어서 애착이론이 어떻게 적용되어 왔는지를 살펴볼 것이다. 성인의 관계는 보다 대칭적이어서 각각의 파트너들은 서로 돌봄을 주고받는다. 여기에는 물론 다양성이 있다. 예를 들어, 파트너 한쪽이 병에 걸렸거나 연령 또는 정서적 역동에서 차이가 있는 경우와 같이, 어떤 관계에서는 한 파트너가 의존적인 역할을 하고 다른 쪽이 돌봄 제공자가 되기도 한다. 또한 앞에서 언급한 바와 같이 자녀가 성장하고 능력이 성숙함에 따라 그들이 돌봄 제공자에게 미치는 영향이 증가하게 된다. 어떤 경우에는 돌봄 제공자의 애착 유형을 바꿀 정도로 그들의 영향력이 커질 수도 있다. Bretherton(1985)은 이것에 대해 강력하게 주장하고 있다.

> 어떤 이들은 우리가 돌봄 제공자–영아 관계를 하나의 체계로서 연구해야 한다고 말할 수 있다. 물론 애착 관계는(또는 어떤 다른 관계라도) 어떤 특정 가족이나 특정한 문화의 참조틀(framework)에서 이루어진 두 명의 개인 간의 공동 작업이란 것은 틀림없다. 이런 의미에서 돌봄 제공자–영아 관계를 하나의 체계로 고려하는 것은 적절하다……. 그러나…… 두 명의 파트너는 어떤 면에서는 두 개의 관계를 갖는다. 이때 관계는 애착된 사람과 애착 대상에 의해 정신적으로 표상된 것이다.
>
> Bretherton (1985: 34)

의사소통으로서의 애착

체계적 가족치료는 근본적으로 의사소통 이론적 접근이다. 초기 혁신가들(Watzlawick et al., 1967; Bateson, 1972; Haley, 1976)은 피드백에 의해서 조절되는 시스템을 강조하는 사이버네틱스로부터 아이디어를 가져왔다. 사람들은 체계가 의사소통과 동일하다고 보았다. Watzlawick 등(1967)은 의사소통에 대해 보다 광범위한 관점을 제안했는데, 여기에는 언어, 비언어적 행동, 제스처 그리고 침묵 역시 의사소통적 행동이라는 생각 등이 포함된다. 인간관계에서 '의사소통을 하지 않는 것은 불가능하다(it is impossible not to communicate)'라는 말이 그들의 격언이 되었다.

의사소통의 수준

의사소통은 언제나 다면적이기 때문에 의사소통의 어떤 부분이라도 필연적으로 의미의 동시적(simultaneous) 층들로 구성된다. 언어적 의사소통과 비언어적 의사소통 간에는 중요한 차이가 있다. 구체적으로 말하자면, 말하기의 언어적 측면은 필수적으로 정보와 내용을 전달한다. 이것은 비언어적 측면과는 대조되는데, 말하기의 비언어적 측면은 감정에 대한 의사소통적 정보와 관계의 특징을 정의하는 것으로 보인다.

의식적 또는 무의식적 의사소통

의사소통은 또한 의식적 수준과 무의식적 수준 모두에서 발생하는 것으로 보인다. 이것은 의사소통이 처음에는 비언어적 · 무의식적이지만 언어가 발달함에 따라 점차 의식의 통제 아래로 들어오게 된다고 보는 발달적 관점에도 부합한다. 나이가 들수록 우리가 하고 싶은 말과 그것의 효과를 의식적으로 시연하고 계획하는 것이 가능해진다. 그와 동시에 우리는 비언어적 수준에서도 의사소통을 하는데, 이것은 조절하거나 조작하는 것이 훨씬 어렵다(Gottman, 1979, 1982). 우리가 상호작용을 할 때, 특히 활발하고 열띤 대화 속에서 대부분의 언어적 의사소통은 무의식적(non-conscious)이거나 반의식적(semi-conscious) 수준에서 이루어지고 있음이 명백하다.

의사소통에서의 공동 구성

의사소통은 반드시 '보내는 사람(sender)'과 '받는 사람(receiver)'을 포함한다. 이 아이디어는 의사소통을 공동 구성적인 과정이라고 강조하는 사회구성주의자들의 관점에도 부합된다. 그러나 어떤 경우에는 우리가 의도한 메시지가 그대로 전달되지 않을 수 있는데, 예를 들어 말의 의도가 오해를 받았다고 느낄 때도 있고, 때로는 듣는 사람이 어떻게 반응하는지를 보고 의사소통의 전달된 의미가 명확해지는 경우도 있다. 우리가 의도하지 않았지만 뭔가 '웃기는' 얘기를 했다거나 듣는 사람들의 반응을 통해 우리가 의도한 것 이상으로 심오한 것을 소통했음을 발견하는 것은 놀라운 일이

다. 또한 의사소통적 교환에는 우리가 어떻게 느끼는지가 포함되는데, 이것은 공동으로 형성될 수 있다. 듣는 사람의 정서적 반응은 우리 자신의 감정을 상승시키거나 분산시킬 수 있다. 그들의 반응은 우리가 완전히 이해하지 못할 수도 있는 우리 자신의 감정에 의미를 부여할 수도 있다. 예를 들어, 듣는 사람이 분명하게 '당신은 이 일에 대해 매우 열정적인 것 같다'고 말한다거나 또는 비언어적인 반응을 통해 이것은 위험한 주제라고 표현하기도 한다. 때로는 당신이 '지나치게 반응적'이라거나 '내가 살짝 화가 났다'는 것을 미묘하게 나타내기도 한다. 의사소통의 과정에서 정서적 수준이 상승하거나 계속 흘러가기 때문에 우리는 대화를 하는 동안이나 대화를 마친 후에 고양감이나 피로감을 느끼기도 한다.

092 의사소통에서의 불일치

이러한 의사소통 분석은 발달적 관점과 애착이론의 측면에서 중요하다. 왜냐하면 부모와 자녀 간 의사소통이 처음에는 비언어적이기 때문이다. 우리는 의사소통이 복잡하고 혼란스러울 수 있다는 점에 주목하게 되었다. 실제로 다양한 연구는 아동들이 의사소통의 보다 비언어적인 측면에 의존하며 이것은 사람들이 '무엇을' 말하는가에 반해서 '어떻게' 말하는가를 강조하고 있다는 점을 보여 주었다. 이것은 성인의 관계 양상, 특히 낭만적 애착으로 연결되어 지속된다(Haley, 1976). 이러한 의사소통 연구들은 불일치성이 단지 의사소통 수준들 간에서가 아니라 동일한 의사소통 수준 내에서도 발달할 수 있다는 점을 명확히 밝혀 왔는데, 부모가 피상적이거나 거부적인 방법으로 자녀를 안아 주는 것을 예로 생각해

볼 수 있다. 언어적 의사소통은 그 자체가 비언어적 또는 준언어적 (paralinguistic) 특징을 포함하는데, 여기에는 어조, 망설임, 말의 속도와 크기 등과 같은 것들이 있으며, 이것들은 의미 또한 내포하고 있다. 체계적 가족치료는 의사소통 과정을 명확히 하는 것을 시도한다. 예를 들어, 언어적 · 비언어적 측면 사이에서 의도된 것은 무엇이며 불일치하는 것은 무엇인지의 관계를 명확히 다루는 것이다.

이중구속적 의사소통

Bateson(1972; Haley, 1976)은 의사소통에 있어 어떤 특정한 형식의 불일치가 심각한 정신장애의 발달에 근간을 이루고 있다고 주장하였다. 이러한 과정의 예시로 그는 다음과 같은 패턴을 제시하였다. 정신병원에 면회를 온 어떤 어머니가 자기 아들에게 인사를 하려고 다가간다. 아들이 팔을 벌리고 어머니에게 다가오자 그녀는 눈에 띄게 경직되었다. 이것을 알아차린 아들이 망설이면서 벌렸던 팔을 내리자 어머니는 "이제 너는 더 이상 엄마를 사랑하지 않는 거니?"라고 묻는다. 이 젊은 남성이 얼굴을 붉히며 꼼지락거리자 어머니는 "네 감정을 보이는 것을 부끄러워해서는 안 된단다." 라고 덧붙인다. 여기서 어머니가 불일치하는 의사소통을 하고 있다는 것을 알 수 있다. 즉, 뻣뻣하게 굳은 그녀의 몸은 거부를 나타내지만 언어적으로는 아들에게 애정을 보여 줄 것을 요구한다. 그러나 이 경우 무엇보다 중요한 점은 이러한 불일치에 대해 반응하려는 자녀의 시도는 어머니에 의해 틀린 것으로 정의되고 부정적인 결과("더 이상 나를 사랑하지 않니?")를 얻게 된다는 것이다. 아들은 소통이 된 메시지에 대해 최선을 다해 이해하고 반응하려고 노

력했지만 그가 보인 반응들은 틀린 것으로 받아들여진다. 아들이 얼굴을 붉히자 어머니는 이것을 약점으로 치부하면서 비난을 한다("너의 감정을 보이는 것을 부끄러워해서는 안 돼.").

이런 식의 의사소통 경험은 혼란스럽고 짜증나며 분노를 촉발하는 것이기도 하다. 이 젊은 남성은 자신이 어머니를 사랑하지 않는다는 것을 보인 것이 아니라 어머니의 비언어적인 의사소통, 즉 그녀의 뻣뻣함에 적합한 반응을 했던 것이다. 하지만 이 적합한 반응이 그 어머니에 의해 잘못된 것으로 해석되었다. 더 나아가 혼란스러움으로 인해 얼굴을 붉힌 것은 그가 잘못했다는 증거가 된다. 혼란스러운 느낌, 즉 '잠깐, 이거 다 틀렸구나'라는 느낌은 제대로 정리하기 어려울 수 있는데, 특히 그가 짜증나거나 분노를 느끼게 되면서 더욱 그럴 수 있다. Bateson(1972)은 자녀들이 이런 관계에서 벗어날 수 없다고 느끼는 것이 이러한 상호작용의 중요한 특징이라고 강조하였다. 이 젊은 남성의 경우 어머니의 사랑을 잃고 싶지 않았기 때문에 어머니를 향해 소리를 지르고 화를 내는 것은 적절하지 않다고 생각했다. 그러나 그는 어머니가 떠나고 나서야 자신이 '자제해야만 한다는 것'에 대해 화가 났다.

애착 관점은 이 아들은 관계를 필요로 했으며 관계 상실에 대한 두려움이 불안을 촉발했다는 점을 강조한다. 이 젊은 남성은 정신과 병동에 있었는데, 그것 자체가 불안을 촉발하는 상황으로서 자연스럽게 거부, 유기 그리고 분노 감정뿐 아니라 두려움과 불안도 포함하는 그의 애착 욕구를 각성시켰을 것이다. 어머니로부터 거절당했다는 느낌은 이런 맥락에서 더욱 절망스러운 감정으로 빠져들게 한다. 그러므로 현재 느끼는 혼란스러운 감정들에도 불구하고 그는 자신이 그런 감정에서 벗어나는 것이 어렵다는 사실을 알게 되었다. Bateson은 이러한 패턴을 반복적으로 경험하는 젊은이들을 위한 하나의 해결책은 질병으로 철수하는 것이라고 주장하였다. 이것은 상황에서 도망갈 수 있도록 허용해 주면서도 부모를 위협하지 않는 방식이다. Bateson(1972)은 이 상황에서 어머니 자신이 불안을 느끼는 동시에 자녀에게 취약함을 소통하고 있기 때문에 아들이 어머니에게 직접 분노를 표현하는 것은 매우 어려운 일이라는 점 또한 명시하였다. Crittenden(2004)은 낯선 상황(strange situation)을 적용한 그녀의 연구에서 발견한 이와 유사한 불일치 패턴들에 대해 설명하고 있다. 예를 들어, 어머니는 실제로는 자녀가 보이는 괴로움의 의사소통을 무시하면서, 마치 무시하거나 조롱하지 않고 '진심으로 신경 쓰는(really cares)' 것처럼 행동한다.

상위 의사소통

앞에서 살펴본 과정과 같은 혼란을 다루는 방법 중 하나는 상위 의사소통(meta-communication), 즉 말하는 것에 대해 말하는 것이다. 사람들이 그들이 의도한 의사소통을 보다 명확히 할 때가 바로 그 예다. 이것은 듣는 사람이 의도와는 다른 방식으로 반응을 했다고 인식했을 때 주로 일어난다. 예를 들어, 우리는 "내 말은 그런 뜻이 아니야." "아, 내가 했던 말과 비슷한데……."라고 말하기도 한다. 상위 의사소통은 우리가 말하는 사람에게 명확성을 요청하는 형태가 될 수도 있다. "미안하지만 그 말이 무슨 뜻인가요?" 또는 반사적인(reflexive) 명료화의 형태로, "제 얘기에 대해 어떻게 생각하세요?"라고 할 수도 있다. 상위 의사소통은 개방적인 의사소통에 있어 핵심적인 특징으로, 특히 의도와 사람들의 기분이 어떤지를

명확히 하는 데에 도움이 된다. 이것은 위험하게 보이는 상황이나 사람들이 무력감을 느끼는 상황에서는 차단되기도 한다. 예를 들어, 벌이나 조롱에 대한 두려움 속에서 자녀가 부모에게 그 말이 무슨 뜻인지, 어떤 기분이 드는지를 묻는 것을 피하기도 한다.

많은 애착 연구자(Oppenheim & Water, 1985; Bretherton, 1995; Crittenden, 1995)가 애착을 측정하기 위해서는 반드시 의사소통이 필요하다는 점에 주목해 왔다. 낯선 상황 실험에서 유아는 부모에게 자신이 괴롭고 화가 났음을 의사소통하기도 한다. 또한 유아는 부모를 보고 싶어 하지 않았고 혼자서도 완벽하게 괜찮다고 의사소통하는 것처럼 보이기도 한다. 이와 같은 현상이 AAI에서 피면접자가 면접자에게 자신의 어린 시절 경험에 대해 의사소통할 때 그대로 표현된다. 의사소통할 때의 어려움은 '방어적인 차단(defensive exclusion)' 과정에서 발생한다. 그것은 지나치게 고통스러운 자료들을 아동의 인식으로부터 배제하는 것이다. 그러므로 아동은 간접적으로 다루는 경우를 제외하고는 그 일에 대해 의사소통하는 것이 불가능하다.

애착과 의사소통이 유사하다는 주장이 있다. Bowlby(1988)는 안정 애착을 위해 개방적 의사소통의 중요성을 강조하면서 이것에 대해 언급하였다.

> [부모와 자녀의] 의사소통이 자유로운지, 제한적인지의 현저한 차이는 왜 어떤 아이는 건강한 발달을 하고 다른 아이는 문제를 가지게 되는지를 이해하는 것과 밀접한 관련이 있다……. 안정된 형태의 애착 발달을 향하는 부모-자녀의 경우, 그렇지 않은 경우에 비하여 의사소통에서 자유로움의 정

도가 현저하게 높았다.

Bowlby (1988: 131)

긍정적이고 부정적인 감정들에 대해 자유롭게 의사소통을 할 수 있는 능력은 안정 애착의 초석이다. 정동 조절에 관한 앞 장에서의 논의를 살펴보면, 부모가 자녀 스스로 감정을 조절하도록 돕기 위해서는 자녀가 부모에게 자신이 어떻게 느끼는지에 대해 명확하고 개방적으로 표현하는 것이 필요하다. 이와 같이 부모 또한 감정에 대한 솔직한 표현이 수용될 것이라는 점과 자녀들을 도울 것이라는 점에 대해서 일관된 메시지로 명확하게 의사소통할 필요가 있다.

기술로서의 의사소통

아동의 내적 작동 모델은 다른 사람들이 어떻게 행동할 것인가에 대한, 그리고 아동 자신에 대한 이해와 예측으로 이루어진다. 자신과 타인에 대한 이해는 무엇에 대한 의사소통이 허용되는가와 의사소통이 어떻게 이루어지는가에 대한 개념과 연결된다. 어떤 면에서 이것은 무슨 주제가 대화에 적합한지에 대한 기대 또는 가족 규칙일 수 있다. 예를 들어, 은밀한 신체 부위나 성에 관한 대화가 허용되는지 여부와 같은 것이다. 허용되는 대화의 주제가 정해지는 것뿐 아니라 아동의 의사소통 능력의 발달도 만들어질 수 있는 것으로 볼 수 있다. 영아는 부모로부터 의사소통이 무엇인지, 의사소통을 어떻게 하는 것인지를 배운다. 두려움, 분노, 배고픔 등과 같은 기본적인 감정의 표현은 본능적일 수 있지만 이러한 감정

들의 표현조차 부모가 어떻게 반응하는지에 의해 만들어진다. 예를 들어, 부모에게 무시당하거나 벌을 받을 것이라고 예측한다면 자녀들은 두려움이나 걱정에 대해서는 의사소통하지 않는 것이 좋다는 점을 터득하게 된다. 따라서 자녀는 부모와 정서적으로 만나는 것이 불가능하다는 것을 학습할 뿐 아니라, 더 나아가 이러한 감정들을 전하는 것이 소용없다는 사실을 배우게 된다. 우리는 애착을 단순하게 사람들의 내적인 감정 구조에 대한 것으로 볼 것인지, 아니면 그들이 이러한 감정을 표현하는 것을 학습한 방식으로 볼 것인지에 대해 생각해 볼 필요가 있다. 또한 의사소통의 수준에 대해 앞에서 논의한 바와 같이, 의사소통이란 섬세하고도 복잡한 과정이다. 언어적 메시지와 비언어적 메시지 사이의 모순점을 구분하고 의미가 가진 겹겹의 층들을 분리하는 방법을 아동이 어떻게 배울 수 있을지에 대해 생각해야 한다.

Oppenheim과 Waters(1985)는 영아들이 복잡하고 부정적인 상황에 대해 이해할 수 있도록 돕는 정서적인 '발판 세우기(scaffolding)', 즉 정서적 안전감과 지지를 부모들이 제공할 필요가 있음을 강조하였다. 게임을 하거나 때로는 농담을 하는 것도 자녀들이 미묘한 의사소통의 단서들을 구분하는 데에 도움이 될 수 있다. 의사소통은 쌍둥이 같은 과정을 포함한다. 해독(decoding)할 수 있는, 즉 다른 사람의 의사소통을 이해하는 것과 다른 사람에게 우리가 느끼고 생각하고 필요로 하는 것 등을 전달할 수 있도록 자신의 감정과 경험을 조직화하는 것이다. 이 과정에서 의사소통과 지각(perception)은 밀접하게 연결되어 있다. 그러므로 '내적 작동 모델'이 의사소통을 형성하기도 하고 또한 의사소통에 의해 형성되기도 하는 것으로 이해할 필요가 있다. 아동이 자신의 필요와 감정을 표현하는 방식은 다른 사람들의 반응을 결정하며, 이것은 차례로 아동의 내적 작동 모델을 형성하고 유지하는 데에 기여한다.

의사소통 패턴과 관련된 애착 유형

애착 유형을 형성하는 것으로 보이는 상이한 양육 방식들은 의사소통 패턴에도 영향을 미친다. 안정 애착은 긍정적이거나 부정적인 사건들에 대한 의사소통이 격려되고 자녀들은 그들이 원하고 필요로 하고 느끼는 것에 대해 의사소통하도록 도움을 받는 가족의 맥락으로부터 얻어진 결과라고 할 수 있다. 다양한 연구는 의사소통 패턴의 중요한 특징으로 돌봄 제공자의 '조율(attunement)' 또는 '민감성(sensitivity)'을 강조해 왔는데, 이것을 의사소통의 민감성이라고 볼 수 있다. 부모는 자녀의 필요와 감정이 무엇인지 알기 위해 노력하는데, 이것은 자녀의 의사소통 시도를 억압하기보다는 격려하는 것이 된다. 이 과정이 **발판 세우기**라고 할 수 있다. 여기에서 부모들은 적절한 말을 알려 주거나 질문을 하거나 예시들을 제공하고, 자녀가 자신의 의사소통을 마칠 수 있도록 협조함으로써 자녀의 의사소통 시도를 보조하고 지지한다. 예를 들어, 부모는 자녀에게 기분이 어떤지 묻거나 자녀가 느끼는 감정들에 대해 어떤 제안을 하기도 하고, 자녀가 자신의 감정을 말로 표현하는 것을 돕거나 그들이 자신의 말을 더 확장하거나 정교화하도록 유도하기도 한다. 그러나 이러한 유도나 제안들은 잠정적인 형태로 제공되어 자녀가 동의하거나 거부하는 것을 허용해야 한다. 자녀가 다양한 아이디어를 생각하고 통합할 수 있으려면 의사소통의 정서적 어조

(emotional tone)는 긍정적이고 초점이 있어야 하며 침착해야 한다.

반면에 회피적 유형에서 부모들은 감정이나 걱정, 두려움의 표현을 차단하려고 시도한다. 그들은 자녀가 스스로 이런 어려움들을 극복해야만 하고 부모로부터의 도움을 기대해서는 안 된다는 의사소통을 한다. 또한 이런 부모들은 의사소통이란 상황에 대한 논리적이고 합리적인 분석이며 정서적 어조나 제스처가 없어야 한다는 것을 자녀들에게 보여 준다. 시간이 지나면서 자녀는 의사소통의 내용과 비언어적 측면에서 정서를 배제해야 한다는 것을 배우게 된다. 정서가 교류되지 않으므로 자녀는 기분에 대해 말하는 방법이나 다른 사람의 기분을 좋게 만들기 위해 그들과 대화하는 법을 배우지 못한다. 자녀는 정서적 대화에 연루되지 않아야 한다는 점을 학습하며, 이것은 결과적으로 아동 자신에게 이질적인 영역이 되고 만다. 아동은 이런 것에 대해 말하는 것이 바보 같다거나 미숙하고 어색하다고 느끼면서 망설이게 된다. 그러나 상당한 고통이 있는 경우에는 감정들이 과도한 정서적 폭발의 형태로 분출될 수 있으며, 이것은 이후 아동이 부끄럽고 수치스럽게 느끼도록 할 수 있다.

이와 대조적으로 불안/양가적 애착 유형은 감정에 대한 매우 많은 의사소통을 그 특징으로 한다. 그러나 회피적 유형에서와는 달리, 여기에서의 의사소통은 감정을 붙잡을 수 있는 의미 있는 정보들은 덜 포함한다. 또한 이 유형의 부모들은 자신의 감정을 매우 급격히 바꾸기도 하는데, 이것은 일관성을 전혀 못 느끼게 하거나 특정한 사건이 가지고 있는 의미에 대한 혼란을 초래한다. Ainsworth(1973) 및 다른 연구자들은 불안/양가적 유형에서 부모들이 어떻게 침해적인 방식으로 의사소통하는지를 보여 준다. 예를 들어, 아이는 부모로부터 '네가 나쁘다, 네가 엄마를 화나게 만든다'는 말을 들을 때 화가 나거나 슬픔을 느낄 수 있다. 이러한 의사소통을 통해 부모는 자녀에게 부정적인 내적 상태와 의도를 주입한다. 그 결과, 자녀는 감정에 휩쓸리거나 오해받는 것에 대해 분노를 느끼게 되어서 정서적 의사소통 과정에 합류하게 된다. 이러한 패턴에서 어린 아동들은 난폭한 성질부리기 행동을 보이고 이후에는 강제적이고 남을 조종하는 형태의 의사소통을 나타내는 것이 전형적으로 나타난다.

속이기와 왜곡하기

아동이 발달함에 따라 의사소통의 범위와 복잡성은 증가한다. 언어가 출현하면서 의사소통뿐만 아니라 의도적이고 전략적이거나 기만적인 의사소통이 가능해진다(Crittenden, 1997). Bowlby(1988)는 아동들에게 특히 위해가 되는 것은 고통스러운 사건에 대한 아동의 정확한 지각이 왜곡되거나 부정되는 의사소통의 맥락이라고 보았다. 그는 부모의 자살을 목격한 한 아동이 살아남은 다른 한쪽의 부모에 의해 부모가 질병으로 사망했다는 것을 믿고 말하도록 압박을 받은 상황을 제시하였다. 이런 종류의 상황에 관여한 의사소통의 전략들은 꾸짖거나 조롱하기 또는 실제 사건을 아동이 TV나 악몽에서 본 것과 혼동하는 것이라고 주장하기 등이다. Laing(1966)과 초기 체계적 가족치료사들(Bateson, 1972; Watzlawick et al., 1974)은 가족 과정에 대한 이 같은 분석을 실시하였다. 성적 학대를 받은 아동들의 사례에서 아동들은 학대가 실제로 일어난

것이 아니라거나 학대당했다고 상상한 것이라거나 또는 그것이 아동들의 잘못이었다는 말을 듣는 경우가 빈번하다. 그들은 또한 그 학대에 대해 어느 누구에게도 말하지 말아야 한다는 것을 분명하게 듣기도 한다. 이런 조종과 왜곡은 고통스러운 사건에 대한 의사소통을 차단할 뿐 아니라 그 사건을 둘러싼 이슈들에 대해 의사소통할 수 있는 아동의 능력을 저해하는 데 기여한다.

발달 과정과 의사소통

Crittenden(1995)은 아동이 발달함에 따라 보다 미묘한 의사소통 과정에 관여할 수 있게 된다고 주장하였다.

학령전기

이 시기에는 아동이 발달함에 따라 언어를 사용하는 능력이 증가하고 보다 세련된 비언어적 의사소통을 사용할 수 있게 된다. 회피적 유형에서 일차적인 의사소통 과정은 부정적인 정서의 표현을 억제하는 것이다. 이것은 아동으로 하여금 속이기를 사용하도록 만든다. 예를 들어, 아동이 슬프거나 화가 나거나 두려울 때 긍정적인 감정을 거짓으로 내보이는 것이다. 아동은 부모로부터 부정적인 감정을 내보여서는 안 되며 그렇지 않을 경우 처벌을 받는다는 것뿐만 아니라 자신이 느끼지 못하는 긍정적인 감정을 드러냈을 때 보상을 받는다는 점을 학습한다. 이것은 '거짓 정서(false affect)'라고 불려 왔으며(Crittenden, 1995), 아동이 성인기 관계까지 이어

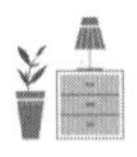

가게 될 의사소통 유형이 된다. Crittenden은 아동이 부모에게 등을 돌리거나 사람들을 무시하는 회피적 행동을 보이는 것은 '무례하다'고 배우기 때문에 부정적인 감정들은 억압하는 것을 학습하게 된다고 하였다. 이보다 중요한 것은 자신이 느끼건 아니건 간에 긍정적인 감정들을 의사소통해야만 한다는 것까지 배우게 된다는 것이다. 때로는 두 가지 추가적인 의사소통 유형이 나타난다. 심각하게 방임된 아동들은 돌보는 행동을 보이도록 학습하고, 가혹한 대우와 학대를 받은 경우 아동은 지나치게 순종적이고 굽실거리는 태도를 배울 수 있다. 아동은 괴로움의 어떤 흔적에 대해서도 말하지 말아야 한다고 배운다. 반면에 불안하고 집착하는 유형으로 분류된 아동들은 공격적이고 지나치게 회피적인 행동을 포함하는 과장된 분노 의사소통을 학습한다. 물론 이러한 의사소통의 목적은 부모의 관심을 그들에게로 끌어오는 데에 있다. 결과적으로 만약 아동들이 받은 관심이 분노라면 아동들은 부모의 마음을 누그러뜨리고 부모의 분노 감정을 방해하기 위해 '내숭을 떠는(coy)' 의사소통을 사용하기도 한다. Crittenden(1995)은 의사소통의 패턴이 점차 확대될 수 있기 때문에 주의/관심에 대한 요구는 위협을 포함할 수 있고, 화를 누그러뜨리기 위한 행동은 꾸며 낸 무기력으로 변할 수 있다고 하였다. 속이기는 의사소통 과정에서 고질적인 형태가 될 수 있다. 예를 들어, 부모가 자녀 몰래 빠져나가기 위해 장난감에 관심을 갖도록 속이는 전략을 사용한다. 이러한 상호작용으로부터 자녀는 끊임없이 경계 태세를 유지해야 하며 사람들이 하는 말을 믿지 말아야 한다는 것을 배우게 된다. 가족의 의사소통 유형은 해결되지 않는 끝없는 싸움이나 갈등 그리고 비난하기와 남 탓하기의 순환을 이루는 경향이 있다.

학령기

아동의 능력이 발달함에 따라 더욱 복잡한 작동 모델을 만들기 위해 점차 기억 체계와 정신 과정을 사용할 수 있게 된다. 회피적 유형에서 보이는 한 가지 특징은, 아동들이 부모와는 다르게 사건이나 상황을 기억한다는 점을 알고 있더라도 불쾌감이나 비난 또는 부모로부터의 공격을 받지 않기 위해서 자신이 기억하는 대로 사건을 기억해서는 안 된다고 믿는 것이다. 실제로 부모들은 자녀들에게 부모의 기억을 차용하여 사건에 대해 기억하거나 아니면 사건에 대해 말하지 않는 것이 더 낫다는 의사소통을 한다. 다른 말로 하자면, 자녀들은 '기본방침'을 따라야만 하고 사건에 대해서는 수용할 수 있는 가족 버전에 따라서만 말해야 한다. 이와 대조적으로, 불안/양가적 애착 체계의 아동들은 부모의 의사소통에서 모순을 경험하는 일이 많아진다. 예를 들어, '너는 나쁜 애구나'로부터 '착하기도 하지' 또는 '허락을 받으라고 말하지 않았어?'에서 '혼자 할 수 있는 게 아무것도 없니?'까지의 오락가락하는 태도들이다.

그러나 감정의 과장을 통한 의사소통을 학습한 아동들은 부모로부터 예상대로 반응을 얻을 수 있다. 그들의 관심과 의사소통이 자신의 감정에 대해 부모와 나누는 대화에만 쏠려 있어서, 아동들은 바깥세상이나 다른 관심사들은 배제한 채 지나치게 감정과 관계에 집착하게 된다. 이것은 아동들이 다른 영역의 관심사들에 대한 비정서적인(non-emotive) 의사소통의 경험이 거의 없다는 것을 의미한다. 결과적으로 아동들은 또래들과 상호작용하는 것이 힘들어질 수 있다. 예를 들어, '사람들을 약 올리고' 학교에서 문제를 일으키는 등 '주의력 장애'의 극단적인 형태들이 드러날 수 있다.

청소년기와 성인기

자녀들이 청소년기로 넘어가면서 복잡하고 추상적인 사고를 할 수 있는 능력이 발달한다. 이 시기의 자녀들은 자신과 부모를 구분하게 된다. 그러므로 부모에 대한 지각을 형성하는 것, 특정한 방식으로 행동하는 것의 효과를 예측하는 것, 언제 어디서 자신이 특정한 방식으로 행동하게 되는지, 또 자신의 내적 상태가 어떤지를 예측할 수 있도록 상황들을 변별하는 것 그리고 자신이 왜 그런 식으로 행동하는지와 부모가 자신을 어떻게 보는지 등에 대해 알 수 있게 된다. 이것은 그들 자신의 내적 상태와 다른 사람들에게 그들이 어떻게 보이는가에 대한 인식(recognition)과 관련이 있다. 그러므로 회피적 유형을 가진 청년은 자신이 전형적으로 스스로의 감정을 약화시킨다는 것을 인식하기도 한다. 우리와 함께 작업했던 한 청년은 '사람들은 내가 감정을 내보이지 않기 때문에 신경을 쓰지 않는다고 생각한다. 하지만 나는 정말 신경을 쓴다. 단지 감정을 내보이는 것을 싫어할 뿐이다'라고 말했다.

실제로 선택의 문제가 보다 중요해진다. 불안/양가적인 유형은 그들이 자신의 감정을 과장한다는 것을 인식하게 되면서 걱정을 한다. 그러면서 감정을 과장하는 것이 언제 자신에게 도움이 되고 또 언제 해가 되는지를 결정하게 된다. 청소년과 성인이 의사소통의 방식을 선택하는 것은 쉬운 일이 아니지만 그들은 점차 그렇게 할 수 있게 된다. 이 선택하기는 초기의 기본적인 과정들에 의해 형성된다. 무엇에 대해 그리고 어떻게 의사소통을 할 것인지에 대한 선택을 중심으로 정서적이고 의미론적인 자료들이 걸러지게 되는 것이다. 이 선택에 있어서 무시하는(dismissive) 패턴을 보이는 사

람들은 자신의 행동에 대한 책임이 자신에게 있다고 생각하며, 부모는 자녀가 한 행동에 따라 대하는 것이라고 부모 입장을 정당화한다. 앞서 인용한 바와 같이 이것이 바로 자신이 누구인지에 대한 그들의 선택인 것이다. 이와 달리 양가적/불안한 유형은 과거에 대해 불만스럽게 기억하면서, 부모와의 관계에서 자신은 피해자이기 때문에 과거에 일어난 일에 대해 부모를 비난하고 원망하는 의사소통을 한다.

대체로 이러한 분석, 특히 Crittenden(1995)의 연구는 아동들의 발달 전반에 걸쳐 의사소통 과정들이 패턴에서의 일관성을 나타내는 경향이 있다는 점을 보여 준다. 무엇보다도 의도적으로 전략들을 사용하는 능력이 증가하는데, 여기에는 속이기와 왜곡하기를 사용하는 능력이 포함된다. 그러나 후자에 대한 의존과 광범위한 사용은 불안정 애착 유형의 특징에 더 가깝다.

성인 애착

성인의 애착, 예를 들어 로맨틱한 관계들은 초기 아동기의 애착 경험에 의해 형성된다고 가정된다. Freud(1961)는 영아-어머니 관계가 이후 성인기의 로맨틱한 관계에 대한 '전형(prototype)'으로 작용한다고 주장하였다. 우리가 살펴본 바와 같이 애착이론은 아동기에 형성된 내적 작동 모델이 다른 사람들과 우리 자신에 대한 기대를 형성한다고 주장한다. 이것은 결국 우리의 파트너 선택과 관계가 얼마나 안전하게 될지를 결정한다. 파트너 선정을 우리의 선택이라는 측면에서 볼 것인지 아니면 어떻게 관계들이 구성되는지의 방식으로 볼 것인지에 대한 의문이 들 수 있다. 중요한 점은 영아-부모 관계와는 달리 성인의 로맨틱한 관계들은 보다 밀접하게 상호 영향을 미치므로 대칭적이라는 것이다. 각 파트너의 애착 유형이 그들의 관계를 형성하는 데에 영향을 미칠 수 있지만, 시간이 흐르면서 바로 그 관계가 그들 각자의 애착 유형을 바꾸기도 한다. 분명한 점은 많은 내담자가 불행한 관계는 자기 자신에 대해 나쁜 기분을 갖게 하고, 불안정하고 취약하게 만들거나 관계로부터 회피적이거나 관계를 포기하도록 만든다고 보고한다는 것이다.

전형 가설(prototype hypothesis)은 사람들이 그들의 인생에서 다양한 애착 관계를 경험한다는 사실로 인해 더욱 복잡해진다. 아동기의 관계들에는 어머니, 아버지, 형제, 조부모, 가족이 아닌 돌봄 제공자, 선생님, 친척들과의 관계들이 포함될 수 있다. 청소년기부터는 애인이나 배우자가 포함될 수 있다. 이 같은 모든 관계는 어떻게 늘어나게 되는 것인가? 이러한 관계들은 일반적이고 전반적인 패턴을 만들고 이것이 모든 로맨틱한 관계를 형성하게 하는 것인가, 아니면 이후의 로맨틱한 관계들은 각각 다른 애착 패턴을 발달시키는 것인가라는 의문점이 생긴다.

Hazan과 Shaver(1987)는 로맨틱한 사랑은 영아가 그 부모에게 애착되는 방식과 유사한 애착 과정이라고 하였다. 그들은 세 가지 동일한 애착 유형, 즉 안전, 회피 그리고 불안-양가의 유형들이 성인기에도 존재하며, 성인들이 사랑 관계를 경험하는 방식에 영향을 준다고 주장한다. 아동기로부터 안정 애착 유형을 가진 사람들은 그들의 애인을 믿을 만한 친구로 여기는 것처럼 보인다. 불안-양가적 성인들은 첫눈에 사랑에 빠지기 쉽고 그들의 파트너도 이에 화답하기를 기대하며, 회피적인 성인들은 파트너의 실수를 잘

받아들이지 못한다. Hazan과 Shaver는 애착 유형들에 상응하는 일련의 서술적인 진술문들을 고안하여 사람들이 자신이 느끼는 것과 가장 잘 맞는 것을 고르도록 하였다. 이것은 처음에 세 가지 유형으로 구분되었으나 이후 회피적 유형이 두려워하는(fearful) 유형과 무시하는(dismissing) 유형으로 나뉘어 네 가지 유형으로 확장되었다(Bartholomew & Horowitz, 1991: 244 참조).

- 안전한(secure): 나는 다른 사람들과 정서적으로 가까워지는 것이 쉽다. 다른 사람들에게 의존하고 다른 사람들이 나에게 의존하는 것이 편안하다. 혼자 있거나 다른 사람들이 나를 받아들이지 않아도 신경 쓰지 않는다.
- 무시하는(dismissing): 나는 가까운 정서적 관계가 없을 때 편안하다. 나는 독립적이고 자립적이라고 느끼는 것이 중요하며, 남에게 의존하거나 남이 나에게 의존하는 것을 좋아하지 않는다.
- 집착하는(preoccupied): 나는 다른 사람과 완벽하게 친밀한 관계를 원하지만 사람들은 내가 원하는 만큼 가까워지는 것을 꺼리는 것 같다. 나는 친밀한 관계가 없어도 편안하지만 가끔 사람들이 내가 그들을 중요하게 여기는 것만큼 나를 중요하게 여기지 않는 것 같아서 걱정이 된다.
- 두려워하는(fearful): 나는 다른 사람들과 가까워지는 것이 불편하다. 나는 정서적으로 친밀한 관계를 원하지만 다른 사람을 전적으로 신뢰하는 것과 의지하는 것은 어렵다. 내가 다른 사람들과 지나치게 가까워지면 상처받을까 봐 걱정이 된다.

이런 연구들은 일반적으로 아동기의 애착 발달과 사람들의 낭만적 애착 간의 관련성을 제시한다. 그러나 연구에서 사용하는 척도들은 일반적으로 낭만적 애착에 대한 비특이적(non-specific) 평가라는 경향이 있었다. 예를 들어, 앞의 도구는 많은 연구에서 사용되었는데, 사람들은 앞의 진술문 중에서 친밀한 관계에 대한 자신의 관점을 가장 잘 설명하는 것을 고르도록 되어 있다. 이 선택은 이후 그들의 아동기 애착 유형 척도와 가족사와 상호 연관 지어진다. 어떤 연구들은 이러한 애착 유형과 성적 행동을 탐색하였다. 예를 들어, 성인들은 자신의 불안을 조절하기 위하여 보통의 파트너와 친밀하지 않은 성관계를 상상하거나 실제로 성관계를 갖는 등의 성적인 판타지와 행동을 사용한다는 주장이 있다. 회피적 유형의 사람들은 이것을 로맨틱 파트너와의 '안전한' 정서적 거리를 유지하기 위해서 사용한다는 점이 밝혀졌다(Simpson & Gangestad, 1991).

이와는 달리 Owen 등(1995)의 연구에서는 아동기 애착에 대한 매우 민감하고 상세한 척도를 제공하는 AAI(3장 참조)를 사용하여 측정한 애착들 간의 관련성을 탐색하였다. 또한 그들은 이와 유사한 현재 관계 인터뷰(Current Relationship Interview: CRI)를 개발하였다. 이것은 사람들이 그들의 현재 관계에서 어떻게 애착되었다고 느끼는지를 측정한다. 인터뷰는 그 자신의 관계뿐 아니라 부모의 결혼에 대한 일련의 질문으로 구성되어 있다. 예를 들어, 사랑하는(loving), 거부하는(rejecting), 개방적인(being open)과 같은 주제들을 다룬다. 분석은 분노, 파트너 비하와 일반적인 애착, 파트너 이상화, 수동적 말하기, 파트너 상실에 대한 두려움 그리고 전반적인 일치성의 측면에서 이루어진다. 이처럼 보다 섬세한 측정을 사용함으로써 45쌍의 표집 중 64%가 CRI와 AAI에서 동일한 점수를

획득했음을 알 수 있었다. 이 연구는 또한 파트너들은 자신의 어린 시절 애착 유형과 유사한 유형을 가진 파트너를 선택하지 않는다는 것을 보여 준다. 그러나 파트너 간의 현재 관계 애착의 측면에서는 매우 높은 상관이 있었다. 이에 대해서는 다음의 두 가지 해석이 가능하다. "첫 번째 해석은 사람들은 성인 애정 관계의 내적 작동 모델이 자신의 것과 유사한 파트너를 찾거나 그런 사람들과의 관계에 머문다는 것이고, 또 다른 해석은 시간이 지나면서 두 파트너의 내적 작동 모델은 그들이 공유하는 관계에 대한 작동 모델이 된다는 것이다."(Owens et al., 1995: 226)

체계적 과정

많은 연구가 가진 어려움은 애착을 그 사람 속에 있는 특질(trait)과 같은 특성으로 가정함으로써 그 사람의 성격이나 관계의 맥락은 그다지 중요하지 않다고 보았다는 점이다. 그러나 파트너들의 전형적인 보고에 따르면, 자신의 파트너 그리고 그들의 관계는 그들이 맺고 있는 특정 관계에 대해 갖는 느낌뿐 아니라 관계들 전반에 대한 느낌 그리고 그들이 자신에 대해 어떻게 느끼는지도 분명히 변화시킬 수 있다. 이것은 관계들에서의 애착은 최소한 부분적으로라도 파트너의 성격과 관계 역동들 간의 상호작용에서 얻어진 산물이라는 것을 보여 준다. Owen 등(1995)의 연구는 이 관점을 지지하며 또한 파트너들의 현재 관계 애착이 그들 파트너의 아동기 애착 유형과 유의하게 관련이 있는 정도를 보여 준다. 그러므로 각 파트너가 가지고 있는 아동기 애착 표상은 파트너들이 서로에게 애착을 갖는 방식에 영향을 주는 것으로 보인다. 이것은 파트너에 대한 애착이 단순히 한 개인의 애착 유형의 결과가 아니라 공동 구성의(co-constructional) 과정임을 보여 주는 것이다. 그러나 연구자들은 이것이 다음과 같은 영향력이 있다는 점도 발견하였다. 파트너가 안전한 아동기 애착 유형을 가지고 있다면 그들은 안정 애착 유형의 사람들과 안전한 관계를 더 잘 형성할 수 있다. 그러나 불안정 유형을 보이는 사람들은 일반적으로 그들 파트너의 아동기 애착 유형이 안정 애착이더라도 안전한 관계를 덜 발달시킬 수 있다.

Feeney(2003)의 연구는 커플 관계 경험의 내용 분석을 사용하여 몇 가지 주제를 다루고 있다. 그녀는 72쌍의 표본 중 약 1/4 정도가 이전의 가족 및 로맨틱한 관계에 기초하여 관계에 대한 부정적인 관점을 언급하고 있음을 발견하였다. 표본의 2/3는 그들의 현재 관계가 그들이 가진 모델을 보다 안전한 것으로 바꾸는 데에 도움이 되었다고 보고하였다. 어떤 사례들의 경우, 파트너들은 관계가 그들의 관계 애착들을 보다 나은 것으로 바꿀 수 있다는 점에 대해 어떻게 느꼈는지를 명확하게 묘사하였다.

> 나는 한 번도 깊은 관계를 맺은 적이 없는 사람이다. 파트너가 원하더라도 나는 깊은 관계를 맺은 적이 없었다. 그러나 언제나 큰 관심과 애정과 사랑을 보여 주는, 특별히 예리한 나의 현재 파트너는 나에게 무엇이든 해 준다. 몇 개월 전부터 나는 이 모든 것에 반응하기 시작했다. 그로부터 나오는 긍정적인 감정에 나도 상응하는 반응을 하고 그에게 마음을 열려고 노력했다.
>
> Feeney (2003: 153)

반대로, 어떤 참여자들은 현재 관계가 어떻게 안전감을 약화시켰는지를 설명하기도 하였다. 예를 들어, 자기 스스로를 불안정하다고 보는 파트너에 대한 서술은 관계가 어떻게 이 감정을 악화시켰는지를 설명해 준다.

> 이 관계에 있는 동안에 나는 특별히 나의 파트너와 분리된 기분을 자주 느꼈다. 그는 나에 대해 어떻게 느끼는지 말해 주지 않고 나는 당연히 안전하지 못하다고 느끼기 때문에 걱정이 된다. 내가 이런 종류의 불안을 느낄 때 그는 그것을 알아차리지도 못하는 경우가 자주 있다. 때로 그는 자기만의 세계에 빠져 있고, 내가 무엇을 원하는지는 신경조차 쓰지 않는 것 같다. 그가 내 말을 안 듣고 있을 때 그리고 내 생활에 대해 적극적으로 관심을 보이지 않을 때 기분이 나쁘다. 그렇지만 나는 갈등을 좋아하지 않기 때문에 이것에 대해 솔직하게 말하지 않는다.
>
> Feeney (2003: 154)

커플, 애착과 삼각관계화

지금까지 우리는 아동이 하나 이상의 애착 대상을 가질 수 있고 이와 마찬가지로 성인들도 복수의 애착을 가질 수 있으며, 다양한 낭만적 애착도 드문 일이 아님을 살펴보았다. 실제로 복잡한 애착 현상이 없다면 모든 문학 장르와 연애소설은 존재하지 않을 것이다. 성인 애착에 대한 고려가 이루어지면서 애착이 생애 전반에 걸쳐 지속된다는 주제가 부상되었다. 체계적 가족치료는 그 시작부터 아동의 경험과 발달 그리고 문제의 발달이 부모들 간의 관계가 자녀에게 어떻게 영향을 미치는지에 의해 형성되어 왔음을 강조해 왔다. 특히 가족치료사들은 부모의 역동에 대한 자녀의 개입을 강조했는데, 한쪽 부모에 반대하여 다른 쪽 부모의 편을 들도록 끌려가는 것이 그 한 예다. 삼각관계화에 대해서는 각 개인이 서로 맺는 관계들뿐 아니라 각 개인이 다른 두 사람 간의 관계와 어떻게 관련되어 있는지 그리고 각 개인이 세 사람 모두 간의 삼각관계를 어떻게 경험하는지도 포함하여 분석하였다. 따라서 우리는 아동들이 두 가지 방식으로 삼각관계 속에 포함된다고 생각해 볼 수 있다. 애착 유형들은 아버지와 어머니 각각과 자녀들이 맺는 관계 그리고 아버지와 어머니 사이의 관계에 대한 자녀의 애착으로부터 발생하는 것이다. 자녀들이 아버지와 어머니 둘 다와 함께 있을 때 얼마나 안전하게 느끼는가가 바로 후자의 예시다.

아버지와 어머니 각각에 대한 애착

많은 연구(Lamb, 1977; Main & Weston, 1981)는 아동들이 반드시 또는 전형적으로 부모 각각과 동일한 애착 패턴을 가지는 것은 아니라는 점을 보여 주었다. 그러면 다음과 같은 질문이 생길 수 있다.

> 한 아동이 한쪽 부모와의 관계에서는 안전함을 느끼고 다른 쪽 부모와의 관계에서는 그렇지 못하다면 그 아동의 자기(self)에 대한 내적 작동 모델에는 무슨 일이 생기는가? 이 관

> 계 중 어떤 것이 이후의 관계들로 연결되는가? 아니면 두 관계 모두가 이후의 서로 다른 유형의 관계들로 연결되는 것인가? 아니면 이런 질문 자체가 잘못된 것인가?
>
> Bretherton (1985: 29)

사람들이 가족 내 각기 다른 구성원들에 대해 각각 상이한 애착 유형을 보이는 것이 임상 장면에서 자주 관찰된다. 결국 이러한 관계들의 본질은 그들 자신의 부모와 가졌던 애착과 관련된 것으로 보인다. 예를 들어, 어떤 아버지가 아들에게 냉혹한 태도를 보였는데, 이것은 그가 자신의 아버지와의 관계에서 가졌던 애착과 유사하다. 반대로, 그는 동시에 자신의 아내에게는 따뜻하고 다정하게 대했는데, 이것은 분명히 자신의 어머니와의 관계에서부터 전수된 패턴이다. 이 사례에서 두 가지 애착 모델이 함께 작동하는 것으로 보인다. Bretherton(1985, 1995)은 이것에 대해 내적 작동 모델이 가진 복잡한 특성의 발달이라는 관점에서 논의하였다. 어떤 점에서는 Kelly(1955)의 구성체계 개념과 유사한데, 아동은 그 자신의 인생에서 각기 다른 사람들에 대한 상이한 신념들의 구성체(constellations)를 가진다. 애착이론은 이러한 각각의 구성체에 서로 다른 정서적 요소들을 추가한다. (이 질문에 대해서는 다음 장에서 다시 다루기로 한다.)

두 번째 질문은 자녀들이 그 부모들 사이의 관계에 영향을 받는 방식에 관한 것이다. 많은 연구는 가정에서 부모 간의 폭력과 다툼을 목격한 자녀들이 관계에 대한 비관적인 관점을 발달시킨다는 것을 보여 준다. 이러한 효과는 아동들에게 커플들이 우호적이거나 부정적인 갈등적 상호작용을 보이는 짧은 동영상을 시청하게 하는 실험연구들에서도 나타났다(David & Cummings, 1998). 부정적인 일화들을 시청한 아동들은 그 커플의 미래에 대해 불행하고 갈등이 있을 것으로 예측하는 경향이 보다 많았다. 이러한 연구들로부터 추론해 보면, 부모 간의 갈등을 반복적으로 경험하는 자녀들은 보다 더 비관적인 관점을 갖게 될 수 있다. 이와 관련하여 성인의 갈등적 상호작용을 보여 주는 비디오 영상을 시청한 다음에 아동들은 자신들이 슬프다거나 앞으로도 슬플 것 같다고 예측하여 말하는 경우가 보다 더 많았다. 게다가 부모 사이의 심각한 갈등을 경험했던 아동들은 낮은 자존감과 낮은 자기효능감을 보였다. 이러한 결과는 아동들이 가정 밖에서의 갈등 상황에서 어떻게 반응하는지를 추론할 수 있는 근거가 된다. 갈등 속에 있는 부모를 보는 부정적인 경험은 아동이 성인의 분노에 대해 보다 더 감정적으로 반응적이 되도록 준비시키는 것과 같다. David와 Cummings(1998)는 비교적 중요하지 않은 작은 사건들이 이러한 경험을 했던 사람들에게는 강렬한 감정을 불러일으킬 수 있고, 이들은 그 감정들을 조절하거나 다루는 데에 취약할 수 있다고 설명한다. 예를 들어, 어떤 특정한 유형들에서는 부모들이 통제나 자녀의 관심을 위해 경쟁하고 서로의 양육 방식을 무시한다. 이것은 자녀의 충동 조절 문제의 발달과 관련이 있는 것으로 보인다. 또 다른 유형에서는 한쪽 부모는 뒤로 물러나고 다른 쪽 부모가 자녀와 매우 얽혀 있는데, 이것은 불안에 대처하는 문제와 관련이 있다(Haley, 1987; Katz & Gottman, 1996; McConnell & Kerig, 1999). 아동들의 주의집중 능력은 양육 과정(parental process)과 관련이 있는 것으로 밝혀졌는데, 서로 협력하지 않는 부모를 둔 경우 자녀들은 가족 갈등에 관해 논의하는 것에 대해 저항하는 회피적 태도를 발달시키기 쉽다. 이와

반대로 갈등을 목격했던 자녀들은 이러한 갈등 주제들에 더욱더 집착하는 경향이 있었다.

보다 중요한 측면은 아동이 서로 다른 가족의 역할을 이해하는 능력이다. 약 5~6세의 아동들은 자신에게 어머니인 사람이 곧 아버지에게는 아내라는 것을 이해하기 시작한다. 아동들은 역할에 대해 보다 정교하고 수준 높은 개념들을 발달시킬 수 있다. 예를 들어, 부모의 이혼 뒤에 아동들은 '아빠는 엄마와 결혼한 상태이지만 엄마의 남편 역할에서 물러날 수 있고, 여전히 나에게는 아빠이며 또한 아빠가 엄마와 사이가 벌어져도 나와는 여전히 정서적으로 가까이 있을 수 있다'는 점을 이해할 수 있다. Watson과 Fischer(1993)는 무손상 가족(intact families)의 아동들과 비교했을 때, 부모가 이혼한 5세 아동들은 부모가 더 이상 결혼 상태에 있지 않을 때 어떻게 부모가 계속 부모일 수 있는지 그리고 부모가 서로 사랑하지 않으면서 어떻게 아버지와 어머니 둘 다 자신들을 사랑할 수 있는지를 이해하는 데에 어려움이 있었다고 하였다. 흥미롭게도, 연구자들은 복잡한 가족 역할을 이해하는 아동의 능력과 부모 중 어느 한쪽을 잃는 것에 대한 두려움이 따르는 이혼의 고통 간의 상호작용이 아동이 부모 역할과 부부 역할을 구분하는 데에 있어서 겪는 어려움을 악화시킬 수 있다고 주장하였다. 이와 관련하여, 각 부모가 확실히 그들 가까이에 있고 각 부모가 아동에 대한 다른 한쪽 부모의 역할을 인정할 때 아동이 역할들을 구분하는 과정이 더 수월해진다. 이와 같이 과업에서의 실패와 부부관계의 적대감으로 인해 양육이 제대로 이루어지지 않는다면 자녀들은 혼란스럽게 되고 역할들을 변별하는 능력은 감소하게 된다. "이러한 아동들은…… 고통스러운 신념의 희생물이 되기도 하는데, 가족 내에서 이들의 유일한 선택지는 한쪽 부모의 편을 드는 것, 부모의 갈등을 해소하기 위해 개입하는 것 또는 가족 삼각구도에서 완전히 물러나는 것이다."(Talbot & McHale, 2003: 51)

가족 갈등에 휘말린 아동들, 예를 들어 경쟁적인 부모와의 관계에 있는 아동들은 이 갈등이 확산되어서 모든 사람을 집어삼킬 것이라고 믿게 될 수 있다. 그러므로 그들은 이후의 삶에서 관계에서의 갈등을 어렵다고 생각하기 때문에 주변 사람들을 돕는 것에 대해 과도한 책임을 느끼고 주변 사람들 사이에서 평화를 유지한다(심리치료사나 가족치료사가 되는 진로의 과정을 밟게 되지 않을까?).

거리 조절

앞에서 살펴본 바와 같이, 한 아동이 부모 갈등에 휘말리게 되는 과정은 아동이 부모 사이의 정서적 온도에 대한 조절자로서 참여한다는 개념을 가지고 설명할 수 있다. Byng-Hall(1980)은 커플들은 그들이 수용할 수 있는 방식으로 친밀감의 수준을 발달시키는 것으로 보인다고 주장하였다. 매우 고통스럽고 불편한 수준임에도 불구하고 관계가 그 수준에 얽매여 있는 것으로 보인다는 것이 체계적 이론에서의 핵심 개념이다. 상대적으로 안전한 커플들은 둘 사이가 친밀하거나 거리감이 느껴질 때 견딜 수 있고, 더 나아가서 그들은 문제가 악화되기 전에 문제를 해결하기 위해 비교적 명확하게 의사소통을 할 수 있다는 뜻이다. 이와 대조적으로, 관계가 불안정해지면 친밀감과 편안함을 조절하기 위해 명확하고 효과적으로 의사소통하는 능력에는 문제가 생기게 된다. 이것은 커플이 지

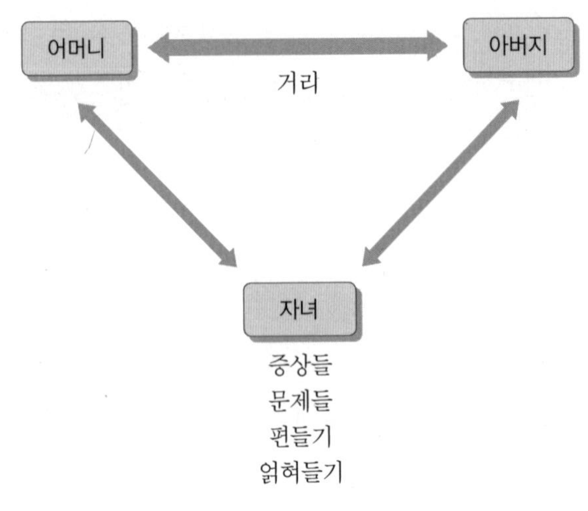

[그림 2-6] 거리 조절자로서의 자녀

속적인 불안, 긴장, 분노 그리고 불신의 상태에서 살아간다는 뜻이 될 수 있다. 이러한 상태들은 악화되는 경향이 있으며 커플의 자녀들은 부모 간의 갈등으로 인해 고통을 겪게 된다. 결국 자녀들의 고통은 부모가 그들 사이의 갈등으로부터 주의가 분산되도록 하는 데에 기여하기도 한다([그림 2-6] 참조).

이것이 바로 Minuchin 등(1978)이 설명한 고전적인 갈등 우회(conflict-detouring) 상황이다. Byng-Hall(1980)은 이것이 부모들 간의 정서적 거리를 조절하는 데에 기여한다고 덧붙였다. 또 다른 사례에서는 어떤 자녀가 너무 괴롭고 고통스러워서 어머니와 함께 있어야만 잠을 잘 수 있었다. 어머니는 그 이유에 대해서 명확하게 언급하지 않았지만, 이것은 남편으로부터의 원치 않는 성적 접촉을 조절하는 데 기여한 것으로 보인다.

이 장에서는 애착이론과 체계적 관점 간의 중요한 연결점들을 살펴보았다. 특히 애착을 개인 내적인(intrapersonal) 현상으로만 볼 것이 아니라 가족 체계에서의 의사소통을 형성하는 패턴 또는 규칙들로 볼 수 있다는 점이 논의되었다. 다음 장에서는 애착 과정에 의해 내러티브의 내용과 구조가 어떻게 형성되는지를 살펴봄으로써 이 개념을 더욱 발전시킬 것이다.

CHAPTER 03

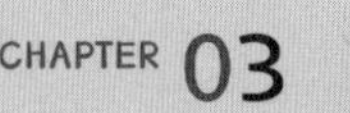

내러티브와 애착

이 장에서는 내적 작동 모델 개념에 대해 보다 자세히 살펴본다. 아동이 발달하면서, 특히 언어를 구사하기 시작하면서 더욱 복잡해지는 작동 모델에 대해 알아본다. 내적 작동 모델에 대한 논의를 위해 사용되는 여러 가지 개념, 즉 스키마(schema), 일반화된 내적 표상, 각본(script) 등에 대해 살펴본다. 각본이론과 위계적으로 조직화된 스키마 체계라는 개념들에 대해서도 다룬다. 또한 Georgy Kelly의 개인구성이론과 관련지어 생각해 보고, 이야기 줄기(story stems)와 AAI와 같은 내러티브 평가를 사용한 애착이론의 발달에 대해 다룬다. 이것들은 내러티브의 내용뿐 아니라 애착 패턴을 반영하는 내러티브의 구조 또한 강조한다. 이러한 작업은 내러티브 이론 그리고 내러티브 구조에서 일관성이라는 개념을 강조하는 유사한 이론과 연결되어 논의될 것이다. 자녀들이 가지고 있는 내러티브 구조상의 차이와 이러한 차이가 어떻게 다양한 부모 양육 실제에 반응하는지를 살펴본 발달적 내러티브 연구와의 관련성을 다룬다. 이 장은 앞에서 강조했던 의사소통으로서의 애착과 관련된 논의, 그리고 내러티브 및 다른 형태의 치료를 위한 시사점을 제시하는 것으로 마무리된다.

내적 작동 모델: 추가적인 고려 사항

아동의 내적 작동 모델 발달에 대한 Bowlby(1969)의 개념은 애착이론을 가족이라는 사회적 맥락 속에서 아동의 내적 세계가 어떻게 생겨나는지에 대한 가치 있는 발달적 관점을 제공할 수 있는 접근이라고 본다. 이 장에서는 앞에서의 논의를 계속 이어 가면서 내적 작동 모델 개념을 보다 자세히 살펴볼 것이다. 또한 인지 및 발달심리학에서의 진보, 특히 인간 경험의 근본적인 특징으로서 내러티브를 강조하는 것이 애착이론이 대표적 접근이 되도록 하는 데에 적합하다는 점을 설명하고자 한다(Main et al., 1985).

Bowlby(1969)는 처음부터 애착 행동을 강조해 왔다. 애착 행동은 아동들이 자신의 안전한 보호를 위해 부모와 연결되려는 본능적인 생물학적 생존 시스템이지만, 자녀 성장에 따라 점차 세련되지는 중요한 의미 체계이기도 하다. 애착 내러티브의 탐색에 앞서 이 절에서는 두 가지 중요한 주제를 다루고자 한다. 내러티브는 그 자체가 복잡한 개념으로써 스키마, 신념, 각본 등과 같은 이야기를 구성하는 요인들을 탐색하는 데에 도움이 된다. 두 가지 주제는 아동의 내적 작동 모델이 발생 가능성이 있는 두 문제를 어떻게 다루는지와 관련된 것이다. 첫 번째 문제는 자녀가 동일시하는 쪽 부모로부터 경쟁적이고 반대되는 그리고 불일치하는 메시지를 전달받는 경우다. 두 번째 문제는 자녀가 양쪽 부모 또는 두 명의 보호자로부터 앞의 경우와 유사하게 반대되는 메시지를 들었을 때 발생할 수 있다. 이러한 두 가지 상황은 가족치료사와 임상가들에게는 친숙한 일이다. Bretherton(1985)은 Craik(1943)의 연구를 인용하여 내적 작동 모델 개념에 대해 다음과 같이 기술하고 있다.

> 만약 유기체가 머릿속에 외부 환경을 축소한 모형과 가능한 행위들을 가지고 있다면 다양한 대안 행동을 시험해 볼 수 있다. 무엇이 자신에게 가장 좋은 것인지를 결정하고, 앞으로 일어날 상황에 대해 미리 알고 반응할 수 있고, 현재와 미래를 위해서 과거 사건에서 얻은 지식을 활용하는 등, 유기체는 더욱 풍성하고 안전하고 유능한 방식으로 자신이 직면한 위기들에 반응할 수 있다.
>
> Craik (1943: 61)

작동 모델은 일어날 일에 대한 예측을 허용하고, 개인이 적극적으로 현실을 이해하는 구성 과정(constructive process)에 참여한다는 것을 보여 주는 역동적인 과정으로 볼 수 있다. 또한 작동 모델은 한번 형성되면 외부에서 의식(conscious awareness)으로 작용하는데, 새로운 정보가 있을 때 개정될 필요가 있기는 하지만 비교적 안정성을 가지고 있다. 새로운 정보와 사건들은 모델에 동화될 가능성이 있고 극적인 변화는 불안하고 고통스러울 수 있다. 작동 모델에 대한 이러한 관점은 Georgy Kelly(1955)의 개인구성체계를 떠올리게 한다. Kelly의 모델과 마찬가지로 작동 모델은 새로운 정보에 적응하고 그것을 통합할 필요가 있다고 할 수 있다. 즉, 작동 모델은 수정과 정교화에 열려 있을 필요가 있다. 작동 모델은 처음에 부모와 자녀 간의 양자 관계 경험에 기초하여 발달한다. 중요한

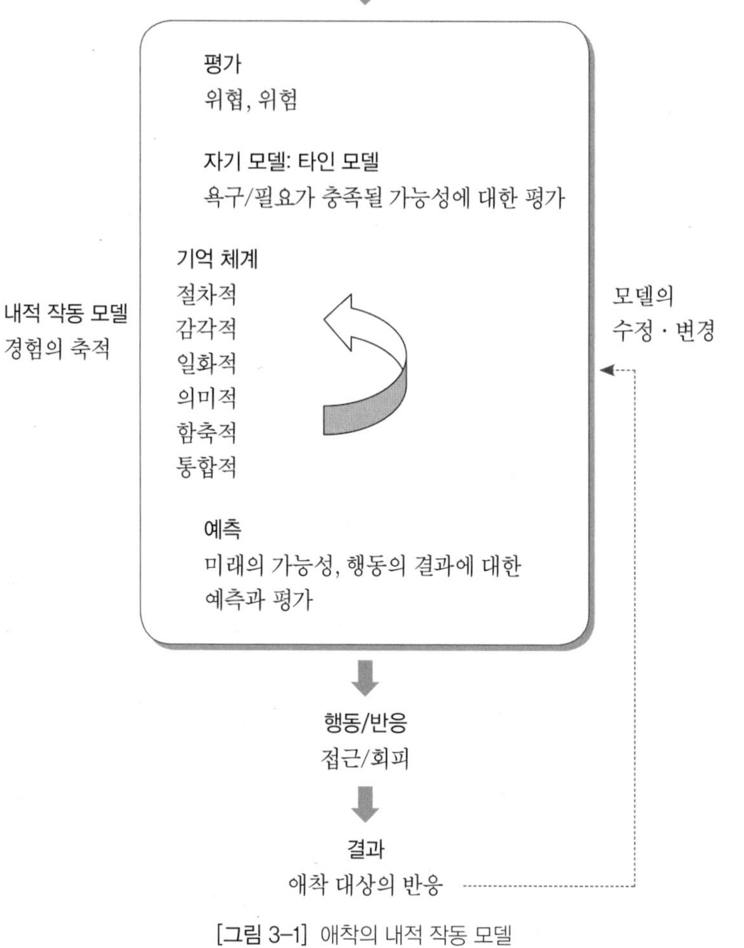

[그림 3-1] 애착의 내적 작동 모델

점은 경험의 구성이 변증법적이라는 견해가 공유된다는 것이다. 예를 들어, 아동은 부모가 거부적이라는 것을 배울 뿐 아니라 자신이 사랑과 위로를 받을 만한 가치가 없다는 것도 배운다([그림 3-2] 참조).

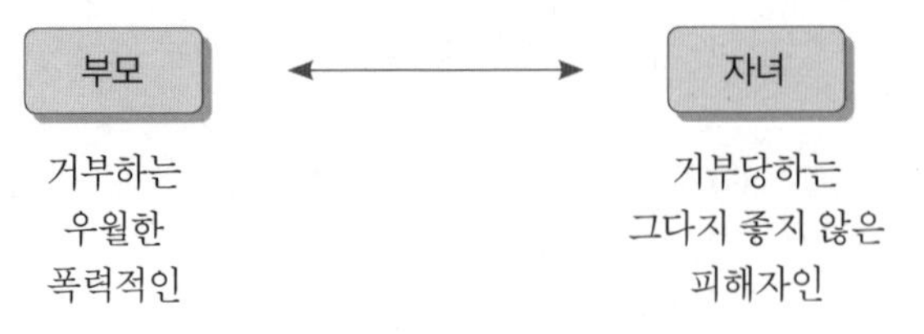

[그림 3-2] 부모-자녀 양자 간 경험

이것은 다시 Kelly(1955)의 개인구성이론과 인지분석치료(Cognitive Analytical Therapy: CAT)를 연상시키는데, 이 둘 모두 우리의 경험이 양극단의 입장 또는 구인들로 이루어져 있다고 보는 공통점이 있다. 자녀들은 구인들의 양쪽 측면 모두를 배우고, 거부당하는 역할과 거부하는 역할도 배우게 된다. 이러한 '상호적 역할(reciprocal role)'은 이후 다른 사람들이나 자기 자신을 향하기도 한다. 긍정적으로 보자면, 부모와의 관계에서 신뢰와 지지를 경험한 아동은 다른 사람과 정서적 지지를 주고받는 법을 배운다([그림 3-3] 참조).

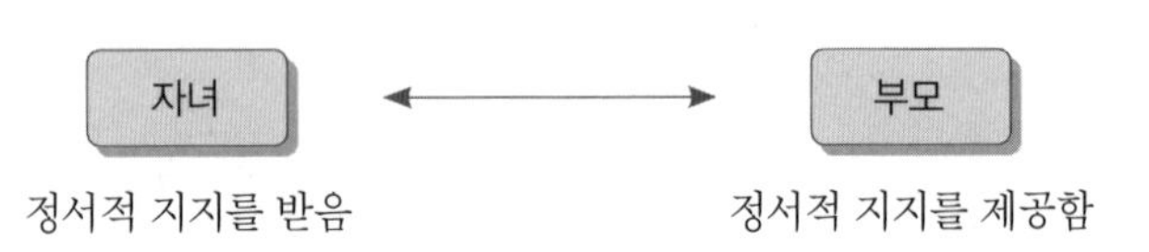

[그림 3-3] 신뢰와 지지가 있는 부모-자녀 관계

신념 체계: 작동 모델의 구조

아동의 내적 작동 모델이 어떻게 발달하는지에 관해서는 다양한 주장이 있다. 아동은 자기와 어머니 또는 아버지와의 애착 관계, 가족 내 다른 구성원과의 애착 관계 그리고 부모 사이의 관계와 자신이 맺는 관계에 대해 이해할 필요가 있다. 아동은 사람들이 과거에 한 일에 대한 표상을 발달시킨다. 여기에는 일화적 형태의 기억과 사람들이 미래에 어떻게 행동할지에 대한 생각이나 가설이 포함된다. 이와 더불어 애착 대상과 자기 자신에 대한 지각이 있다. 이러한 특성들을 포함하고 있는 아이디어가 바로 각본(script)이다. 상호작용에 대한 반복 경험을 통해 무엇이 일어난 것인지에 대한 일반화된 그림을 그릴 수 있다. 예를 들어, 아동은 취침 시간에 무슨 일이 일어날지에 대한 각본을 고안하게 되는데, 물을 마시고, 목욕을 하고, 책을 읽고, 뽀뽀를 하는 것 등에 대해 생각할 수 있다. 폭넓게 보자면, 보다 기본적인 각본은 일상생활에서 작동하는 것으로 볼 수 있다. 식당이나 가게 또는 수업에서의 행동 순서 등이 그 예다. 이것들은 비교적 형식적인 각본이지만, 보다 유연하고 명제적인(propositional) 각본들도 있다. 3세 정도의 어린 아동이라도 저녁식사를 할 때와 같은 간단한 각본을 생각해 낼 수 있다. 처음에 각본들은 지엽적이고 구체적이며, 일반화된 일화기억(episodic memories)으로 구성된다. 그러나 아동들은 특이하거나 극적인 경우가 아니라면 일화의 상세한 부분들은 회상하지 못한다는 점이 흥미롭다. 따라서 저녁 시간을 떠올려 보라고 했을 때, 아동들은 구체적인 일화보다는 주로 일반화된 저녁식사의 각본을 떠올린다. 모든 사건의 불필요한 세부사항까지 기억하는 대신에 이런 식으로 일상적인 사건들을 인지적으로 축소하는 것이다.

Bretherton(1985)은 "자기와 애착 대상에 대한 내적 작동 모델을 다층적(multi-layered)이고 위계적인 표상들의 네트워크라고 생각하는 것이 유용할 수 있다."고 주장하였다. 그는 이 같은 아이디어

가 Epstein(1973, 1980)의 자기이론(self-theory)과 Schank(1982)의 연구와 일치한다고 하였으며, 작동 모델은 크고 작은 스키마/각본들로 이루어져 있다고 보았다.

스키마		
일반적 스키마 (의미론적인)	내가 필요로 할 때 엄마는 나를 돌봐 준다.	
기본적인 사건 스키마 (일반화된 일화)	내가 상처받으면 엄마가 위로해 준다.	내가 화가 나면 엄마가 달래 준다.
감각적 스키마 (시각, 촉각, 후각 등)	부드럽게 안아 주기 고통을 달래 주기 약 냄새	눈물 닦아 주기 가슴에 꼭 안아 주기 웃는 얼굴

[그림 3-4] 어머니에 대한 아동의 내적 작동 모델

[그림 3-4]는 자녀가 아프거나 화가 났을 때 어머니들이 보통 어떻게 행동하는가에 기초하여 기본적인 사건 스키마들이 일반화된 것을 보여 준다. 이것들은 구체적인 일화들 또는 어머니가 이런 식으로 행동했을 때의 기억과 연결될 수 있다. 일반화의 다음 단계에서 이러한 형태는 보다 높은 수준의 애착 일반화로 진행된다.

여기에는 아버지와 가족의 다른 구성원들 그리고 이후에는 모든 범주의 사람들에 대한 아이디어가 포함될 것이기 때문에 아동의 내적 작동 모델은 이것보다 훨씬 복잡하다. [그림 3-5]는 내적 작동 모델이 점진적으로 어떻게 복잡하게 되는지를 보여 준다. Bretherton(1985)은 이러한 각본들이 활성화되면 여기에는 정서적인 요소들이 동반된다는 점에 주목하였다. 보다 기본적이거나 낮

	자기	타인
핵심 스키마	나는 꽤 괜찮고 사랑스럽다.	내가 필요로 할 때 부모님은 각기 다르게 반응하지만 전반적으로 두 분은 각자의 방식으로 나를 사랑한다.
일반적 스키마 (의미론적인)	내가 필요로 할 때 엄마는 나를 돌봐 준다.	아빠는 다정하지 않다.
기본적인 사건 스키마 (일반화된 일화)	내가 상처받으면 엄마가 위로해 준다. 내가 화가 나면 엄마가 달래 준다.	내가 화났을 때 아빠는 나를 무시한다. 내가 상처받았을 때 아빠는 웃는다.
감각적 스키마 (시각, 촉각, 후각 등)	부드럽게 안아 주기 고통을 달래 주기 약 냄새 눈물을 닦아 주기 가슴에 꼭 안아 주기 웃는 얼굴	껄껄한 웃음 아빠는 신문을 읽음 내 상처에 대해 농담하기 머리를 쓰다듬기 아빠가 나에게 윙크하기 바보 같은 기분

[그림 3-5] 아동의 내적 작동 모델-점진적으로 복잡해짐

은 수준의 표상들은 기억의 정서적 요소를 불러일으킬 가능성이 높은데, 그것들이 특정한 일화들이나 일어났던 실제 사건들에 대한 기억과 보다 가깝게 연결되어 있기 때문이다. 치료적 대화에서는 보다 높은 수준의 표상, 즉 보다 일반적인 의미론적 설명에 머무르는 경향이 나타날 수 있다. 추후에 AAI는 특히 보다 높은 수준의 의미론적 표상과 함께 낮은 차원의 일화적 표상들을 포착하려는 시도를 한다는 점에 대해서 좀 더 논의할 것이다.

이 모델은 Epstein(1973, 1980)의 자기이론으로부터 도출된 것으로, Kelly(1955)의 개인구성이론(Personal Construct Theory: PCT)

과 상당히 유사하다. Kelly에게 있어 자기(self)는 한 사람이 가진 개인적 구성체계의 중심이라고 할 수 있다. 그는 사람들은 제각기 독특하고 위계적으로 조직화된 구인 체계를 발달시킨다고 주장하였다. 구성체계는 우리가 사건에 대해 예측하고 예상할 수 있는 방식 안에서 발생하고, 변화하고, 점차 정교해진다. 앞서 언급한 바와 같이 구인(construct)은 스키마 또는 기본 각본의 개념과 비슷하다. 여기에는 행동에 대한 의미, 암시와 평가적 또는 정서적 요인, 즉 그 사람, 사건 또는 관계에 대해 내가 어떻게 느끼는지가 포함된다. Kelly(1955)의 주장처럼 구성체계가 지속적으로 변화하는 것은 사실이지만, 극적이거나 또는 지나치게 빠른 변화에는 저항적인데, 특히 핵심 구인들의 변화에 대해서는 더욱 그렇다. 고차원 구인들에서의 변화에는 보통 자기의 중심이 되는 신념이 포함되는데, 이것이 도전받게 되면 불안과 적개심이 촉발된다. 구인들은 세상에 대한 양극의 분할이다. 이것은 애착 스키마에는 관계에 대한 양극단, 예를 들어 '돌봄을 받는다-다른 사람을 돌본다' 또는 '방치된다-다른 사람을 방치한다'와 같은 양극이 포함된다는 Bretherton(1985)의 주장과 비슷하다. PCT와 내적 작동 모델 간의 연결은 유익한 시도가 될 수 있다. PCT는 여러 가지 세련된 측정 도구들을 사용한다. 레퍼토리 그리드(repertory grid) 기법을 예로 들 수 있는데, 이것은 개인이 가진 구인들의 위계적 구조와 매우 유사한 도식을 제공한다. 개인의 애착 체계 조직망(grid)을 만들고 이것을 낯선 상황 또는 AAI 같은 애착 측정 도구의 자료들과 비교해 보면 매우 흥미로울 것이다. 조직망 분석의 결과는 앞서 말한 것과 매우 유사한, 위계적으로 구조화된 형태를 제공한다(Epstein, 1980; Bretherton, 1985; Catlin & Epstein, 1992).

[그림 3-5]에서 보면 아동은 아버지와 어머니 각각에 대해 서로 다른 애착 표상을 갖는 것으로 보이는데, 어머니에 대해서는 안정 애착을, 아버지에 대해서는 회피적 애착을 가지고 있다. 작동 모델을 위계적인 것으로 볼 때, 아동이 부모 간의 큰 차이를 이해하기 위해 좀 더 높은 수준의 구인들을 사용함으로써 양쪽 체계에 대한 일관성 있는 표상을 가질 수 있다고 이해할 수 있다([그림 3-6] 참조).

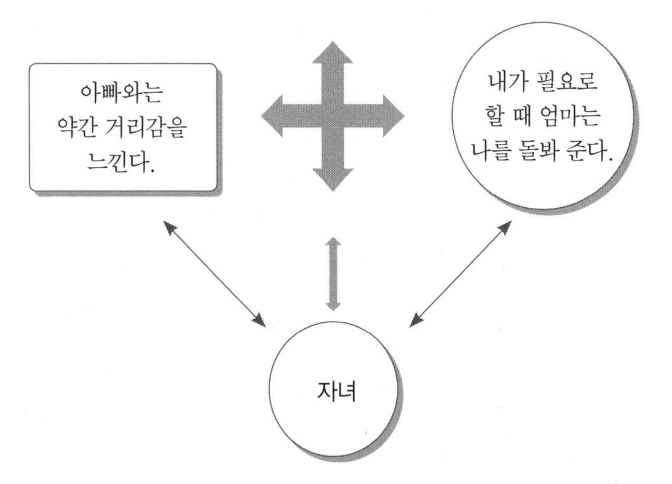

[그림 3-6] 자녀에게 보여지는 부모 간 서로 다른 애착 패턴

만약 부모가 상대방의 양육 방식을 공격하지 않고 서로 싸우는데 자녀를 이용하지 않는다면, 아동에 대한 부모의 반응이 서로 다를지라도 아동은 이러한 형태를 자신의 내적 작동 모델에 동화시키는 것이 가능하다. 부모가 헤어졌을 때조차 자녀가 이렇게 일관된 작동 모델을 유지할 수 있다.

엄마와 아빠는 더 이상 부부가 아니며, 둘이 서로 좋아하지 않더라도 엄마와 아빠 각각은 나를 좋아한다.

1. 그들 각각은 나에게 여전히 좋은 부모다.
2. 엄마, 아빠가 서로 사랑하지 않더라도 두 분 모두 나를 사랑한다.

만약 부부간의 갈등이 양육자로서의 역할을 방해한다면, 자녀들이 역할 간의 차이를 구분하는 것이 힘들어지고 가족 역동에서도 혼란이 생기게 된다.

자녀의 혼란은 가족이 겪는 혼란에 대한 정확한 표상이라고 볼 수 있다. 자녀는 양쪽 부모와 긍정적인 정서적 연결을 유지하는 것이 불가능하다는 성급한 결론을 내리게 될 것이다. 그러므로 자녀는 각 부모와의 관계라는 측면에서 일관성을 형성하고 불일치를 해결하기 위한 포괄적인 스키마를 만드는 데에 어려움을 갖게 된

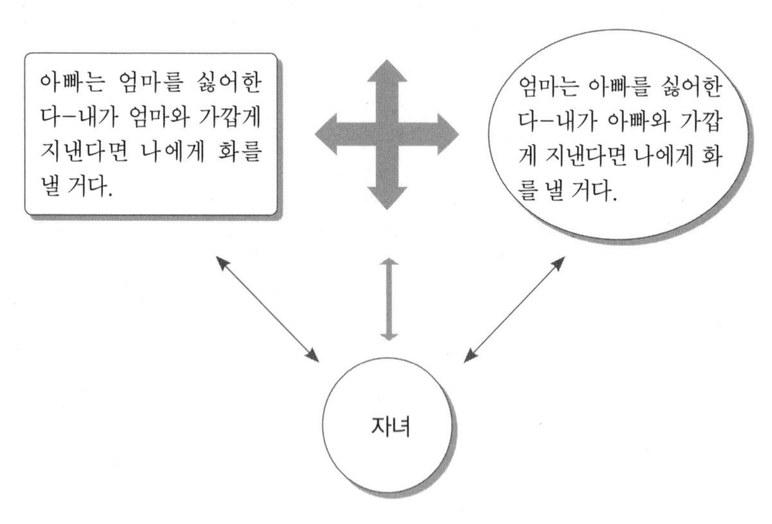

[그림 3-7] 부모의 갈등 사이에 휘말린 자녀–애착 삼각화

다. 이런 상황 속에 있는 자녀는 일관성 있는 작동 모델을 발달시켜야 한다는 어려운 과제에 직면한다. 그러므로 자녀는 여러 가지 가능한 해법을 사용하기도 한다.

1. 한쪽 부모 편을 든다.
2. 갈등 해결을 위해 개입한다.
3. 완전히 뒤로 물러난다.

이러한 해결책 중 어느 것도 작동 모델이 보다 명확해지는 데에 도움이 되지 않는다. 자녀가 한쪽 부모를 완전히 거부하거나 부모 모두를 거부하면 불일치는 감소한다. 그렇지 않으면 두 번째 방법을 적용하여 자녀는 '부모의 갈등을 해결하는 것이 나의 역할'이라는 높은 수준의 자기 스키마를 갖게 된다. 그러나 가족치료사들이 잘 알고 있는 바와 같이 이러한 모든 해법의 결과로 자녀는 중요한 애착 관계를 상실하거나 애착을 통한 안전감을 받는 대신에 그것을 제공하는 보호자가 되어 버린다.

불일치와 부조화

우리는 지금까지 내적 작동 모델의 위계적 모형이 아동이 형성한 스키마나 신념의 패턴을 묘사하는 데에 유용하다는 점을 살펴보았다. 그러나 부모 사이에 또는 양쪽 또는 한쪽 부모의 행동에서 불일치(inconsistency)가 있을 때 아동이 어떻게 작동 모델을 발달시키는지에 대해서는 좀 더 논의할 필요가 있다. 불일치의 가장 전형

적인 예시는 불안/양가적 애착 유형의 부모에게서 나타난다. 이 경우 부모는 상반되는 메시지를 전달하는데, 이것이 자녀로 하여금 부모 또는 자기 자신에 대한 일관성이 있는 모델을 가지기 어렵게 만든다([그림 3-8] 참조).

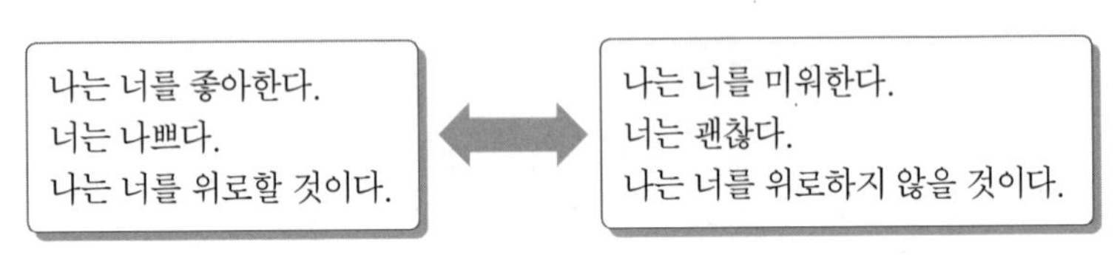

[그림 3-8] 불안/양가적 애착 유형의 부모로부터 주어지는 상반되는 메시지

Bowlby(1969)는 이런 경우 아동은 한 명의 애착 인물에 대해 다중적인(multiple) 모델들을 발달시킨다고 하였다. 아동이 가진 표상은 아버지나 어머니가 자신을 사랑한다는 것과 동시에 아버지 또는 어머니가 무섭고 다가가기 어렵다는 상반되는 감각기억일 수 있다([그림 3-9] 참조).

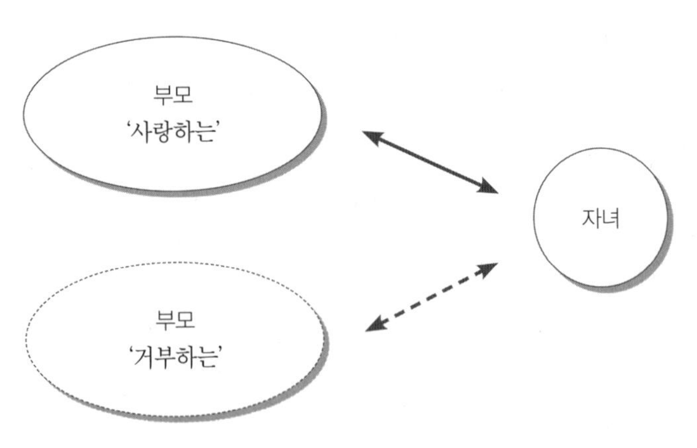

[그림 3-9] 양립할 수 없는 부모 모형

> 단일 인물에 대한 다중적인 모델들이 작동할 때, 그 모델들의 근원, 우세성 그리고 주체가 그것을 인식할 수 있는 정도에서 차이가 날 수 있다. 정서적 어려움으로 고통받는 사람에게서 우리는 보통 그 사람의 지각과 예측 그리고 감정과 행동에 가장 강력한 영향을 미치는 모델을 발견하게 된다. 그 모델은 그 사람의 생애 초기에 발달된 것으로 상당히 원시적인 선을 따라 구성되었으나 그에게 비교적 의식되지 않은 것일 수 있다. 이것은 즉각적으로 작동할 수 있으면서 또한 철저하게 상반되어 양립 불가능한 것일 수 있다. 이후에 발달한 모델은 보다 세련된 것으로, 개인은 이에 대해 좀 더 분명하게 인식할 수 있으며 그것이 우세하다고 잘못 추정할 수 있다.
>
> Bowlby (1973: 205)

이러한 비호환성(incompatibility)이 '방어적 배제(defensive exclusion)' 과정에 의해 관리된다고 보는 것이 애착이론에서 우세한 관점이다. 부모에 대한 지각이 괴로울 만큼 양립하기 어렵기 때문에 어느 한쪽을 배제하거나 분리시키게 되는 것이다. 인식에서 벗어나면, 그 가정들은 의식적인 재평가, 논의 또는 지각(perceptions)이 여전히 사실인지 여부를 탐색하는 검증의 대상이 되지 않는다. 그 결과, 변화와 정교화가 일어날 수 있는 기회는 거의 없게 된다. Bowlby(1973)는 아동이 자신의 애착 대상에 대한 다중적인 모델들을 가져야만 하는 때에 이것들을 하나의 일치된 모델로 통합하는 방법을 찾지 못하면 문제가 발생한다는 점을 강조하였다.

초인지와 반영적 기능

Main(1991)은 아동 발달에 있어서 중요한 특징이며 아동이 부모 내에 또는 부모 간에 존재하는 모순과 불일치를 해결하는 방법은 바로 초인지(meta-cognition)를 발달시키는 것이라고 하였다. 이것은 본질적으로 '생각들에 대한 생각들'이다. 부모 간의 갈등적인 가족 상황이나 아동이 부모의 불일치를 경험할 때, 아동은 자신이 복합적인 감정을 가지고 있고 이것은 부모가 상반되는 방식으로 행동한 결과라고 인식함으로써 문제를 해결할 수 있게 된다. 초인지는 상위 의사소통이라는 체계적 개념과도 관련이 있는데(Watzlawick et al., 1967), 이것은 오해나 혼란을 명확하게 하기 위한 의사소통에 대한 의사소통의 중요성을 강조한다. 애착은 이전 장에서 살펴본 바와 같이 의사소통 과정으로 이해할 수 있다. 한편 초인지는 소통된 것과 불명확한 것에 대해 생각해 보는 것(reflection)을 장려하는 대화를 통해 아동이 습득할 수 있는 능력이라고 할 수 있다.

무엇보다도 Main(1992)은 상위 의사소통적 기술의 발달부터 아동의 핵심적 정신 발달을 추적하고, 이것들이 애착 상황의 특성에 의해 어떻게 지연되는지를 밝히고 있다. 그녀는 초인지 기술이 아동이 '겉모습(appearance)'으로부터 '실체(realty)'를 구분해 내는 능력과 관련이 있다고 주장한다. 간단히 말하자면, 이것은 대상, 사건, 사람들 그리고 관계들에 대한 실제 세계가 '저기에(out there)' 있다는 인식이다. 이 세상은 각기 다른 사람들이 가진 관점에 따라 다르게 지각될 수 있고, 세상에 대한 개인의 관점과 이해는 변할 수

도 있다. 그러나 4세 이하의 아동들은 이것을 이해하지 못하는 경향이 있으므로 그들 자신이나 그들의 애착 대상이 가진 관점에 대해 의혹을 갖지 못한다. Piaget(1955) 역시 이와 관련해서 아동들이 자기 부모를 전지전능하다고 보는 관점을 가진 것에 대해 설명하였다. 또한 어린 자녀들은 '이중 부호화(dual-coding)', 즉 어떤 것이 두 가지 상이한 방식으로 나타나는 것을 이해하는 데에 어려움이 있다. 예를 들어, 어머니가 '친절'하면서 동시에 '사악'할 수 있다는 점을 이해하기 어렵다. Main(1991)은 연령이 높은 자녀들은 초인지를 형성할 수 있기 때문에 어려운 애착 경험에 대해 덜 취약하다고 주장하였다. 예를 들어, 부모로부터 '너는 나쁜 아이다'라는 말을 들은 나이 많은 자녀들은 이것을 더 수월하게 다룰 수 있다. 왜냐하면 그들은 '엄마가 그렇게 보니까 나는 어쩌면 나쁜 아이일 수도 있어. 하지만 반대로 엄마가 다른 일에 대해 잘못 판단할 때도 있었으니까 엄마가 항상 옳은 것은 아니야.'라고 추론할 수 있기 때문이다. 그러나 나이가 어린 자녀들이 부모의 지각(perception)에 저항하는 것은 어렵다. 특히 부모가 예측 불가능하거나 불일치한 경우—불안/양가적(A/C) 유형 또는 혼란스러운(disorganized) 유형의 부모—라면 어린 자녀는 특별히 더 취약한 상황에 놓여 있을 수 있다.

부모가 자녀의 경험을 강력하게 왜곡하거나 기만하는 상황은 특히 더 문제가 된다. 자살에 의해 한쪽 부모를 잃은 자녀들에 대한 Cain과 Fast(1972)의 연구에서는 1/4의 자녀가 남은 한쪽 부모에 의해 자신이 보고 들었던 것이 틀렸다고 믿도록 압력을 받아 온 것으로 밝혀졌다. 그중에는 벽장에 매달린 아버지 시체를 발견했던 소녀가 이후 아버지가 차 사고로 돌아가셨다는 말을 들었다는 사례

도 있다. Main(1991)은 이러한 연구 결과를 아동들이 자기 삶 속의 정보의 원천을 기억하는 능력과 연관 지어 설명한다. 3세 이하의 아동들은 이런 능력이 부족해서 어떤 사건에 대해 기억하는 내용이 정말 자기 자신의 기억으로부터 온 것인지, 아니면 부모에게 들은 것으로부터 온 것인지를 구분하는 것이 쉽지 않을 수 있다. 그러나 연령이 높은 자녀들은 정보의 원천에 대해 더 많이 인식할 수 있다. 따라서 그들이 직접 경험한 것에 더 큰 중요성을 부여하기 때문에 모순되는 다중 모델들을 발달시키는 경향이 적다. 그러므로 인지 발달 관점은 왜 우리가 다중적인 모델을 가지고 있으며 그것들 간의 모순을 해결하거나 다루지 않는지에 대해 설명하면서 정신적인 고통이 핵심이 된다는 점을 중요하게 강조한다.

이와 유사하게 Fonagy 등(1991a, 1996)은 아동의 내적 작동 모델의 중심 특성이 초인지에 관여하는 능력이라는 점을 강조하였다. 그는 다른 사람의 내적 사고와 감정을 생각하는 능력을 포함하는 보다 넓은 개념을 제안하는데, 이것은 애착 과정의 기본 요소다. Main(1991)과 마찬가지로 Fonagy는 가장 핵심이 되는 것은 바로 자녀의 내적 상태를 반영하는 어머니의 능력이라고 하였다. "아동이 경험을 통해서 자신의 정신 상태가 적절하게 반영되고 정확하게 반응될 것이라는 가정을 할 수 있다면, 그 아동은 보호자와 안전한 애착 관계에 있다고 말할 수 있다."(Fonagy et al., 1991a: 215)

부모의 반영하는(reflective) 능력은 결국 부모 자신의 어린 시절 자기 부모와의 경험을 통해 획득된다. 이 같은 '반영하는 능력'은 애착 패턴의 세대 간 전수에서 핵심적인 특징이다. 부모들은 다른 사람의 감정, 의도, 신념 등을 탐색하는 데에 관여하는 것이 안전한지 여부에 관한 감각을 자녀에게 전달한다. Fonagy 등(1991a)은 부모의 반영적 기능(reflective functioning)에 대한 측정 도구(뒤에 나오는 AAI 참조)를 개발하여 반영적 기능과 애착 패턴 간에 밀접한 관계를 보여 주고, 이를 근거로 낯선 상황에서 영아들의 애착 유형 분류를 제시하였다.

> 영아기의 애착 안정성은 영아의 정신세계에 대한 부모의 민감성과 이해에 기초하기 때문에 우리는 세대를 가로지르는 예측이 가능하다고 믿는다. 영아를 이해하는 부모의 역량은 부모 자신의 애착사(attachment history)에 근거를 둔, 일관성 있는 정신적 표상을 가지는 것이 그 기초가 된다.
>
> Fonagy et al. (1991a: 215)

이것은 또한 Bion(1962)의 '담아 주기(containment)' 개념과도 관련이 있다. 자녀를 이해할 때 어머니는 자녀를 괴롭게 하는 원인이 무엇이며 그 괴로움이 어떤 느낌인지를 이해한다. 동시에 어머니 자신이 그것에 압도당하지 않는다고 의사소통한다. Fonagy 등(1996)은 무시하는(dismissing) 패턴을 가진 어머니들은 자녀가 느끼는 것에 대해 이해하기보다는 대처방식(coping)을 전달하는 경향이 있다고 주장한다. 이와 반대로 집착하는(preoccupied) 부모들은 감정을 이해한다고 의사소통은 할 수 있지만 대처방식에 대한 의사소통은 잘 하지 못한다. West(1997)는 반영적 기능이 생물학적 기초를 가지며 방해받지 않는 한 인간에게서 자연스럽게 발달할 것이라고 주장한다. 이것은 마음이론(theory of mind)에 대한 연구와도 관련이 있는데(Baron-Cohen et al., 1993), 이 연구에서는 다른 사람들이 마음, 생각, 의도, 지각을 가지고 있음을 이해할 수 있

는 것과 이러한 것들이 나 자신의 것과는 다르다는 것을 인식하는 것은 기본적인 능력이라고 보았다. 그러나 자폐와 같은 심각한 문제를 가진 개인에게서는 이 같은 능력이 부재한다고 주장한다. 실제로 고등한 포유류들도 어느 정도 이런 능력을 가지고 있다. 고등 포유류의 이런 능력은 그들이 단순한 형태의 놀이, 가장하기(pretending), 심지어 속임수까지 관여하는 데에서 찾아볼 수 있다(Bateson, 1972; Baron-Cohen et al., 1993).

반영적 기능과 초인지 능력은 변화를 위한 능력의 핵심이다. 한 가지 중요한 현상은 극도로 열악한 아동기 경험에도 불구하고 어떤 사람들은 일관성 있는 내적 작동 모델을 만들어 내는 능력이 있는 것으로 보인다는 것이다. 이것은 비록 여러 가지 방식으로 방해를 받을 수도 있지만, 반영적 능력이 일관성 있는 내적 모델을 만들어 내도록 돕는 잠재적 자원이 될 수 있음을 보여 주는 것이다. 또한 이것은 초인지의 활용과 촉진이 대부분의 심리치료에서 핵심적인 특징이라는 점을 시사한다.

요약하자면, Fonagy 등(1991a)은 반영적 기능이 우리를 여러 종류의 세련된 정신 활동에 참여시킨다고 주장한다. 여기에는 우리 자신의 생각을 반영하고, 우리 관점 속에 있는 모순을 발견하고, 대안적인 관점을 만들고, 어디에서 우리의 신념과 기억이 발생했는지를 인식하고, 서로 다른 방식으로 사물을 보는 것이 가능하다는 관점을 유지하는 것이 포함된다. 또한 우리가 어떤 특정한 방식으로 사고하게 될 수도 있다는 것과 특정한 방식으로 사고하는 것의 결과를 인식할 수 있는 것, 우리가 어떻게 다른 사람의 의견에 영향을 받게 되는지를 알 수 있는 것 등이 포함된다. 가장 심각한 심리적 장애 중 일부는 이런 능력들의 와해와 관련이 있는 것으로 보인다. 예를 들어, 성격장애들은 반영적 기능의 결함을 포함하는 것으로 보이며 이것은 아동이 부모로부터 부정적인 그리고 아마도 폭력적인 행동을 경험했을 어린 시절 관계의 결과로 나타난다. 아동은 애착 행동을 보였기 때문에 처벌받고, 이 처벌에 대해 어떤 형태로든 반사적 반응을 했을 것이다. 그런데 이 같은 시도는 더 큰 처벌을 초래하고, 아동은 더욱 반사적 행동을 하면서 부모가 이런 식으로 행동하는 이유에 대해서는 생각하려고 하지 않는다. 왜냐하면 그 결과(엄마는 나를 싫어한다, 엄마를 신뢰할 수가 없다, 엄마는 위험하다 등)가 부정적이고 더 큰 불안을 야기할 수 있기 때문이다. 해결책은 이러한 생각을 차단하고 부모와 관련된 반영적 과정에 관여하지 않는 것이다. 이것이 '혼란스러운(disorganized)' 애착 유형을 야기한다는 주장(Fonagy et al., 1991a; Main, 1991)도 있다. 그러나 아동이 속해 있는 맥락의 역기능적인 특성을 생각해 보면 오히려 이런 반응이 조직적이고 적합하다고 볼 수 있다(Crittenden, 1997).

애착 내러티브

우리는 내적 작동 모델을 검토하고 이것이 어떻게 위계적으로 조직화된 스키마 또는 의미 체계로 보일 수 있는지를 알아보았다. 또한 초인지와 반영적 기능에 관한 중요한 아이디어들을 다루었다. 상호작용을 반복적으로 관찰한 것에 근거하여 이 아이디어는 효과가 일반화된다는 점에서 각본으로 보일 수 있다는 점을 논의하였다. Stern(1985)은 이러한 것들을 '일반화된 상호작용들의 표상

(Representations of Interactions that have become Generalized: RIGs)' 이라고 명명하였다. Schank와 Abelson(1977) 역시 사람들의 초기 이해는 단순한 각본으로부터 만들어진다고 설명했다. Byng-Hall(1995)은 각본에 대한 보다 폭넓고 복잡한 관점을 가지고 애착과 가족 상황을 고려함으로써 이러한 아이디어들을 광범위하게 발전시켜 왔다. 이런 생각은 인간 상호작용을 드라마에 비유한 Goffman(1959)의 아이디어와 유사하다. 우리가 연기를 할 수 있는 다양한 각본이 있고 사람은 드라마의 연기자나 각본을 만드는 작가라고 생각할 수 있다. 각본에 대한 Byng-Hall(1995)의 논의는 애착 내러티브의 아이디어와 연결된다. 즉, 우리는 경험에 대한 이야기를 가짐과 동시에 이야기가 우리의 경험을 형성하는 것이다. 이 절에서는 가족 내에서의 애착 경험과 아동의 내러티브 발달 간의 관계에 대해 논의하고자 한다. 또한 애착 경험들이 시각적 · 의미적(semantic) · 일화적(episodic) 및 절차적(procedural) 기억 등 다양한 유형의 기억 속에 있다는 아이디어에 대해서도 논의하고자 한다(Crittenden, 1997). 내러티브는 우리 경험의 이렇듯 다양한 요소를 함께 엮은 것으로 볼 수 있다. "하나의 내러티브는 사람들이 인물이나 배역으로 참여하는 사건들, 정신적 상태들, 해프닝들의 독특한 연속으로 이루어진다……. 의미는 전체적인 장면들의 전반적인 형태 속에서 이것들이 차지하는 위치에 의해 주어지는데…… 그것이 플롯이다."(Bruner, 1990: 44)

표상적 체계

Crittenden(1995)은 우리가 애착 경험을 이야기할 때 사용되는

표상 체계들 간의 구분이 중요하다는 점을 강조한다. 앞에서 인용한 Bruner의 말에서 우리는 내러티브에 대한 그의 생각을 알 수 있다. 내러티브는 다양한 유형의 표상들에 대한 개념과 더불어 이것들이 전체적인 패턴으로 어떻게 조직화되는지를 포함한다. Bowlby(1969)는 아동이 자신의 삶에서 불일치하거나 외상적인 사건에 직면하면 다중의 호환되지 않는 모델들을 발달시킨다고 주장하였다. 특히 아동의 경험이 무시되고 아동 자신의 경험과는 상반되는 내용의 사건 설명을 받아들이도록 강제되는 상황들이 문제가 된다. Main(1991)은 원래 두 개의 기본 체계를 구분했는데, 그것은 의미기억과 일화기억이다. 현대 인지심리학을 이용하여(Tulving, 1972, 1983) 많은 저자가 이것을 확장시켰다. 특히 Crittenden(1995, 2004)은 기억 체계의 여섯 가지 주요 유형에 대해 논하였다.

1. 절차기억(procedural memory): 절차기억들은 사건들이나 행동을 연결시켜 순서화하는 것을 포함하는 전의식적(preconscious) 스키마 경향이 있다. 한 가지 평범한 예는 운전 행동인데, 이상하거나 예측 불가능한 일이 발생하지 않는 한 우리는 특별히 의식하지 않으면서 운전을 위한 기술들을 사용할 수 있다. 다른 예로는 다양한 숙련된 활동과 음악 공연이 있는데, 우리는 무엇을 하고 있는지 의식하지 않으면서 순서에 맞게 활동할 수 있다. 이러한 기억이 가진 시간적 또는 절차적 특성에 대한 좋은 설명은 우리가 이것을 수행하기 위해서 종종 순서의 처음으로 되돌아가야만 한다는 것이다. 왜냐하면 각 부분들은 일련의 행동으로서 우리 기억 속에 연결되어 있기 때문이다. 가족에서 이것은 상호작용 패턴으로 볼 수 있는

데, 예를 들어 식사 시간과 취침 시간의 규칙뿐 아니라 갈등의 특징적인 패턴도 포함된다.

2. 심상(감각)기억[imaged(sensory) memory]: 이것은 시각적 심상, 후각, 촉각, 청각 그리고 미각으로 구성된다. 이것들은 감정과 관련이 있으며, 위험한(위협적인) 상황이나 흥분되는(예: 성적인) 시나리오와 관련되어 남아 있는 경향이 있다. 그 기억들은 빠른 식별을 유도하거나 위험하거나 흥미진진한 상황을 상기시키는 것으로 보인다.
3. 의미기억(semantic memory): 이것은 언어적이고 추상적인 형태의 기억으로서 사물의 상태에 대한 언어적 진술과 사물들에 대한 인과적 설명으로 이루어져 있다. 이것은 '만약 그렇다면' 형태의 진술문으로 구성되어 있는데, 추상적인 수준에서 감정에 대한 정보를 포함할 수 있다('만약 아빠가 침묵하고 있다면 그때는 혼자 두는 것이 최선이다'). 이런 기억들은 처음에는 아동이 부모로부터 들은 것에서부터 발전한다. 왜냐하면 유아들은 언어적 개념으로 사건들을 기억할 수 있는 언어적 기술들을 가지지 못하기 때문이다. 따라서 어린 아동들은 부모의 말을 듣고 그렇게 하도록 학습한다. 이러한 기억들은 아동이 2세 후반을 향해 가면서 구성되기 시작하는데, 처음에는 아동이 자신의 기억과 부모의 기억을 구분하는 데에 어려움이 있을 수 있다. 어린 시절을 회상할 때 사람들은 기억이 자신의 것인지 또는 부모로부터 들은 것인지 확실하지 않다고 말하기도 한다.
4. 일화기억(episodic memory): 이것은 보다 복잡한 형태의 기억으로 사건에 대한 정신적 재생(replay)을 포함하고 있다. 이것

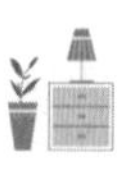

은 인지와 정서의 통합을 필요로 하며 시각, 촉각, 후각의 다양한 감각기관으로부터의 감각기억을 함께 엮는 것을 포함한다. 이것에 관여하기 위해 우리는 두뇌의 다양한 영역으로부터 정보를 끌어내고 일관된 방식으로 이것들을 엮는다. 이런 유형의 기억은 이야기 또는 내러티브를 발달시키는 능력에서 핵심이 되는데, 3~4세 이전에는 생성되지 않는 경향이 있다. 의미기억과 마찬가지로 아동은 성인과의 협력 속에서 이것을 배우는데, 이는 공동 구성적 과정이다. 이것은 기억의 내용과 기억이 구조화되는 방법이라는 양 측면에서 부모의 관점을 향해 기억이 편중되게 한다. 기억들은 중요하거나 의미 있는 사건에 집중하는 경향이 있다. 이것들에 대한 기억은 우리가 미래의 유사한 위험들을 인식할 수 있도록 돕는 데에 있어 중요하다. 더 나아가 이것은 아동이 대안적이고 자기보호적인 전략들을 정신적으로 구성하는 것을 돕는다. 이것은 보통 '경험을 통한 학습'이라고 불린다. 그러나 우리가 어떤 사건들을 회상하려고 시도할 때 비슷하게 강력한 감정들이 촉발되거나, 예를 들어 주제의 회피, 신경 안 쓰는 척하기 등과 같이 원래 일어났던 유사한 반응이 반복된다는 위험이 있을 수 있다.

5. **함축적 언어(connotative language)**: 이것은 감정적인 요소를 수반하는 언어와 관계가 있으며 은유와 비유, 시각적 연결에 있어 풍부한 언어다. 동시에 듣는 사람에게 강한 감정을 불러일으키는 힘을 가진 언어다. 이것은 전형적으로 생동감 있는 언어라고 묘사된다. 욕설(swearing)도 어떤 측면에서는 강한 언어 또는 이러한 특징들을 포함한다고 볼 수 있다. 그러나 그것은 단순히 욕설의 사용 그 자체가 아니라 욕설을 사용하는

시점의 문제다. 욕설이 반복되고 예측 가능하게 사용된다면 감정을 불러일으키는 힘을 상실하게 된다. 함축적 언어는 '심상화된 기억의 언어화된 형태' 체계인 의미기억과 함께 운용된다.

6. 작업기억(working memory): 이것은 비교하고 통합하는 기능을 수행하는 처리(processing) 기억 체계다. 이것은 '실시간 온라인 통합 과정'과 같다. 대뇌피질 영역에서의 처리 과정은 두 부분으로 나뉘어 발생하는데, 첫째는 다양한 기억 체계로부터 나온 정보들을 모으고 비교해서 방해가 되는 정보들을 걸러 내는 과정이다. 두 번째는 의미와 새로운 연결을 창출하기 위해 다른 정보들과 연결이 이루어지는 과정이다. 그러므로 이 과정은 서로 다른 기억 체계에서 정보 간의 차이점을 인식하는 능력과 해결 방법이나 행동 계획을 수립할 수 있는 능력을 포함한다. 이러한 분석과 통합은 시간을 필요로 하기 때문에 즉각적인 행동을 요구하는 위기 상황에서는 사용하기가 어렵다.

작동 모델의 위계적 조직화에 대한 앞선 논의와 연결해 보면, 의미기억들은 본질적으로 높은 수준의 언어적 일반화다(예: '나는 어머니와 지지적인 관계를 맺고 있었다'). 반면에 일화기억들은 발생한 일에 대한 정신적 재생을 동반하는 사건들에 대한 구체적인 예시들이며 그 최저 수준에는 감각기억과 절차기억이 있다.

간단히 말하자면, 내러티브 기술(skills)의 발달을 위해서는 아동이 다양한 표상적 기억을 통합할 수 있는 능력을 발달시킬 필요가 있다. 반영적 기술 발달을 촉진하는 부모의 역할에 대한 앞선 논의

는 아동의 '내러티브 기술' 발달에 대한 연구들과 일치한다. 이 연구들(Baerger & McAdams, 1999; Habermas & Bluck, 2000)은 우리의 삶을 일관성 있는 이야기로 저작하는 능력이 매우 복잡한 '기술'임을 보여 준다. 7세 정도의 어린 아동들의 이야기들은 비교적 구체적이고, 즉각적이며 일화적으로 보인다. 그들의 내러티브는 긴 시간 동안 지속되지 않는다. 처음에 그들은 사람들이 왜 그런 식으로 행동하는지에 관한 비교적 단순하고 구체적인 설명들을 한다(Piaget, 1955). 자신에 대해 말해 볼 것을 요구받으면, 그들은 일어난 일의 구체적인 측면들과 연관시키기 위해 어제나 오늘 발생한 즉각적인 사건들을 언급한다. 때로는 참여자들의 신체적 특징에 대해 말하거나 '착하다' '끔찍하다' 또는 '아주 영리하다' 등과 같이 단순한 특성을 가지고 사람들의 행동을 묘사하는 경향이 있다(Habermas & Bluck, 2000). 이것은 그들이 자신과 다른 사람들에 대해 잘 이해하지 못한다는 뜻이 아니다. 하지만 그들은 아직 자신이 이해한 모든 것을 설명할 수 있는 언어적 기술을 갖지 못했다(Donaldson, 1978). 세련된 내러티브를 발달시키는 능력은 청소년기에 시작된다(Habermas & Bluck, 2000). 내러티브 발달을 탐구하는 많은 연구 중 다수가 내러티브의 **일관성**(coherence)에 초점을 두고 있다. 여기에는 많은 요소가 포함되는 것으로 보이는데, 이야기가 발생하는 맥락, 사건들 간의 인과적 관계, 사건에 대한 평가, 목적의식 또는 그들 삶의 이유 등이 포함된다. 사람들의 삶에서의 규범적 발달, 과도기적 지표와 기대에 대해 문화적으로 공유된 생각들 또한 참조할 필요가 있다. 예를 들어, 청소년기에는 독립성 증가, 진로와 교육에 대한 의사 결정 그리고 성적 활동에 대해 문화적으로 공유하는 기대가 있다. 사건들을 연결하는 데에는 다른 사람

들의 의도와 내적 상태에 대해 생각할 수 있는 능력과 자신의 이야기를 객관적으로 보면서 불일치, 격차, 세부사항에 대해 숙고하는 능력이 필요하다.

언어 발달은 두뇌의 신경학적 발달과 관련이 있다. 신경 연결의 복잡성이 증가함에 따라 점진적으로 보다 정교한 조작이 가능해진다. 그러나 언어 능력의 발달은 타고난 본성과 양육 사이의 복잡한 상호작용이다. 생물학적 발달과 대인관계적 발달이 얽혀 있고 이 둘은 서로를 촉진한다. 내러티브 기술 발달에서의 중요한 기초 또는 '발판 세우기'는 아동과 부모 사이의 대화 특성에서부터 발생한다. 부모들이 자녀들에게 삶을 이해하는 방법을 가르치고, 시간의 흐름에 따라 사건들을 연결하고 인과관계로 연결된 일련의 사건을 함께 엮을 수 있도록 하기 위해 자녀와의 대화에 참여하는 것이 필요하다. 간단한 예를 들자면, McCabe와 Peterson(1991)의 연구는 어머니들의 내러티브 유형이 자녀 내러티브의 세부사항과 정교화 수준뿐 아니라 어린 자녀들이 시간의 흐름에 따라 인과적으로 사건들을 연결하는 능력을 형성한다는 점을 밝히고 있다. 27개월에 평가를 했을 때, 두 명의 유아는 매우 유사한 능력을 가지고 있었다. 두 어머니는 자녀들에게 말하는 방식에서 서로 다른 유형을 가지고 있었는데, 한 어머니는 이야기의 세부사항을 강조하였고 다른 한 어머니는 인과적 관계를 강조하였다. 18개월 후 유아들은 자신에게 일어난 일에 대해 이야기를 하는 방식에서 아주 두드러진 차이를 보였는데, 그들 간의 차이는 그들의 어머니들 간의 유형 차이와 일치했다.

애착 내러티브 측정: 이야기 줄기와 성인 애착 인터뷰

분리 불안 검사: 이야기 줄기

대부분의 애착 연구는 원래 가정 상황에서의 아동에 대한 관찰연구에 기초하였으나 점차 낯선 상황 프로토콜에서의 관찰연구에 기반을 두게 되었다. 하지만 최근에는 아동들이 자신의 초기 경험을 어떻게 내러티브로 형성하는지에 대한 관심이 증가하였다(Oppenheim & Waters, 1985). 또한 이를 기반으로 분리 불안 검사(Separation Anxiety Test: SAT)라는 흥미로운 도구가 개발되었다. 예를 들어, 6세 아동들에게 그들과 동일한 연령과 성별을 가진 아동이 다양한 분리 상황에 있는 여섯 장의 그림에 답하도록 요청한다. 그림들은 강도(intensity)가 약한 것(부모가 잘 자라고 인사를 한다)부터 매우 강한 것(부모가 2주간 집을 떠난다)까지 다양한 상황을 제시한다. 아동들은 그림 속 아이의 감정이 어떨지, 왜 그렇게 느낄지 그리고 그 아이가 무엇을 할지에 대해 즉각적으로 대답하게 된다. 또한 그들이라면 유사한 상황에서 무엇을 할 것인지에 대해서도 질문한다. 이러한 연구를 통해 아동이 만들어 낼 수 있는 이야기의 내용과 구조에서 각 아동들마다 차이가 있다는 사실을 알 수 있었다. 예를 들어, 몇 해 전에 아동기 안정 애착 유형으로 분류되었던 아동들은 그림 속의 아이가 슬프거나 걱정을 하고 있지만 부모와의 관계는 따뜻하고, 그 아이는 소중하며 필요할 때 도움을 받을 수 있다고 진술했다. 이와 대조적으로, 불안정 애착 유형으로 분류되었던 아동들은 그림 속 아이가 슬프다고 말할 수 있었으나 그 아이

에 대해서 덜 긍정적인 관점을 가지고 있었으며, 부모가 도울 가능성에 대해서는 신뢰하지 못했다. 그림 속 아이에게 일어날 일에 대해서는 침묵하는 경우도 종종 있었다. 아동들은 그들 이야기의 일관성 또는 특징적인 면에서 차이가 있었다. 불안정형 아동들은 그들의 감정과 그들 행동의 이유 그리고 이야기의 종결에 대해 덜 개방적이었고 세부사항을 제시하기 어려워했다. 이에 더하여 그들은 그림 속 아이의 감정과 자신들이 느끼게 될 감정을 잘 연결하지 못했다(Main et al., 1985). 즉, 사람들이 왜 그리고 어떻게 그들이 행동하는 방식대로 행동하는지에 대한 설명이라는 측면과 그들 자신과 다른 사람들의 감정 간의 공통성이라는 측면에서 불안정한 아동들의 이야기에는 일관성이 부족했다.

또한 부모들이 자녀들과 의사소통하는 방식에서도 차이가 관찰되었다.

> 6세 아동들의 이러한 대화적 담화 유형(conversational discourse patterns)은 그들 유아기 때 경험한 낯선 상황의 분류와도 유사했다. 아동이 안정형으로 분류되었던 2자 관계는 다양한 주제에 대해 유창하게 이야기를 했다. 회피 유형으로 분류된 2자 관계에서는 대화가 제한적이고 개인적이지 않은 주제들을 강조했다. 또한 대부분 상세하게 말하지 않으면서 반어적인 질문들을 자주 사용했다. 해체 유형으로 분류되었던 2자 관계는 대화 시작 단계부터 실패가 많았고 유창하지 못했다.
>
> Oppenheim & Waters (1985: 197)

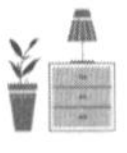

성인 애착 인터뷰

성인 애착 인터뷰(Adult Attachment Interview: AAI)는 George 등(1985)이 개발한 것으로, 성인들에게 사용하기 위한 구조화된 연구 인터뷰다. 더 낮은 연령을 위해서 수정본을 사용하는 것도 가능하지만 일반적으로 18세 이상을 대상으로 한다. 인터뷰에는 보통 1시간에서 1시간 반 정도 소요된다. 피면접자들과 아동기 경험에 대한 기억과 특히 가족 내에서 중요한 인물에 대한 그들의 애착 유형에 대해 이야기를 나눈다. 이것은 성인 애착 유형의 사정을 위한 중요한 절차 중 하나가 되어 왔으며 다른 측정들과의 타당성이 보고되어 왔다. 예를 들어, 예비모들이 AAI에서 보인 애착 유형은 2년 후 그들의 자녀들이 낯선 상황에서 보이는 애착 유형을 예측할 수 있게 한다(Fonagy et al., 1991a). 인터뷰의 목적은 사람들이 인터뷰에서 제시하는 내러티브의 내용뿐 아니라 구조를 조사하는 것이다. 그들의 의미기억과 일화기억 간의 일관성 수준에 특별히 중점을 둔다. 인터뷰는 다음과 같은 질문들로 이루어져 있다.

〈글상자 3-1〉 AAI

- 전반적인 통합적 질문
  1. 가족 맥락: 어렸을 적 당신의 가족을 소개해 주세요.
  2. 관계의 특징-애착 대상: 누가 당신과 가장 가까웠나요? 등
- 의미기억과 일화기억 탐색: 어머니와 아버지에 대하여
  3. 애착 지각과 기억: 다섯 개의 형용사/문구

- 일화기억 탐색의 심화

  4. 위로-위험, 위협, 괴로움: 화가 났을 때, 상처받았을 때 당신은 무엇을 했나요?

- 힘들었던 경험/심리적 외상

  5. 상실과 분리
  6. 학대, 유기(abandonment)

- 통합적 질문

  7. 당신 부모님이 왜 그렇게 행동하셨다고 생각하세요?
  8. 그 경험으로부터 무엇을 배웠나요? 그것이 당신 성격에 어떤 영향을 미쳤나요? 당신 자녀들을 통해 부모가 되는 것에 대해 무엇을 배웠나요?

인터뷰가 의사소통적 행동이기 때문에 AAI는 라이브로 진행되도록 고안되었다. 또한 자신의 이야기를 다른 사람에게 말하는 과정은 특징적인 애착 유형을 이끌어 내는 데에 핵심이 된다. 이것은 추론적 관점과 일치한다. 예를 들어, 면접자를 설득하고, 확신시키고, 속이고, 끌어들이기 위해 피면접자가 사용하는 전략들을 분석할 수 있으므로 인터뷰의 과정은 중요하다. Crittenden(1997)은 AAI가 네 가지 요소로 구성되어 있다고 설명한다. 첫째, 인터뷰는 상이한 기억 체계를 사정하도록 고안되었는데, 특별히 의미기억과 일화기억 그리고 일관성 있는 이야기를 제공하기 위해 개인이 어떻게 이것들을 통합하는지에 중점을 둔다. 통합적 질문들은 사람들로 하여금 그들이 말할 때 불일치를 인식하고 그것에 대해 언급하고, 그들 자신의 실수나 왜곡, 생략된 부분을 알아차리도록 하는

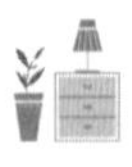

초인지 또는 반영적 기능에 관여하도록 한다.

둘째, 인터뷰의 내용은 전사하여 구조화된 담화 분석의 형식에 따라 정리한다. 이것은 주어진 이야기가 전반적으로 일관성이 있는지, 특히 의미기억과 일화기억 간의 일관성에 중점을 둔다. 또한 면담의 특성에서 패턴들을 발견하려고 하는데, 예를 들어 이야기가 지나치게 의미론적인지 또는 감정에 치우치고 있지는 않은지를 파악한다. 담화 분석은 기억에 접근하는 능력 또는 어려움에 관심을 둔다. 피면접자가 사건들의 순서와 원인에 대해 혼란스러워하는 정도와 이야기를 할 때 얼마나 어눌하고 두서없이 횡설수설하는지를 포함한다. 담화 분석의 의도는 개인이 그들의 행위에 대해 어떻게 제시, 설명 및 정당화를 시도하는지 파악하는 것이다. 여기에는 특히 이야기의 내용—무의식적 처리 과정이라는 관점에서 무엇이 일어날 것인지를 생각하려는 시도—뿐만 아니라 이야기의 구조에 대한 관심이 포함된다. 예를 들어, 어렵거나 고통스러운 주제들에 접근할 때 사람들의 말하기가 어떻게 변화하는지에서 단서들을 생각해 볼 수 있다. 여기에는 머뭇거림, 주제의 변화, 웃음과 같은 비언어적 단서들, 생생한 이미지의 침입, 사건이 발생한 과거와 현재의 장소에 대한 혼란 등이 포함될 수 있다. Crittenden(1997)은 어디에서 정보가 버려지고, 왜곡되고, 오류가 발생하는지에 대해서까지 분석을 확대해야만 한다고 덧붙인다.

셋째, AAI의 세 번째 요소는 담화 분석과 이야기 범주화의 시도를 통합하는 것이다. 많은 연구는 전사한 자료들의 분류가 신뢰할 만하다는 것을 보여 주는데, 자료들은 기본적으로 안정 · 무시 · 집착 유형으로 범주화되었다(Main & Goldwyn, 1991). 넓게 보자면, 이러한 범주들의 비율은 낯선 상황에서의 분류와 같은 것으로 나타

났고 동일한 애착 유형을 나타낸다고 볼 수 있다. 이후에 여기에 해체 유형이 더해졌다. 그러나 이러한 범주화는 다양한 임상적 상태를 인위적으로 함께 유목화한 것이기 때문에 과연 유용한 것인지에 대해서는 상당한 논란이 있다. 뿐만 아니라 이 같은 범주화에서는 유형들을 역기능적이고 학대적인 사회적 맥락에 적응하기 위해 기능적으로 잘 조직화된 것이라고 보는 대신에 해체적이고 와해된 것으로 가정한다(Crittenden, 1997). 다음 절에서는 설명에 도움이 되는 실제 사례들을 소개하려고 한다.

끝으로, 처음에 AAI는 애착을 비교적 영구적이고 지속적인 것으로 보는 이론적 입장에 근거를 두고 있었는데 이에 대해서는 지속적인 논란이 있어 왔다. 예를 들어, Crittenden(1997)은 Van Ijzedoom(1995)의 메타분석 연구가 '변량의 22%만'이 부모들(AAI)과 그들의 자녀 범주화를 설명하고 있음을 보여 준다고 해석한 반면, 동일한 연구에 대해 Fonagy 등(1996: 71)은 "변량의 약 1/4…… AAI와 낯선 상황은 70~80%의 연관성을 갖는다."라고 해석하였다. 이에 대한 합리적인 결론은 연속성이 확립되어 부모들의 AAI가 자녀의 애착 안정성에 대한 강력한 예측 변인이 된다고 보는 것이다. 그러나 애착 표상들은 변화하기 때문에 부모들의 AAI가 단독으로 아동의 유형을 결정하지는 않는다.

내러티브의 내용과 구조

다음은 범주화(classifications)에 사용되는 서술적 특징들(discourse markers)을 묘사하는 예시들이다.

서술적 특징: 무시형의 내러티브

이러한 내러티브의 전반적인 구조는 일화기억의 차단과 감정의 삭제를 중심으로 하기 때문에 때때로 이야기들이 매우 건조하고 형식적으로 보인다. 주된 전략은 의미적 서술이며, 거부에 대한 잠재적이고 고통스러운 기억을 피하기 위해 간혹 매우 논리적인 방식을 사용한다. 극단적인 전략들로는, 돌봄을 받았던 이야기를 해달라고 요청했을 때 부모를 보살핀 것에 대한 묘사, 부모의 관점에서 기억하기, 심각한 방임이나 학대를 했던 부모에 대한 면죄부 주기 등이 포함될 수 있다. 개인의 변화에 대한 이야기보다는 사건들이 어떻게 개인에게 영향을 미쳤는지 또는 영향을 미쳐야만 했는지에 대한 형식적이고 이론적인 진술문들이 중점이 되어서 통합이 어려울 수 있다.

다음은 '무시형' 내러티브의 서술적 특징들을 요약한 것이다.

- 자신에 관한 문장들에서의 자기 생략
- 인칭대명사 대신 거리감 있는 대명사 사용
- 진술문에서의 모든 인물 생략
- 부정적 경험의 축소화
- 감정(affect)을 명사형으로 표현하기
- 거리를 두는 문구, 차단하는 문구
- 간결한 이야기, 세부사항의 결핍
- 과장된 문어체
- 취약한 자기를 정상화하기(normalization)
- 가정하는(hypothetical) 문구들

- '만약 그렇다면' '~일 때 그러고 나서'와 같은 문구들
- 부정적인 감정들을 강하게 부인하기

다음의 인용문은 무시형 내러티브의 주요한 특성 중 일부를 묘사하기 위해 AAI 전사 자료에서 발췌하였다(Crittenden, 2004).

마크: [부모와의 초기 관계에 대해 말하며] 가까운 관계였죠. 아주 좋은 관계였어요. 어릴 때는 어머니가 일차적 보호자이고 밥을 해 주는 사람이라는 게 아주 당연했던 것 같아요. 확실히 제가 넘어졌을 때 울면서 찾아간 것은 어머니였어요. 저는 항상 두 분이 제 곁에 있었고 저를 지지했다고 기억해요. 저는 정말이지 제 어린 시절 부모님에 대한 의혹이나 비난할 일이 전혀 없어요. 아버지는 아마 제가 커 가면서 더 크게 영향을 미쳤던 것 같아요. 하지만 두 분이 각자 제 인생에 아주 분명한 영향을 주셨고, 그것은 저를 더 낫게 만들었죠. 저는 정말로 그 관계에 대해 안 좋은 면은 하나도 기억나지 않아요, 물론 일반적인 청소년기 갈등은 많이 있었지만요.

마크: [위로에 대해 말하며] 저는 자주 울었던 것 같아요. 아마 어머니한테 가지 않았을까 싶은데, 사실 기억이 나지 않아요. 유리 조각에 손을 심하게 베어서 막 비명을 질렀던 기억이 나요. 아마 집으로 달려갔던 것 같아요.

면접자: 집에 있는 어머니에게로 달려갔나요?

마크: 아마도요. 정확히 기억나지는 않아요.

서술적 특징: 집착형의 내러티브

이 전사 자료들은 혼란스럽고 따라가기 어려운 경우가 빈번하다. 이미지의 사용과 감정에 대한 정보가 매우 많지만 서로 다른 기억 체계에서 나온 정보들이 상반되는 경우가 많다. 예를 들어, 에피소드나 이미지들이 의미기억의 서술과는 반대되기도 한다. 사건의 시간이나 원인에 대한 그리고 과거와 현재에 대한 혼동이 있을 수 있기 때문에 피면접자가 과거에 대해 말하는 것인지, 아니면 현재를 말하는 것인지 분별하기가 어렵다. 반영의 사례들이 있기는 하지만 이것들 역시 혼란스럽거나 상반되기도 하고 내용은 따분할 수 있다. 극단적인 경우, 인터뷰는 적개심과 무력감 사이를 오락가락하는 것을 보여 주고 자기와 타인에 대한 왜곡과 기만을 드러낸다. 가장 극단적인 경우에 피면접자들은 이 세상을 위험하고 위협적이라고 여기는 매우 편집적인 관점을 사용한다. 이러한 내러티브의 특징들을 요약하면 다음과 같다.

- 인칭의 혼란
- 시간의 혼란(과거와 현재를 오락가락함)
- 혼란스러운 말투
- 무의미하거나 단서를 다는 구절들을 사용하여 의미를 모호하게 함
- 관련이 없는 세부사항들이 끼어듦
- 에피소드를 대화 형식으로 말하기
- 소극적인 의미론적 사고–결론이나 요점에 도달하지 못함
- 집중된 방향성 없이 의식의 흐름 따라 말하기

다음의 대화는 집착형의 내러티브를 보여 준다(Crittenden, 2004 발췌).

면접자: 그래서 당신이 '안정적이지만 불안정한'이라고 하셨는데요, 이것에 대해 어떤 기억이 있나요?

캐롤: 우리는 크리스마스를 위해 이 연극을 하고 있었죠. 음…… 음…… 제가 그날 밤에 연습을 하고 있었는데요, 무슨 이유 때문인지 제가 엄마를 몹시 화나게 했어요. 우리는 그러니까 저랑 여동생은 부엌 청소를 하기로 되어 있었는데요. 그래서 우리는 식기세척기에서 그릇들을 꺼냈는데, 냄비나 후라이팬들은 그냥 찬장 아래 던져 뒀거든요. 차곡차곡 쌓아 두지 않았던 거죠. 엄마가 밤중에 부엌에 가서 찬장을 열었을 때 냄비랑 팬들이 막 떨어져서 엄마가 엄청 화가 나서는…… 음, 엄마가 나와서는 이렇게 말하는 거예요. "좋아, 나는 이제 너희들에게 질렸다. 나는 더 이상 너희들 엄마 노릇을 하고 싶지 않아." 그래서 저도 정말 화가 났죠. 저는 3일 동안 울었고 엄마는 자기 방으로 가 버렸어요. 그러더니 엄마가 나와서 "지금부터 나를 스미스 아주머니라고 불러라."라고 말하더라고요.

릴리언: [부모와의 초기 관계에 대해 말하면서] 내가 어릴 때 기억하는 것은…… 내 생각에는, 음…… 나는 항상…… 우리 둘 사이는 항상 아주 가까웠어요. 음…… 왜냐하면 우리가 진짜 닮았거든요, 아주 똑같은데, 나는 그냥…… 나는 항상 엄마에

대해 그렇게 느꼈는데, 엄마도 같은 생각일 것 같은데 우리는 둘 다 아주 예민해요……. 내 생각에는…… 아마 내가 어렸을 때, 아주 어렸을 때요, 음, 우리는 같이 시간을 많이 보냈어요. 우리 엄마는 일을 안 했어요. 항상 나를 위해 같이 있었지요. 음…… 그런데 내가 열두 살이 되면서부터 다투기 시작했어요…… 계속해서, 음…… 네, 하지만 나는 엄마랑 아주 가깝다고 느껴요. 엄마에 대해 많은 것을 느끼죠. 하지만 음, 이것은 아주 불안정하고 불안한 거라서, 음, 나는 계속, 음, 생각 같은 것을 하려고, 음, 노력해 왔는데 최근에는 우리 관계에 대해서요. 그런데 그게 그렇게 나는 잘 모르겠어요……. 내 생각에는 우리가 너무 닮아서, 음…… 그래서…… 그게 문제를 만드는…… 그러니까 어떤 거냐 하면…….

면접자: 당신이 어렸을 때 화가 나면 무엇을 했나요?

릴리언: 모르겠어요. 기억이 안 나요. 도망쳤던 건 확실한 것 같은데, 음…… 상황이 안 좋아지면 짜증을 내고는 했어요. 나는 지금도 짜증을 내요. 맞아요, 여전히 그래요. 하지만 [웃음] …… 네, 물건을 던지고는 했어요. 왜 그런 신경질적인 아이 있잖아요. 기억나는 것은 이게 전부예요……. 도망치더라도 항상 돌아왔던 기억이 나요. 뒷마당으로 도망쳤는데, 나는 몸집이 작았고 담장에는 개구멍이 있어서 거기로 빠져나가서…….

면접자: 몇 살 때였는지 기억하나요?

릴리언: 네, 그러고 나면 나의 도피는 항상 어디선가 끝나 버렸죠. [웃음]

면접자: 그때가 몇 살 때였죠?

릴리언: 글쎄요. 아마도 세 살쯤이었을 거예요. 한 번은 멈추지 못하고 데굴데굴 굴렀는데, 나는 너무 작았고 바람이 강해서 언덕 밑으로 떨어져서 멈췄어요. 그게 화가 나서 도망친 나의 도피 사건 중 하나예요.

서술적 특징: 안정형의 내러티브

안정형의 이야기들은 기억 체계, 긍정적 경험과 부정적 경험에 대한 회상 능력, 경험들에 대한 반영 능력과 사건들을 통합하는 능력에서 일관성이 있음을 보여 준다. 피면접자는 인터뷰를 통해 초인지의 증거 또한 보여 주는 경우가 많은데, 예를 들어 이들은 자신이 면접자에게 충분히 분명하게 설명했는지 여부를 고려하면서 이야기를 한다. 안정형 내러티브의 특징은 다음과 같다.

- 말더듬, 시작에서의 실패 등과 같은 언어의 비유창성(dysfluency). 그러나 정보를 왜곡하는 비유창성은 거의 없음
- 불일치나 새롭게 떠오른 생각들에 대한 자발적인 인식
- 초인지에 대한 증거

다음의 대화는 안정형 내러티브 유형을 보여 준다(Crittenden, 2004 발췌).

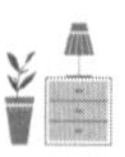

면접자: 어린 시절 부모님과의 관계에 대해 말씀해 주시겠어요?

자넷: 제가 기억하는 한 아주 초기에는 어머니와의 관계가 그다지 좋지 못했어요. 저는 항상 기분이…… 저는 당황스럽고 창피했어요. 저에게는 배변 문제가 있었거든요. 사람들이 엄마한테 제가 죽을 거라고 했대요. 그때 제가 생후 3개월쯤 되었을 때였는데, 그래서 X-ray를 여러 번 찍었대요. 그게 저의 장에 손상을 끼쳤다는 것은 몇 년 후에야 알게 된 거죠. 장이 기형이 된 거예요. 아무도 몰랐죠. 제가 대변 조절을 못하거나 밖에서 놀다가도 집에 뛰어 들어오고 그러니까 사람들은 저를 게으른 꼬마니 뭐니 그렇게 생각했죠. 엄마는 제가 너무 게을러서 집에까지 오지도 못하고 바지에 변을 묻히는 거라고 생각했어요. 학교 입학하고 나서까지 계속 그랬어요. 학교는 정말이지 너무 힘들었어요. 저는 어린애들을 싫어하는 아이로 자랐어요. 다른 애들이 정말 싫었죠. 저는 동물은 엄청 좋아했지만 애들은 싫어했어요. '자넷, 자넷, 더러운 늙은 수박' 이게 제 별명이었어요. 지금은 웃지만 그때는 전혀 재미있지 않았죠. 엄마는 저를 아주 박박 씻겼어요. 지금은 이해가 되지만 그때는 그렇지가 않았어요. 지금 생각해 보면 아빠는, 음, 멀리 가서 일할 때가 많았는데…… 개인 사업을 하셨거든요. 아빠는 북부 지역에 많이 가셨어요. 엄마는 우리 세 자매에게 엄마면서 아빠였으니까 부담이 컸을 거예요. 엄마가 그때 서른세 살이나 뭐 그 정도 나이였으니까요. 특히 제가 신체적으로 문제가 없다니까 엄마가 더 좌절감을 느꼈을 거예요. 엄마는 "너 도대체 왜 이래?"라고 말하곤 했죠. 저는 "나도 어쩔 수 없다고, 나도 어쩔 수 없어!"라고 했어요.

엄마는 제가 게으르다고 생각했어요. 아빠와의 관계는 언제나 좋았어요. 아빠는 저의 우상이었죠. 저도 아빠랑 결혼할 거라고 말하는 애 중 하나였어요.

면접자: [부모와의 관계에서의 변화들] 지난 몇 년간 엄마와의 관계에서 어떤 일이 있었나요?

자넷: 글쎄요, 제가 20대 초반일 때 저에게 이 모든 일이 다시 떠올랐어요. 제가 정신병원에서도 일을 했는데, 그게 많은 것을 바꿔 놓았어요. 저는 다양한 가정에서 온 아주 다양한 사람과 그들에게 일어난 일들을 보았어요. 제 문제에 비해서 훨씬 더 심각한 일들이었어요. 그 사람들과 비교하면 제 문제는 정말 별거 아니었어요. 그냥 엄마가 왜 그랬을까를 이해해 보려고 노력했어요. 엄마는 내가 생각했던 것처럼 나쁜 여자였을까, 아니면 내가 엄마를 그렇게 그리고 있었던 건가? 엄마가 그럴 수는 없죠. 엄마는 내 엄마니까요. 저는 그것에 대해 좀 더 파헤쳐서 알아내야만 했어요. 엄마는 '나는 그런 적 없다'고 하고, 저는 '왜 아니야? 어떻게 그래?'라고 하겠지요. 엄마는 과거에 대해 전혀 말하고 싶어 하지 않아요. 지금도 그럴걸요. 그렇지만 저는 제 기분이 어땠는지를 말할 수밖에 없었어요. 그러고 나서부터 더 가까워졌어요. 여전히 엄마랑 같이 살고 싶지는 않아요. 우리는 성격이 완전히 반대거든요. 저는 엄마를 사랑해요, 엄마도 저를 사랑하고요. 우리가 같이 살 수는 없겠지만 그래도 우리는 가까운 사이죠.

자넷과의 대화에서 보면, 이야기의 내용은 많은 고통스럽고 힘든 기억을 포함하고 있지만 그녀는 이것들을 일관된 형식으로 제시하는 능력을 보여 준다. 그녀의 의미기억은 일화적 세부사항들과 일치한다. 그녀는 어머니와의 힘들었던 관계를 묘사하고 왜 어떻게 어려웠는지에 대한 확실한 세부사항들을 제공한다. 무시형 내러티브처럼 그녀의 어머니에 대해 슬쩍 이상화하거나 면죄부를 주지 않는다. 그녀는 이야기를 하는 동안 지나치게 감정에 사로잡히지도 않는다. 집착형 내러티브에서처럼 내러티브가 분열되거나 더듬거리거나 시간이나 장소에 대한 명확성의 부족함은 보이지 않는다. 또한 그녀는 경험들을 통합하여 어떻게 이런 경험들이 그녀의 삶을 형성해 왔는지, 그녀가 이것들을 어떻게 극복했는지, 어머니와의 관계를 어떻게 해결해 가는지에 대한 하나의 일관성 있는 이야기로 진술할 수 있음을 보여 주고 있다. 그녀가 어머니에 대한 긍정적이고 부정적인 감정 둘 다를 표현하는 것은 일관되고 설득력이 있다. 그들의 관계는 완벽하지는 않지만 예전에 비해서 나아졌다. 그녀는 또한 어머니에게 공감할 수 있고 어머니의 삶이 어떠했을지에 대해 더욱 이해할 수 있게 되었다. 이러한 특징들의 대부분은 마크, 캐롤 그리고 릴리언의 이야기에서는 분명히 결핍되어 있다.

치료를 위한 조언

SAT와 AAI를 통한 애착에 대한 내러티브 사정은 애착 내러티브의 내용뿐 아니라 내러티브가 구성되는 방식에 대한 탐구도 가능

하게 한다. 특히 Main(1991)과 Fonagy 등(1994a)의 연구는 내적 작동 모델의 중심 특성으로서 초인지의 중요성을 강조하는데, 이것이 두 가지의 접근법에 통합되어 있다. Fonagy 등(1991a)은 AAI에 대해 추가적인 측정 도구로 '반영적 기능(reflective functioning)'의 분석을 제안하였다. 많은 연구는 비록 매우 어려운 어린 시절을 경험한 사람들일지라도 자신의 경험에 대해 일관성 있는 이야기를 형성할 수 있다면 과거 경험을 성공적으로 극복할 수도 있다는 점을 시사하고 있다. 대화 초반에 자넷은 매우 고통스럽고 부끄러운 아동기의 어떤 경험들을 초월할 수 있었던 과정을 묘사하였다. 일관성의 중요성은 다양한 맥락에서 설명되어 왔다. 예를 들어, Baerger와 McAdams(1999)는 이야기를 일관성 있게 만들 수 있는 능력은 정신 건강과 관련이 있다고 주장하는데, 이것은 매우 힘든 경험을 해 온 사람들에게도 마찬가지다. 다음 장에서 살펴볼 바와 같이, 내러티브 치료에서의 핵심적인 개념은 자기파괴적이고, 억압적이고, 문제 중심적인 이야기들로부터 벗어나서 일관성 있고 통합된 이야기들을 향해 가는 것이 치료적 변화에서의 중심이라는 점을 강조한다.

애착이론은 매우 다양한 방식으로 이에 대해 상당한 기여를 하고 있다. 우리는 사람들이 어떻게 일관성 있는 이야기로 이동하는지에 대해서는 거의 알지 못한다. 앞서 살펴본 자넷의 사례에서처럼, 애착이론은 한 명 또는 그 이상의 지지적인 애착 대상의 존재가 아동이 능력, 특별히 반영적 능력을 개발하는 것을 도울 수 있기 때문에 아동들은 힘든 경험들을 통합할 수 있게 된다고 주장한다. 치료의 과정이 이 능력들을 형성한다는 점 또한 강조하고 있다. 임상군의 부모들은 상당히 불일치하고 위협적이고 학대 가능성이 있기 때문에 결과적으로 아동의 반영적 능력은 억제되는 것으로 보인다. 앞서 논의한 바와 같이 아동이 반영적이 되도록 격려받지 못한다면, 아동은 자기 부모의 의도에 대해 생각해 보는 것은 위험하다고 예상하게 된다. 게다가 아동의 기억 체계는 정보를 왜곡하기 위해 다양한 방식으로 작동할 수 있으며, 이로 인해 반영적 기능은 어떤 가치도 가지기 어렵게 된다. Main(1991)이 명확히 밝힌 바와 같이 여기에는 발달적 요인이 작용할 수 있다. 예를 들어, 어린 아동들은 '다중적인 모델들'이나 통합되지 않은 표상들을 발달시키는 것에 있어 더욱 취약하다.

안전기지

한 가지 치료적으로 고려해야 할 사항은, 우선 개인에 대한 수용의 메시지를 명확하고 일관되게 제공하는 것이다. Byng-Hall(1995)은 치료를 안전기지(secure base)라는 개념으로 봄으로써 이것을 지지하고 있다. 이 연구와 더불어 Crittenden(1997)은 우리의 접근이 도움이 되는 방향으로 나아가기 위해서는 내담자의 경험이 변화하는 유형을 이해하는 것이 유용하다고 주장하였다.

> 각각의 심리치료 학파들은 특정한 기억 체계의 변화에 효과를 미치기에 적합한 것 같다. 행동치료들과 가족 체계론적 치료들은 행동의 우연성(contingencies)을 변화키는 것과 절차적 모델들을 의식화하도록 하는 데에 초점을 두기 때문에 사정과 수정이 가능하다. 인지치료들은 잘못된 의미의 일반화를 찾아내서 이를 바꾸는 것에 중점을 둔다. 정신역동치료들

> 은 잊어버린 일화들에 주의를 기울이고, 내담자들이 오래되고 미해결된 감정들을 훈습하도록 돕는다. 시각화와 이미지를 사용하는 치료들은 내담자들이 부적절하게 매달려 있는 이미지들로부터 스스로 자유로워지게 하고, 불안을 줄이기 위해 편안하게 하는 이미지들을 사용하도록 촉진하면서 시각화된 기억들을 중요하게 다룬다. 끝으로, 다양한 명상치료는 정신적 통합을 이루기 위해 생활 과제들에 적극적으로 관여하는 것과 거리를 둘 필요성이 있음을 강조한다.
>
> Crittenden (1997: 55)

우리는 이러한 점들에 대해 다음 장에서 좀 더 다루고자 하는데, 특히 체계적 치료와 이야기치료의 함의와 관련하여 논의할 것이다.

CHAPTER 04

체계적 이야기치료: 애착의 관점

이 장에서는 체계적인 이야기치료가 어떻게 애착 분석에 의해 발전되고 보완될 수 있는지를 함께 다루고자 한다. 체계적인 이야기치료의 핵심 아이디어 그리고 실제 사례의 적용 개요를 설명한다. 이러한 개념은 이야기치료에 대한 체계적인 관점과 특히 상호 구성적인 과정에 통합되어 있다. 이야기의 본질과 애착의 과정이 어떻게 이야기의 내용과 조직에 포함될 수 있는지에 대해 고찰한다. 이 논의는 애착이론의 중심적 개념인 이야기의 일관성과 반영성이라는 개념 두 가지에 초점을 둔다. 특히 이 장에서는 가족에서의 체계적 과정과 이야기의 구성 과정에서 정서와 방어가 하는 역할을 살펴볼 텐데, 이것은 치료 맥락에서 정서 과정이 어떤 역할을 하는지를 보여 준다.

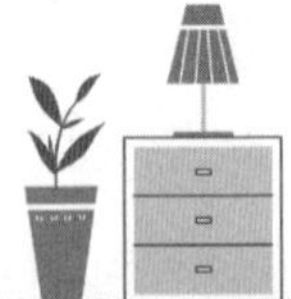

이야기: 정의

앞 장에서 우리는 도식, 신념, 각본, 이야기 같은 상호 연결된 개념의 범위를 살펴보았다. 애착이론은 애착을 내적 정신 과정의 일부로 개념화하는 것을 강조하는 중요한 변화를 보여 왔다. 내적 작동 모델은 각본과 내러티브라는 아이디어를 포함하는 다양한 과정을 구성하는 것으로 보인다. 애착을 탐색할 수 있는 분리 불안 검사(이야기 줄기)와 AAI의 두 가지 검사가 애착에 대한 서술적 표현을 끌어내기 위해 개발되었다. 특히 AAI는 자신의 어린 시절 애착 경험에 대해 이야기할 수 있도록 한다. 비록 이것은 다수의 구체적인 질문에 의해 촉발되는 것이지만, 사람들의 반응을 보면 결국 자신의 삶에 대한 이야기를 한다는 것을 알 수 있다. 이야기와 내러티브라는 두 용어는 밀접하게 연결되어 있다. 전형적으로 내러티브는 우리가 경험을 조직하고 이해하는 중요한 방식 중 하나라고 할 수 있다. 내러티브는 시간의 흐름에 따라 우리의 경험을 조직하거나 연결한다는 중요한 개념을 담고 있다. 내러티브는 출발점, '플롯'이라고 할 수 있는 시간 경과에 따른 관련 사건들, 일련의 등장인물들, 배경이나 문맥 그리고 결론이나 이야기의 요점을 가지고 있다.

> 이야기들은…… 틀을 만드는데, 그 틀 속에서 우리는 우리 자신과 타인을 인식하게 되고, 그 틀 속에서 우선순위를 정하

고, 의무나 특권을 주장하거나 부인하고, 적절하고 부적절한 행동에 대한 규범을 설정하고, 그 틀 속에서 의미를 부여하고 사건을 시간 순으로 배열하고…… 각각의 주어진 이야기는 결국 상호 영향을 미치는 내러티브의 복잡한 네트워크에 포함된다. 개인, 가족 그리고 더 큰 집단은 이 같은 다중적 이야기의 체계 속에서 지배적인 이야기에 부합하는 결정을 하면서 자신의 삶을 조직해 간다.

Sluzki (1992: 219)

이야기는 우리의 삶 또는 우리 삶에서 주목할 만한 사건을 담은 자서전적 내러티브에서처럼 웅장할 수 있다. Bruner(1990)는 아마도 이야기가 인간의 경험이나 '정신'의 기본적인 구성 요소일 것이라고 주장하였다. 우리가 다른 사람과 이야기하거나 내적인 대화를 할 때 이것들은 내러티브나 이야기 형태로 나타나는 경향이 있다. 그는 이야기의 중요성은 일어난 일뿐 아니라 상상의 사건들까지도 표상하는 데에 있다고 말한다. 이야기는 무엇인가를 떠올리게 한다. 이야기는 감정을 전달한다. 이야기는 일어난 사건뿐 아니라 말하는 사람이 그 사건들에 부여한 의미나 느끼는 기분들도 포착해 낸다(Bruner, 1990). 가족이 그들의 문제에 대해 이야기할 때, 어떤 사건들에 대한 설명을 통해 그들이 느끼는 무력감이나 좌절감 또는 수치심을 전달할 수도 있다. 이야기를 들을 때, 전개되는 이야기에 함께 참여하고 사건들과 직접 연결되는 것이 도움이 된다. 다음 예를 살펴보자.

만약 아버지가 우리를 체벌하려고 하면요, 그것을 토론이라

고 했는데요, 우리는 토론을 하러 아버지 사무실로 가야 했죠. 그리고…… 제가 기억하기로는, 저는 딱 한 번 맞았던 것 같아요. 주걱으로 맞았어요. 저는 아버지 무릎 위에 엎드려 있었죠. 자기가 왜 처벌을 하려는지 아버지가 자기 행동을 정당화하려고 애쓰는구나 알았죠. 그게 뭐랄까요, 너무나 고통스러운 상황이라서 저는 맞기도 전에 이미 눈물이 났어요. 아버지는 가끔 아주 이상하게 굴거나 웃기기도 했지만 저는 아버지가 아주 진지하고 매사에 걱정이 많았던 걸 기억해요.

제임스 사례, Crittenden (1997: 64)

앞서 묘사된 것처럼 이야기의 힘은 단지 서술하는 것이 아니라 강렬한 감정과 개인적 연결들을 불러일으킨다. 우리는 그 상황과 어린아이였던 제임스가 느꼈을 법한 기분을 상상할 수 있고, 우리가 이와 유사하게 겁을 먹거나 혼란스럽게 느꼈던 상황들과 연결시킬 수 있다. Crittenden(1997)이 주장한 것처럼 이야기는 감각기억, 이미지, 은유, 비유와 패턴이나 언어의 '시적 감각'을 통해 표현되거나 함축적인 언어로 영향을 받거나 묘사될 수 있다.

이야기란 의사소통 또는 의사소통 행위다. AAI와 이야기 줄기는 이미 우리가 언급했듯이 자신의 어린 시절 애착 경험 이야기를 말하면서 의사소통하고 있는 사람을 포함한다. AAI에 대한 논의에서 살펴본 바와 같이 내러티브는 하나의 행위로서, 자신의 삶의 이야기를 말하는 동안 정서 과정과 여러 기억 체계를 활성화시킨다. 이것은 단순히 이야기를 말하는 과정이 아니라 우리의 이야기를 연기하고, 행동화하고, 살아가는 것이라고 할 수 있다. 우리의 이야기를 정교화하는 과정에서 사건의 전말과 우리 안에서 일어난 감

정을 기억하거나 그때의 감정을 다시 재연할 수 있게 된다. 더구나 누군가와 이야기를 주고받는 과정은 상호적인 의사소통 과정이기 때문에 듣는 사람이 잘 이해하고 그 이야기와 연결될 수 있도록 우리는 말하기를 지휘하고, 형성하고, 감독하고, 조절한다. 내러티브 접근은 개별적인 말하기가 대인관계적 공동 구성물이 될 수 있으므로 우리가 이야기를 할 때 그 이야기가 수정되거나 우리가 새로운 통찰을 갖게 될 수 있음을 강조한다. 이것은 시작 버튼을 누를 때마다 똑같은 이야기를 재생하는 오디오테이프를 트는 것이 아니다. 이야기치료는 이런 구성적인 과정을 격려하지만 통제하려는 시도는 하지 않는다. 대신 말하기 그 자체가 구성적이고 생산적이며 변화 가능하다고 본다. 이야기치료는 이런 자연스러운 과정을 이용하고 촉진하는 시도를 한다.

이야기의 내용과 구성: 일관성

AAI에 대한 논의에서 우리는 사람들이 자신의 어린 시절 애착 경험에 대해 이야기를 구성하는 방식이 전반적으로 특정한 유형들로 분류된다는 것을 살펴보았다. 이러한 유형들은 경험의 다양한 변형 형태를 포함하는데, 특히 감정적 또는 인지적 경험이 무시되거나 강조된다. AAI에서 이야기 서술의 중요한 측면은 이러한 변형 과정이 이야기에 어느 만큼의 일관성 또는 비일관성을 제공하는가에 있다. 일관성이라는 개념은 삶에 대해 일관성 있는 이야기를 발전시킬 수 있는 능력이 긍정적인 변화의 중심에 위치한다는 점을 강조하는 이야기치료와 중요한 관련이 있다. 심각한 어려움

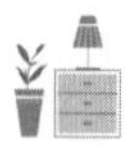

이나 부정적인 문제, 심지어 학대를 경험한 사람들도 만일 자신의 경험에 대해 일관성 있는 이야기를 발전시킬 수만 있다면 그 경험을 초월할 수 있다는 주장이 있다.

일관성이라는 개념을 더 깊게 살펴보기 전에 이야기의 다양한 요소를 살펴보려 한다. 이야기의 윤곽만 제공하는 다양한 시도는 있었지만, 사실 이야기의 내용과 조직의 차이를 설명하는 것이 더 중요할 수 있다. 이것은 이야기의 명확한 내용이 어떻게 조직화되었는지에 대한 관점으로, 앞 장에서 언급했던 애착 이야기치료 접근에 대한 논의와 연결된다. 요약하면, 내러티브는 다음과 같은 특징들을 포함한다.

- **시간의 흐름에 따른 조직:** 사건들과 그것의 의미에 대해 연결된 형식으로 서술한다. 이야기와 마찬가지로 내러티브도 일반적으로 시작, 중간과 끝이 있다. 이것은 자신과 다른 사람의 경험을 이해하는 데에 기여하므로 일반적으로 행동을 설명하고 정당화하는 데 사용된다.
- **선택:** 내러티브는 사건들을 묘사할 뿐 아니라 어떤 사건들을 선택하고, 지각과 기억을 형성한다.
- **차이:** 내러티브는, 예를 들면 문제 중심의 이야기와 문제가 없는 이야기 같은 차이와 대조를 중심으로 이루어진다.
- **자기:** 내러티브의 중요한 특징은 다른 사람들과의 관계 속에서 자기라는 개념—어떻게 보이고 싶은가 또는 어떻게 보이는가—을 발달시키며 구성해 간다는 점이다.
- **분리:** 자기에 대한 선호하는 이야기와 실제 이야기 간의 차이가 크면 클수록 우리가 경험하는 괴로움도 커진다.

개인의 이야기 체계에 속한 내러티브들은 구별될 수 있다. 예를 들어, 우리는 필수 신념을 포함하고 있는 내러티브들을 핵심으로 여긴다. 또한 가족생활과 관계에 대한 가치와 윤리가 담긴 내러티브들을 중요하게 본다. 이 내용들은 자기의 중심 측면과 연결되어 있다. 이야기들 역시 변화하고 진화하거나 확대될 수 있다. 내러티브들은 양분될 수 있는데, 예를 들어 '좋은' 사람, '나쁜' 사람에 대한 이야기가 더욱 극단적인 것으로 발전할 수도 있다. 이야기들은 공유되는 것 또는 가족 패러다임이라고 볼 수 있다. 이것은 '감정을 드러내는 것은 위험하다'와 같은, 가족이 공통적으로 가지고 있는 신념을 표상한다(Reiss, 1980; Procter, 1981; Dallos, 1991). 이야기는 공유된다고 보는 관점과 관련시켜 보면, 대화 과정에서 이야기들이 입장을 만든다고도 볼 수 있다. 가족 구성원들은 그들에게 문제가 있다는 지배적인 이야기에 동의할 수도 있다. 그러나 누가 혹은 무엇이 '문제'의 원인인지 그리고 앞으로 일어날 일에 대해서는 다른 가능성들을 보거나 다른 역할을 취할 수도 있다.

일관성

Baerger와 McAdams(1999)는 어떤 문화에서든지 명확하고 일관성 있는 좋은 이야기를 구성하는 것에 대한 개념과 규칙이 있다고 하였다. 연구자들은 문화적 다양성과 더불어 구조에 대한 두 가지 아이디어에 주목했다. 그 첫 번째는, 이야기가 어떻게 시간적 · 인과적 순서로 연결되어 있는 일련의 에피소드를 제공하는가다. 이야기는 어떤 배경 또는 방향성을 가지고 시작한다. 여기에는 특정한 유형의 목표나 목적을 가진 움직임이 발생하도록 하는 촉발

사건이 포함되고, 이야기의 요점이나 해결을 가지고 전개되는 사건들을 묘사하는 것이 포함된다. 그러나 이것은 오히려 이야기와 일관성에 대한 인지적이고 구조적인 관점을 제공한다. Labov와 Waletzky(1967), Bruner(1990)는 이야기들은 정서적으로 중요한 정보를 전달하기 위해 존재하므로 이야기의 감정적인 색조와 발달이 핵심적인 특성이라고 강조하였다. 단순히 사실들을 전달하는 이야기는 노골적이고 지루하다. Labov와 Waletzky(1967)는 우리가 항상 정서적 최고점을 중심으로 이야기를 조직화한다고 주장한다. 이야기는 극적으로 순서가 정해진 일련의 사건을 중심으로 조직화되는데 이것들이 정서적 절정을 만들어 낸다. 정서적 절정 다음에는 정서적 색조를 안정시키는 어떤 해결이 뒤따른다. 본질적으로, 이야기는 "말하는 사람에 관한 또는 설명하고 있는 사건들이 말하는 사람에게 어떤 의미가 있는지에 관한 정서적으로 중요한 정보를 전달한다"는 점에서 일관성이 있다(Baerger & McAdams, 1999: 72). Baerger와 McAdams(1999: 81)는 이야기의 일관성을 위한 구조를 다음과 같이 제시한다.

- **방향성**: 내러티브는 주인공들을 소개하고, 특정한 시간적 · 사회적 · 개인적 상황에 이야기를 위치시킨다. 내러티브는 이야기 속 행위의 매개 변수가 되는 일상적인 상황을 묘사한다.
- **구조**: 이야기는 시작하는 사건, 사건에 대한 내적인 반응(예: 생각, 감정, 계획), 내적 반응에 대해 무엇인가 하려는 행동이나 시도(예: 위기를 해결한다, 계획을 실행한다, 감정을 처리한다) 그리고 결과를 포함하는 구조를 가지고 있다.
- **정서/감정**: 이야기는 화자의 어떤 측면을 보여 주고 사건이 그

에게 무엇을 의미하는지 알려 준다. 이야기는 또한 그 사건에 대한 평가나 판단을 제공한다. 화자는 평가적 요소를 만들기 위해 감정을 사용하는데, 이야기에 정서적 색조를 부여하기 위해 자신과 타인의 감정에 대한 분명한 표현을 사용한다. 또한 화자는 긴장, 드라마, 유머, 페이소스를 사용하여 평가적 요소를 전달하거나 강조한다. 이것이 바로 이야기의 의미다.

- **통합**: 이야기는 통합된 방식으로 정보를 전달한다. 특히 개인의 삶에 대한 이야기 맥락 안에서 경험의 의미를 전달할 때 더욱 그러하다. 불일치하고 모순되는 점들이 언급되고 해결되어서 하나의 통합된 이야기가 생겨난다. 이야기는 갈등과 긴장, 자각이나 통찰을 나타내기 위해 복잡성, 모호성과 차이를 사용한다. 이야기는 이러한 요소들이 서로 조화를 이루도록 조절한다.

일관성의 도식이 감정 상태와 사건 간의 통합을 중심으로 구성된다는 점은 중요하다. 이것은 AAI에서 일화기억과 의미기억 체계로부터 나온 정보들 간의 통합을 강조하는 것과 비슷하다. 이야기치료에 대한 많은 저술에서 정서에 대한 강조가 빠져 있다는 점을 유념할 필요가 있다. 모든 치료자가 상담 과정에서 감정을 중심적으로 다루는 반면, 이야기치료사들은 자신의 상담 과정을 구조와 의미 면에서 더욱 비중 있게 설명한다. 이 점은 이 장의 후반부에서 다룰 Coulehan 등(1998)의 연구에서 강조되는데, 그들의 연구는 이야기치료에서 정서적 과정이 중심이 됨을 보여 준다.

Baerger와 McAdams(1999)는 일관성과 심리적 안녕 간의 관계를 알아보기 위해 이야기에서의 일관성 구조를 사용하였다. 그들은

오십 명의 연구 참여자에게 다양한 종류의 표준화된 심리적 안녕감 척도들을 작성하도록 하였다. 또한 연구 참여자들에게 인생 이야기 인터뷰에 참여해 줄 것을 요청하였는데, 몇몇 구체적인 점에 중점을 두면서 자신의 삶을 전반적으로 묘사해 달라고 하였다. 여기에는 절정 경험, 최악의 순간에 대한 경험, 전환점 경험과 더불어 아동기, 청소년기, 성인기의 일화들이 포함되며 그들이 선택한 한 가지 중요한 기억에 대해 말하도록 하였다. Baerger와 McAdams의 연구 결과는 그들의 도식을 사용하여 일관성을 평가하는 것이 가능하고 그 평가는 심리적 안녕과 밀접한 관련이 있다는 것을 보여준다. 흥미롭게도, 일관성은 긍정적 또는 부정적인 경험과 단순하게 연결되지 않았다. 예를 들어, 우울증이나 다른 정서적 문제의 징후를 보인 연구 참여자들은 긍정적이거나 부정적인 경험을 묘사할 때 공통적으로 덜 일관적인 경향을 보였다.

> 더 우울한 연구 참여자들과 관련된 에피소드…… 자신의 경험에서 아무 의미도 도출하지 못한 것으로 나타났다. 그 결과, 그들이 말한 이야기는 그들의 삶의 큰 맥락에서 분리되거나 멀리 떨어져 있는 것처럼 보였다. 이와 반대로, 보다 일관성 있는 연구 참여자들 삶의 에피소드는 그들의 전반적인 삶의 주제를 반영할 뿐 아니라 소통 또한 가능했다……. 그 사건들이 그들 인생에서 가진 의미에 대한 심오한 감각…….
>
> Baerger & McAdams (1999: 93)

그들은 이 연구가 정신적 안녕감이 잘 통합되고 일관성 있는 인생 이야기와 관련이 있다고 보는 이야기치료사들의 관점을 뒷받침

하는 첫 번째 연구 중 하나라고 결론지었다. 우리가 앞 장에서 살펴본 바와 같이, 사람들이 자신의 삶에 대해 통합된 이야기를 만들 수 있는 정도는 어린 시절에 경험한 애착 체계의 속성과 성인의 대인관계 애착 체계와 관련이 있다.

이야기와 사회구성주의

우리는 애착(attachment)에 대한 의사소통적이고 대인관계적인 관점, 그리고 내러티브의 발달에 부합하는 내러티브의 정서적 내용에 대한 질문으로 돌아가 살펴보려고 한다. 이야기치료는 사회구성주의의 영향을 크게 받았다(Gergen & Davis, 1985). 사회구성주의는 물리적인 세계와 달리 우리가 사는 사회적 세계는 이미 주어진 것이 아니라 적극적으로 새롭게 창조된다고 주장한다. 사회구성주의는 언어를 가장 우선시하며, 언어가 담고 있는 '빌딩 블록'을 가지고 우리의 경험들을 구성해 간다고 말한다(Faucault, 1975; Gergen & Davis, 1985). 체계이론(systematic theory)이나 애착이론과 마찬가지로 사회구성주의 역시 상호교류와 의사소통을 중요하게 여긴다. 의미가 상호적으로 형성되는 것은 바로 대화 과정 속에서 일어난다. 의미(meanings)는 개인 내면에 본질적으로 자리한 것이라기보다 공동 구성된 것이므로 각각의 대화마다 새로운 의미, 해석과 뉘앙스를 발달시킨다. 우리가 혼자 있는 순간에도 우리의 생각은 타인들과의 내면화된 대화의 형태를 가진다고 한다. 예를 들어, 우리는 사람들과 나누고 싶은 대화를 미리 연습하기도 하고, 자신이 전하고자 하는 바를 좀 더 잘 전달하고자 이미 했던 대화를 편집하기도 한다. 달리 말하면 내가 '이렇게 말했다면' 하고 바라는 바를 생각한다는 것이다. 사회구성주의의 중심 아이디어는 의미가 담론(discourses)의 형태로 유지된다는 것이다. 의미란 신념 혹은 이야기들의 집합체다.

대체로 사회구성주의자의 접근은 다음 두 갈래로 볼 수 있다.

- 하향식(top-down): 내재화된 지배적 담론(dominant discourses)에 의해 경험이 형성된다(Hollway, 1989; Gergen, 1999). 가족생활에서 '정상적'이고 수용할 수 있는 것은 무엇인지, 자녀들은 어떻게 훈육되어야 하는지, 무엇을 정신건강으로 간주할 것인지 등에 관한 아이디어들이 여기에 포함된다. 이는 또한 어느 사회나 어느 특정한 시기에 힘과 영향력을 갖는 다양한 지배적 사상이나 이념이 존재함을 보여 준다. 또 다른 예를 들자면, 주요한 국제적 제약회사들은 다양한 형태의 심리적 고통에 대한 의료 모델을 지원하는 데에 재정과 영향력을 사용한다. 왜냐하면 그들의 관심이 값비싼 정신과 치료약 판매를 늘리는 데 있기 때문이다.
- 상향식(bottom-up): 사회구성주의는 우리가 공유하는 문화의 지배적인 영향을 받고 있음을 인식하면서 동시에 지엽적으로는 우리가 일상 속에 나누는 대화 중에 의미들이 만들어진다고 주장한다. 지배적인 담론들은 구체적인 상호작용과 참여자 개인적 인생사 간의 조합이 갖는 독특함 속에서 의미가 부여된다.

의미는 공동 구성된 것이지만, 중요한 점은 의미들이 지엽적이고

포괄적인 수준 모두에서 논쟁과 협상을 통해 만들어진다는 것이다. 사람들은 일상의 대화 속에서 자신들이 하는 특정 행동뿐 아니라 정치나 도덕적 담론들의 의미에 대해서도 논쟁을 벌인다. 예를 들면, 사람들은 어떤 가족 문제의 본질뿐 아니라 일반적으로는 그들이 속한 문화에서 보는 정신 질환의 본질에 대해서도 논쟁을 한다.

사회구성주의의 중요한 특징은 정체성(identity)을 안정적이고 고정된 '성격 특성'에 의해 만들어진 것이 아니라 유동적이고 가변적인 것으로 본다는 데에 있다. 신념, 도식, 태도는 개인이 타고난 것이라기보다는 특별한 상황이나 관계들과 관련된 것이라고 본다(Potter & Weatherell, 1987; Gergen, 1999). 이것은 내적 작동 모델이 각기 다른 인간관계에 대한 관계에서 만들어진다고 보는 애착 관점과 일치한다. 그리고 이것은 '역기능적인' 신념 패턴을 바꾸려고 시도하는 인지행동치료와 같은 접근법에 도전장을 내민다. 사회구성주의는 협력적 행동을 만드는 데 있어서 맥락(context)과 대인관계적 과정을 강조한다. 이것은 아기들이 태어나면서부터 엄마가 하는 행동과 연결되고 그대로 따라 한다고 주장하는 발달심리학(Trevarthen, 1980; Trevarthen & Aitken, 2001)과 애착이론에서의 증거와 관련이 있다. 초기의 단순한 반사 행동들은 즐거움과 편안함을 포함하는 행동의 교환으로, 놀리기나 가장놀이 같은 언어 전 단계의 놀이로 급속하게 확장되어 간다. 의미란 상호 함께 구성해 가는 것이다. 발달은 '상호주관성(intersubjectivity)'을 포함한다. 이것은 참여자들이 서로의 경험에 대한 이해를 개발해 가는 능력을 바탕으로 협력적 행동과 의미의 협력적 구성이 나타난다는 것을 의미한다. 이것은 이전 장에서 논의한 '마음이론(theory of mind)'과 '반영적 기능(reflective functioning)'과 연관이 있다. 앞 장에서 우리

는 아동이 다른 사람들은 그들의 관점, 신념, 해석에 따라 의도적으로 행동을 한다고 볼 수 있는 능력이 있고, 다른 사람들의 입장은 아동 자신의 관점과는 다를 수 있음을 인식할 수 있다는 점을 살펴보았다.

사회구성주의는 상호작용을 전략적이라고 본다. 언어의 사용은 원하는 결과를 얻기 위해 사용된다는 점에서 실용적이라 할 수 있다. 특히 수용될 만한 방식으로 자기를 나타낼 때 그렇다. '수사적인 전략(rhetorical strategies)'에 초점을 두는데, 이것은 특정한 목표의 달성을 위해 언어를 사용하는 방식으로, 예를 들면 설득하거나 비난하거나 정당화하거나 동정이나 존경을 불러일으키거나 또는 부추기는 것이다. 다양한 언어 전략은 유머의 사용, 극단적인 논쟁, 누군가의 훌륭한 의도 강조, 은유의 사용, 고정관념에 대한 언급, 공유된 이미지, 은유, 이야기 등의 사용과 같은 목적 달성을 위해 사용된다. 상호작용에는 필연적으로 타협과 권력이 관련되는데, 특히 누구의 의미가 더 우세한지를 다툴 때 그러하다(Haley, 1987). 의미에 대한 경쟁은 감정을 불러일으키거나 악화시킬 수 있는데, 예를 들어 좌절감은 '다른 사람들도 내 방식으로 보게 만들기 위해' 행동화나 공격성으로 나타날 수 있다.

이야기치료

이야기치료는 사람들이 자신과 그들의 삶에 존재하는 중요한 사람들에 대해 가지고 있는 이야기를 변화시키는 데 주된 목적이 있다.

치료자의 목적은 용이하게 하거나 촉진시키는 것이다……. 특정한 이야기 속에서의 변화…… 왜냐하면 이야기란 공유된 합의의 영역에 놓여 있으므로 치료자는…… 합의의 변화를 촉진하는 대화 환경의 조성을 시도할 것이다. 그리고 치료자들은 자신의 의도에 대해 개방된 입장을 유지하고, 가족의 고통과 갈등에 대해 공감적으로 자기를 개방할 것이다. 치료자들은 또한 그 가족이 가진 생각에 대해 계속해서 관심과 호기심을 유지할 것이다. 치료자들은 긍정적 의미부여를 통해 낙관적인 입장을 유지하면서 집단적인 이야기의 변화를 향한 치료적 대화를 형성하는 데에 적극적으로 기여할 것이다.

Sluzki (1992: 219)

White와 Epston은(1990)은 병리적인 이야기들이 어떻게 사람들의 잠재적인 행동을 지배하고 제한하는지를 설명한다. 이러한 억압은 보다 광범위한 담론이나 문화적으로 공유되는 신념들에 의해 더욱 강화되는데, 특히 서구 사회에서는 괴로운 상태나 경험을 타고난 성격상의 결함이나 유기체의 결핍 또는 생물학적으로 유전된 경향성의 결과라고 본다. 가족이나 타인들은 그들 스스로와 서로를 병리화하고 전체화하는 용어로 묘사할 수 있다. 예를 들어, 사람들이 거식증(anorexics) 또는 폭식증(bulimics)이라고 불릴 때, 이 같은 정의는 그들이 누구인가에 대한 전체성(totality)을 구성하는 것으로 보인다. 이러한 용어들은 내면화되어서, 예를 들어 음식과 같이 문제와 관련된 것 이외에 삶의 영역들을 소외시키면서 한 사람의 정체성 전체를 형성해 가고 결국은 잠식하는 것이다. 가족에서 이러한 일이 일어나는 과정들은 '문제가 녹아 있는(problem-saturated) 대화'로 기술된다(Anderson et al., 1986). 만약 가족이 겪는 어려움에 대해서 그들의 부족함 또는 그들이 어떻게 실패하고 있는지에 초점을 둔 대화를 한다면, 결국 그들이 가진 문제에 대해서만 관심이 집중되어 대화가 점점 '병리적으로'만 흘러갈지 모른다. 이런 대화는 가족이 가지고 있는 역량이나 문제에 대한 예외를 인식할 수 있는 다른 대화들을 배제하도록 유도할 수 있다(Eron & Lund, 1993; O'Hanlon, 1994; Dallos & Hamilton-Brown, 2000).

이야기치료에 기반을 둔 많은 치료자가 개인 내담자들을 상담한다. 이들은 개인 상담을 중심으로 하는 다른 치료들과 기본적인 전제들을 공유하는데, 예를 들어 내담자와 그의 정서적인 경험 그리고 치료자와의 연결에 중점을 둔다. 이야기치료사들은 반영적인 입장을 가진 정신역동치료사들에 비해 이 전제를 더 적극적으로 취한다. 따라서 내담자의 인생 경험은 단지 그 내담자의 이야기일 뿐 아니라 내담자와 치료자가 함께 작업하고 있는 삶의 경험이라고 믿는다. 이야기 접근은 우리의 신념과 이해가 근본적으로 이야기 또는 내러티브로 구성되며, 그 이야기들이 시간이 지남에 따라 사건들, 경험들, 행동들, 감정들을 연결한다는 점을 강조한다.

작가인 Salman Rushdie는 '이야기의 바다(sea of stories)'라는 은유를 사용하는데, 이 말은 어느 문화든지 공유된 이야기들의 레퍼토리를 가지고 있다는 개념을 잘 나타내 준다. 서구 문화권의 사람들은 누구나 잠자는 숲속의 공주와 돌아온 탕자 이야기를 알고 있다. 사람들은 이런 이야기들과 연결되어 있다. 다른 사람들과 대화를 나누는 중에 우리의 인생이 타인에 의한 역경과 속임수, 착취 등과 맞서 싸우는 것 같다는 생각 또는 버림받는 것과 어려운 관계를 풀어 가는 것에 대한 아이디어를 포착하거나 공유하기 위해서 이

러한 이야기들을 사용한다. 또한 가족 내에서 발전되는 개인적인 이야기들도 있다. 이야기치료는 이런 이야기들이 어떻게 문화 속에 자리 잡고, 시간이 흘러가면서 어떻게 전달되어 가는가를 강조한다. 가족은 우리의 경험과 각각의 관계에 대한 하나의 지도(map)를 제시한다. 개인적으로, 또 문화적으로 공유된다는 이야기의 특징은 이야기치료사로 하여금 개인적이고 독특한 경험들과 함께 문화적으로 형성된 경험들을 어떻게 잘 엮어 갈 것인가에 대해 생각하도록 만든다.

이야기치료사에게 있어 언어는 중심이며, 언어에서 어구, 은유, 속담들이 사고의 연속성을 구성한다. 사실상 문화의 진화가 일어나는 것은 언어를 통해서다. 따라서 이야기치료는 사람들이 그들 자신과 서로에 대해 갖고 있는 이야기들에 중점적으로 관심을 둔다. 그다음에는 특정한 이야기가 어떻게 그들을 고통 속에 몰아넣는지에 대해 가족과 함께 밝히거나 발견하려고 한다. 여기서 특히 중요한 점은 결함과 본질적인 성격 특성에 대한 이야기들이다. 또한 이러한 이야기들은 질병과 비정상에 대한 이야기들을 포함하는 의료 모델과 연결된다. 이야기치료를 구성하는 핵심 아이디어는 부정적인 이야기들을 드러내고 부정적인 이야기들이 어떻게 문제를 유지시키는지에 대해 탐색하는 것이다.

치료 과정: 다시 이야기하기(restorying)와 다양한 서술

이야기 접근은 우리의 이야기를 변화시키면 우리 자신과 다른 사람들에 대한 경험이 극적으로 변할 수 있다고 전제한다. 또한 이

야기는 근본적인 진리를 지키는 것이 아니라 내러티브를 다소 도움이 되고 자유롭게 하고 허용하는 것이라고 여기는 것이 도움이 된다는 관점을 가진다. White와 Epston(1990)은 치료실천에 대한 이야기 접근법의 몇 가지 핵심요소를 요약하였다. 이 요소들을 조합하여 사용할 때 이야기치료 접근만의 독특한 이야기적 특징이 더해진다.

1. 살아온 경험과 관련된 다양한 측면을 탐색하고 이에 대해 다양한 관점을 개발하기
2. 시간이 흐르면서 나타난 사건들과 인간관계들의 관련성을 살펴보기
3. 탐색적 대화로 암시적인 의미들을 발견하기
4. 이야기에서 '주인의식/작가의식'에 영향을 미치는 것을 규명하고 이야기를 재저작(re-author)할 수 있는 힘을 가진 이야기 참여자로서의 개인을 강조하기
5. 개인의 이야기 속에서 지배적이고 종속적인 담론들을 구분하고 특권과 권력이 우세한 방식을 확인하기
6. 경험을 묘사하고 새로운 이야기를 구성하기 위해서 다른 '언어들'을 사용하기
7. 개인의 삶과 인간관계에 미치는 문제의 영향을 지도화하기 (mapping)
8. 이야기의 주체가 주저자가 될 수 있는 조건을 구비하기
9. 문제를 외재화하기
10. 독특한 결과를 인식하기

이것은 새로운 또는 변화된 이야기들을 의사소통하고 공동 구성해 가는 미묘한 과정에서 이루어진다. 변화란 종종 가족만이 아니라 치료자에게도 강력한 정서적 해방을 동반한다. 나는 문제에 대해 다른 이야기를 전개할 수 있는 능력이 치료에서 전환점을 만들었던 많은 경험을 기억한다. 가족이 정보나 단편적인 내러티브와 아이디어들을 제공하는 것에서, 그리고 그들의 의사소통의 흐름과 나의 질문들, 새로운 이야기들을 이해하기 위해 함께하는 시도들에서 양방향의 과정이 발생하는 것을 볼 수 있다. 치료자가 진정으로 사물들을 다르게 볼 수 있다는 것을 전달할 수 있게 되면서 공유된 새로운 이야기, 보다 희망적인 이야기를 향해 나아가는 것이 가능해진다. Sluzki(1992: 220) 또한 유사한 과정을 설명한다.

> 치료대화 과정에서…… 치료자는…… 질문과 의견 제시를 통해 이야기의 속성, 이야기가 말해지는 방식 그리고 이야기들 간의 관계에서 특정한 종류의 변화들을 지지한다……. 이야기가 말해지는 방식뿐 아니라 이야기 내용상의 변화는 플롯과 등장인물들, 배경과 주제의 변화를 일으키게 될 것이다……. 이러한 변화들은 차례로 세상에 대한 화자의 경험을 변화시킨다……. 그리고…… 문제를 생각하고 인식하고 설명하고 판단하고 규정하는 방식에도 영향을 주게 된다.

계속해서 그는 치료는 구분할 수 있는 여러 단계로 구성된다고 설명하였다. 내담자들과의 만남은 고유하고 독특한 것이지만 전체적인 '청사진'은 구별될 수 있다.

- **만남의 틀 잡기:** 초기 대화에서 이 만남은 치료를 위한 관계라는 점을 명확히 하면서 만남의 틀을 잡는다. 치료와 치료자를 어떻게 여기는지와 권력 이슈에 대한 생각들을 정의한다. 즉, 만남을 통해 바라고 목적하는 바는 무엇인지 그리고 치료자에 대한 기대는 무엇인지 등을 다룬다. 이것은 또한 전체적인 동의의 영역을 협의하고 구축해 가는 과정이다.
- **지배적인 이야기를 이끌어 내고 규정하기:** 문제 또는 갈등의 속성과 내용에 대한 정보, 즉 지배적인 이야기들과 주제 및 구조를 도출한다.
- **이야기들 사이의 관계 또는 변화된 이야기를 지지하기:** 새로운 정보 또는 대안적인 관점들을 지지하고 지배적인 이야기에 의문을 제기하는 예외적인 일들을 주목하고 강조한다.
- **새로운 이야기들을 강화하기:** 일단 새로운 이야기나 뉘앙스가 나타나기 시작하면, 치료자는 이를 지지하고 강화하고 보강한다. 이것은 새로운 이야기를 인정하고 이야기를 뒷받침하는 세부사항들을 격려하는 것을 통해 이루어진다. 여기에는 전형적으로 병리적 · 비난적 · 개인주의적 이야기들이 대인관계와 더불어 자신들의 경험이 관계적 사건들, 외적 변화들 그리고 어려움을 극복하기 위해 협력적으로 작업하는 능력과 어떻게 연결되었는지에 대한 인식을 특징으로 하는 이야기들로의 변화가 포함된다.
- **새로운 이야기들을 고정시키기:** 새로운 이야기들을 뒷받침해 줄 과제, 축하 행사, 의식 등의 활동들을 제안하고 격려함으로써 새로운 이야기들이 자리를 잡도록 한다.

보다 구체적으로 Sluzki(1992)는 변형의 과정이 수많은 방식의 변화를 포함하고 있다고 설명한다. 여기에는 다음과 같은 변화들이 포함된다.

- 시간(time): 언제 문제가 시작되었는가? 새로운 일자리를 얻었을 때 말다툼이 더 많이 또는 덜 나타났나?
- 맥락(context): 어디서 문제가 시작되었는가? 어디에서 문제들이 최소/최대로 약해졌나?
- 인과관계: '구두점'이란 측면, 즉 무엇이 무엇의 원인인가를 다룬다. 예를 들면, 논쟁을 상호 고조시키는 과정으로 보는 관점과 누가 논쟁을 시작했는가의 관점은 서로 대조적이다.
- 상호작용: 원인을 사람들 내면에 있는 개인적 · 본질적인 것으로 보거나 또는 관계적으로 보는 설명들이다.
- 의도/영향력: 사람들의 의도에 대한 견해들이다. 예를 들어, 관심을 끌려는 의도 또는 이기적인 만족은 부정적이고 악의적이며 교활한 의도들에 대한 개념이다.
- 가치: 의도들은 보다 깊은 가치들과 관련되어 있다. 예를 들면, '좋은' 어머니나 아버지가 된다는 것이 의미하는 바가 무엇인지, 성적으로 적절하게 행동하는 방식은 무엇인지 등이다.
- 이야기의 진술: 개인이 이야기를 진술하는 입장에서의 변화를 포함한다. 그는 사건의 수동적인 피해자로서, 자신에게 가해진 타인의 행위에 영향받는 사람으로서, 또는 자기 인생의 사건들에 대한 능동적인 주체나 원작자로서 이야기를 말할 수 있다.

이야기치료는 기법에 초점을 두지 않는다. 이야기치료에는 이러한 변화들이 어떻게 촉진될 수 있는지에 대한 많은 방향성이 있다.

외재화

외재화는 주체(agency)와 이야기 진술에 대한 Sluzki의 생각과 연결된다. 여기에서 중요한 점은 사람으로부터 문제를 분리하려는 시도다. 문제를 개인에게 내재된 근본적 특징이라거나 개인의 핵심적인 부분으로 보는 대신, 외부로부터 강요된 일시적이고, 환영받지 못하면서 개인의 삶에 들어온 과도기적 상태로 묘사한다. 일반적으로 문제는 개인 정체성의 중심 부분이 되는데, 이 과정은 진단 절차에 의해 악화된다. 예를 들어, 어떤 사람을 거식증, 조현병 또는 성격장애라고 지칭한다면 그 사람은 자신이 그렇다고 여기게 된다.

사람들은 문제를 그들 밖에 있는 것, 삶에 끼어든 불청객으로 여기는 것을 통해 문제를 외부적인 것으로 보도록, 그리고 문제와 문제가 삶을 침략하는 과정에 저항하도록 장려된다. 결과적으로 그들은 치료자와 함께 문제를 해결하기 위해 힘을 모으고, 함께 일할 수 있는 방법들을 고려하는 능동적인 주체로서 자신을 보도록 격려를 받는다. 이 같은 접근은 섭식장애를 포함한 많은 문제에 대항하고 '신체 파시즘(body fascism)'의 강력한 과정들을 저지하기에 적합하다. 신체 파시즘은 날씬한 젊음이 곧 아름다움이라는 문화적 가치가 담긴 생각에 동조하도록 여성들에게 가해지는 압박이다. 이야기치료는 사람으로부터 문제를 분리하려는 시도를 한다. 문제를 외재화하는 이야기 과정은, 예를 들어 가족에서 거식증이 어떻

게 지배적이 되고 삶을 공포로 몰아가는지를 살펴봄으로써 이 과정을 해체하고자 시도한다. 문제의 외재화는 또한 거식증의 원인에 대한 잠재적이면서도 압제적인 이야기들을 탐색하는 것도 포함한다. 거식증 문제가 있는 여성들은 남을 조종한다, 통제하는 한 방법이다, 자기 어머니에 대한 숨겨진 공격이나 보복이다라고 보는 관점들을 탐색할 수 있다. 이렇듯 개인 또는 가족이 가진 이야기들은 개인과 관계를 병리화한다. 그리고 여성의 신체에 대한 통제 욕구와 여성의 외모를 지나치게 강조하는 문화가 어떻게 거식증을 조장하는지와 같은, 보다 넓은 차원에서의 사회적 · 문화적 과정에 관심을 갖는 것을 방해한다. 외재화 과정은 체계의 맥락상에도 변화가 일어나도록 하는데, 가족 구성원들은 서로 실패감을 느끼거나 비난하는 과정에 참여하는 대신에 개인이 문제에 저항하는 것을 돕도록 장려된다.

외재화 접근은 사람들이 어려운 문제들을 객관화하고 때로는 의인화시키도록 격려한다. 이렇게 함으로써 문제는 개인 밖에 위치하게 된다. 이제 문제를 묘사하고, 문제와 대화하고, 문제에 대해 이야기하는 것 등이 가능해진다. 따라서 만약 고정된 또는 내재된 특성들이 개인에게 귀속된 것이라면 동일한 특성들은 이 과정에서 더 유동적이고 역동적이 될 것이다. 그와 동시에 문제해결을 도우려고 노력하는 가족 구성원들은 확실히 성공 경험이 없어서 낙심하게 되고 자기보상적인 부정적 귀인과 유사한 과정의 영향을 받게 된다. 이러한 과정의 효과는 가족들이 첫 회기에 올 때 들을 수 있다. 가족은 그들 자신과 그들이 겪는 어려움에 대해 '문제가 녹아 있는 서술'을 사용하여 설명하는 경향이 있는데, 이것이 곧 '가족 삶에 대한 지배적인 이야기'가 된다(White & Epston, 1990). 그러므로 외재화 과정은 모든 가족 구성원이 자기 자신과 관계들을 문제와 분리시킬 수 있도록 하고, 가족 구성원 자신과 자신의 노력에 대해 긍정적 암시(positive connotation)와 재조명하기(reframing)라는 체계적 과정을 사용하여 새롭게 서술할 수 있도록 돕는다.

문제의 외재화는 인지치료사들이 사용하는 소크라테스 문답법과 유사한 효과를 갖는데, 이것은 문제에 대해 생각하는 개인의 능력을 압도하는 또는 압도한다고 느끼는 문제와의 관계 속에서 심리적 거리를 만든다. 이와 유사하게 게슈탈트치료사들도 개인의 문제가 가진 어떤 측면들을 의인화시키기도 한다. 예를 들어, 분명한 신체적 원인이 없는데도 반복적으로 복통을 호소하고 등교하는 것을 힘들어하는 아동에게 자신의 복통과 대화해 보라고 할 수 있다. 복통에게 이름을 붙이고 옆에 와 앉도록 '초대'할 수도 있다. 이런 과정은 아동이 자신의 걱정이나 고민의 근원에 대해 명확히 말하는 것을 돕는 것을 목적으로 한다.

독특한 결과

이 접근은 해결 중심 치료와 공유되는데, 이것은 본질적으로 실패, 절망, 불가피한 악화에 대한 지배적인 이야기에서 예외를 발견하려는 시도를 포함한다. 부분적으로는 시간이라는 틀에서의 변화를 포함할 수 있는데, 개인이나 가족은 문제가 그들 삶에 들어오기 전의 시간에 대해 그리고 그들이 적절하게 기능할 수 있었을 때 또는 문제들을 통제할 수 있었을 때는 언제인지에 대해 생각해 보라는 요청을 받는다. 이 접근에서는 사람들로 하여금, 말하자면 종속된 이야기가 되어 버려서 일상생활에서 인식되지 못했고 가족 대

화에서도 거의 말해진 적이 없는 예외와 성공을 찾아보도록 초대한다. 부분적으로 독특한 결과는 실패감을 타당화해 주는 세부사항과 경험들에 주목하던 데에서 성공과 유능감을 보여 주는 사건과 행동들로 관심이 이동되는 것을 촉진한다. 대화가 능력을 탐구하는 방향으로 이동하면서 그것에 대한 세부사항을 다루게 되면 잊고 있었던 또 다른 사례들을 떠올리게 될 수 있다. 예외를 찾아내는 데 큰 어려움을 겪는 경우에는 가상의 독특한 결과를 생각하거나 상상해 보도록 할 수도 있다. 문제에 압박당한다고 느끼지 않게 된다면 어떨지, 자신과 다른 사람은 무엇을 하고 있을지, 그럴 때 기분은 어떨지 등을 상상하게 해 본다.

분리: 이야기에 대한 관점과 행동

내러티브 접근에서 중요한 점은 우리의 정체성이 과거 사건, 현재 사건 그리고 우리의 잠재적인 미래에 대한 일련의 이야기 또는 내러티브들로 구성된다는 것이다. 또한 여기에는 자기에 대해 선호하는 또는 바라는 관점과 실제적인 또는 어떤 경우에는 선호하지 않거나 일탈된 관점 간의 중요한 구분이 있다. 선호하는 이야기 또는 선호하지 않는 이야기라는 감각은 우리가 사회적으로 공유하는 세계 또는 현실과 연결되어 있다. Eron과 Lund의 접근(1993)은 이 같은 구분을 탐색하는 것을 강조하는데, Watzlawick 등(1974)과 Bateson(1972)이 제안한 '구두점' 개념을 활용하여 구분들을 살펴본다. 실제로는 시작도 없고 끝도 없는 상호작용 사이클에 구두점을 찍고 테두리를 씌우는 것이 이야기라고 본다. 그러나 각각의 참여자들은 언제 사건들이 시작되었는지, 사건의 원인과 그들의 역할은 무엇이었는지, 주로 사건에 대한 반응이라는 관점에서 이야기를 본다. 이것은 Procter(1981)가 개발한 가족구성심리학이라는 접근과도 연결된다. 이것은 자체유지적 순환(self-maintaining cycles)의 관점에서 행동과 신념 내러티브를 중요하게 여긴다. Eron과 Lund(1993)는 가족 구성원들이 가지고 있는 선호 또는 비선호하는 이야기 사이의 분리나 구분을 가장 중요하게 본다. 예를 들면, 우리는 둘 사이에 강력한 분열이 생겼을 때 슬프고, 화나고, 우울하고, 자포자기한 심정을 느낄지도 모른다. 그들은 심장마비 고통으로부터 회복 중인 아버지(앨)를 둔 가족에서 어떻게 우울증의 이야기가 발생하는지를 묘사하는 예를 보여 준다([그림 4-1] 참조).

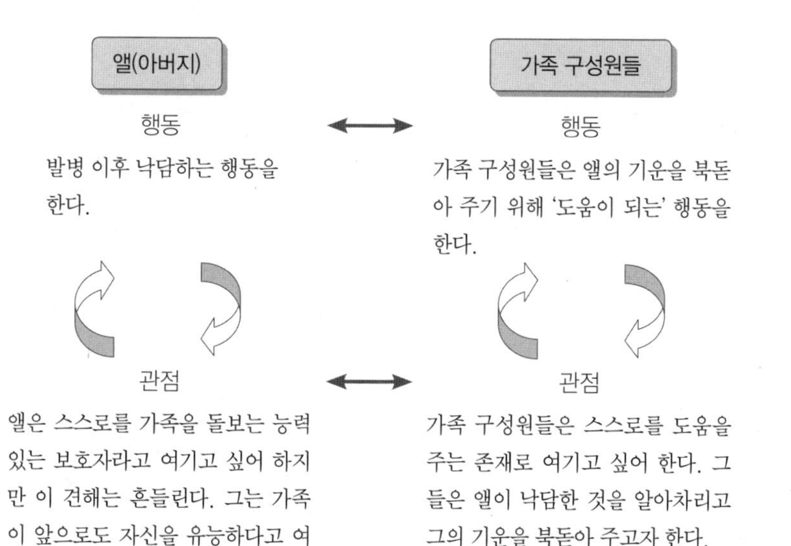

[그림 4-1] 내러티브: 관점-행동의 순환

Eron과 Lund는 이 같은 내러티브와 행동의 순환이 어떻게 문제들을 악화시킬 수 있는지를 설명한다. 순환이 진행되면서 앨은 스스로를 점점 덜 유능하다고 여기게 되고, 가족 구성원들은 자신들이 무력하다고 느끼게 된다. 가족은 또한 앨이 감사한 줄 모른다고 생각하고, 연이어 앨은 가족에 대해 분개하면서 그들이 자신에게 간섭하고 무례하게 군다고 여기게 된다. 이러한 순환에서 우리는 세대 간에 전수되는 가족 이야기의 존재뿐 아니라 남자는, 아버지는, 자녀는, 가족생활은 어떠해야 하는지에 대해 그리고 질병의 영향에 대해 문화적으로 공유된 지배적 이야기들을 볼 수 있다. 앨의 경우에는 그의 아버지가 말년에 만성 우울증과 알코올 중독으로 인해 가족에게 짐이 되었다는 이야기를 가지고 있다. 의존에 대한 이와 같은 불안은 앨과 그의 가족을 괴롭혔다.

Eron과 Lund의 이야기치료는 대안적 이야기들과 대안적인 행동 방식들의 실험, 즉 시도된 해결 방안들을 고려하는 데 있어서 가족과 함께 작업하는 형태를 취한다. 예를 들자면, 앨과 그의 아버지의 차이점은 무엇인지, 앨이 유능했던 때는 언제였는지에 대한 논의가 이루어진다. 또한 앨이 여전히 할 수 있는 일은 무엇이며 그가 어떻게 천천히 자신의 힘을 회복할 수 있을지에 대해서도 대화를 나눈다. 그리고 회복 과정에서 활동적이고 운동하는 것의 중요성에 대해 고려하게 되는데, 그러면 가족은 앨이 점차 활동을 늘려 가도록 만들기 위해 협력을 한다.

이야기 접근들에 관한 한 가지 질문은 내러티브 과정과 내러티브 능력에서의 잠재적인 차이들과 관련이 있다. 애착이론은 다양한 종류의 변형적이고 잠재적으로 왜곡될 수 있는 과정들이 작동하고 있음을 보여 준다. 게다가 이 접근은 말하는 방식이 아니라 말해진 내용에 비중을 두고, 치료와 사람들의 생활에서 비언어적 의사소통의 중요성과 관찰의 역할을 덜 중요시한다. 이 접근은 권력배치가 갖는 영향력을 인식하고 있음에도 불구하고 개인이 자기 이야기의 저자라는 점을 강조함으로써 사람들의 삶의 경험에 영향을 미치는 사회적 · 정치적 그리고 경제적 요인들의 역할을 무시하게 된다는 위험이 있다.

반영 과정과 반영팀 실제

Tom Anderson(1987)은 서술을 위해서 다중의 내러티브라는 아이디어를 적용하는 이야기치료의 형태를 고안하였다. 이것은 가족, 커플 그리고 개인 내담자에 대한 개방적인 팀 논의로 이루어진다. 상담 현장에서 한 가지 변형은 슈퍼바이저 집단이 치료자와 가족이 듣는 데서 치료에 대한 자신들의 생각을 논의하는 것이다. 팀의 논의는 가족 구성원들이 그들 삶에 대한 대안적인 설명, 이야기 그리고 귀인들에 대해 함께 생각해 보도록 돕고 격려할 수 있다. 간혹 반영팀은 의견이 일치하지 않을 수도 있는데, 그들은 팀 내에서 가능성이 있는 다른 아이디어들과 설명들을 놓고 논쟁을 하기도 한다. 이것은 반대되는 관점을 가진 가족 구성원이 이해받는다고 느끼게 하며 어쩌면 그들로 하여금 보다 건설적인 관점으로 나아갈 수 있도록 만들어 줄 수도 있다. 중요한 것은 반영팀이 가족 구성원들이 듣는 것을 가능하게 만든다는 것인데, 단순히 다른 설명들이 아니라 다른 대화를 내면화하기 시작하게 된다. 다른 대화들을 내면화할 수 있게 됨으로써 가족 구성원들은 Bateson(1972)의 개념을 빌려 말하자면, '학습하는 것을 배우도록' 또는 보다 창조

적이 되도록 고무된다. 따라서 치료는 내용에 덜 관심을 가지게 되면서 가족에게 '더 좋은' 의견이나 이야기를 제공하려는 시도로 인한 혼란에 빠질 위험이 줄어든다. 반영팀은 가족이 다른 방식으로 생각해 보도록 다양한 이야기를 제공하면서 무엇이 더 적합할지를 가족이 선택하도록 한다. 대화의 내용과는 별도로 가족들은 반영팀이 잠재적으로 어렵고 갈등이 내재된 문제를 감정적이지 않은 방식으로 토론하는 과정을 지켜보면서 새로운 대화 과정을 경험하게 된다. 어떤 의미에서는 이것을 모델링 과정이라고 볼 수 있는데, 그 과정은 덜 지시적이고 그 의도에 있어서는 더욱 협력적이다.

이야기치료에서의 변화와 정서

Sluzki(1992)와 다른 치료자(예: De Shazer, 1982)는 반영팀에 의해 제공된 새로운 이야기들에는 가족의 관점에서 나온 요소들이 포함되어야만 하는데, 그렇지 않으면 가족의 경험과는 관련이 없다거나 너무 다르다는 이유로 거부될 수 있다고 주장한다. 마찬가지로, 가족의 관점과 지나치게 유사한 이야기는 가족들에게 영향을 미칠 수 없다. 이러한 변화 과정에서 바탕이 되는 것은 감정이다. Coulehan 등(1998)은 이야기치료 과정에 대한 연구에서 치료에서의 전환점들은 정서에서의 중요한 변화에 의해 나타난다는 사실을 발견하였다. 이 연구는 의미의 변화가 치료 과정에서 중심이라고 여기는 Sluzki의 아이디어에 근거하여 여덟 가족과 여덟 명의 훈련된 가족치료사가 함께 한 작업을 분석하였다. 이 연구는 치료자가 오래된 이야기를 이끌어 내고 나서 새로운 이야기를 창조하

기 위해 가족과 함께 작업한다는 관점에서 변화를 탐구하였다. 이것은 전형적으로 개인적 요인들과 비난으로 특징지어진 이야기에서부터 대인관계 역동, 예외 그리고 가치에 중점을 둔 새로운 이야기로의 변화를 포함하였다. 치료에서는 자녀의 문제를 중점으로 다루었으며 모든 회기를 녹화하고 기록했다. 치료자들과 관찰자들이 변화가 일어난 회기라고 동의하고 나면 변화가 관찰되지 않는 회기들과 비교하는 과정을 거쳤다. 치료 회기들은 문제 정교화 에피소드의 연속성이라는 측면에서 분석되었다. 대화들은 문제와 문제 원인에 대한 진술들, 그리고 각각의 에피소드에 대해 치료자와 가족의 후속 반응들을 포함한다. 연구자들은 분석을 통해 3단계로 이루어진 모형을 도출했다([그림 4-2] 참조). 1단계에서 가족은 문제에 대한 정의를 내리고 치료자는 문제와 관련된 토론을 촉진하면서 예외를 찾아 간다. 2단계에서는 가족 구성원들 사이에 변화된 정서적 반응들을 탐색한다. 여기에는 아동이 긍정적으로 기여한 부분에 대한 진술과 가족 구조가 문제에 기여한 바에 대한 인식이 포함되는데, 이것은 가족으로서 자신들의 강점을 알아차릴 수 있는 능력을 이끌어 낸다. 연구자들은 다음과 같이 말했다.

> 네 개의 성공적인 변화 사건들에서 치료 환경은 문제로 지목된 아동을 비난하는 것보다 양육적이고 지지적인 입장으로 정서적인 색조가 옮겨 가는 것을 그 특징으로 하였다……. 마지막 단계는 단지 정서 표현에 의해서만 나타나는 것이 아니다. 오히려 정서적인 반응이 점차 긍정적인 방향으로 옮겨 갔던 1단계와 2단계의 연속적 과정이 있었다……. 각각의 성공적인 회기에서 사랑과 헌신의 표현과 결합된 희망을 향한 변

1단계: 가족 구성원 각자가 자신들의 관점을 표현한다(오래된 이야기를 다시 말한다).

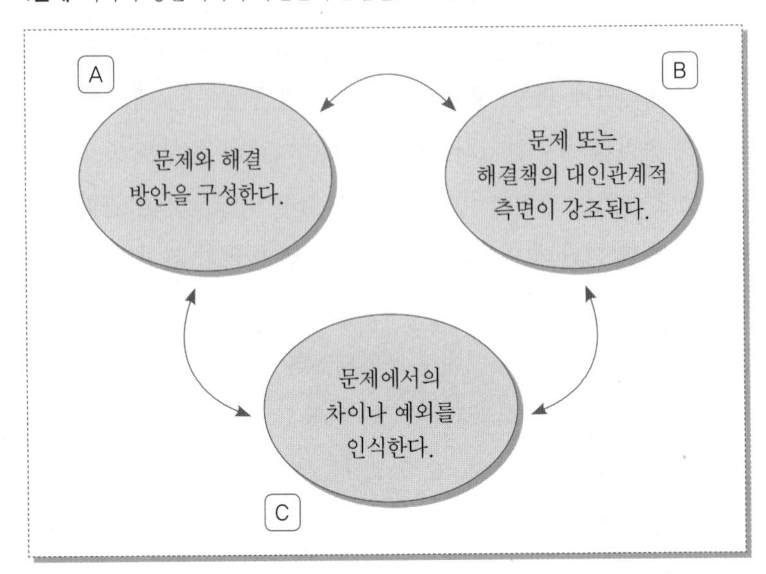

2단계: 가족 구성원들 간에 정서적 반응들이 변한다(새로운 이야기가 출현한다).

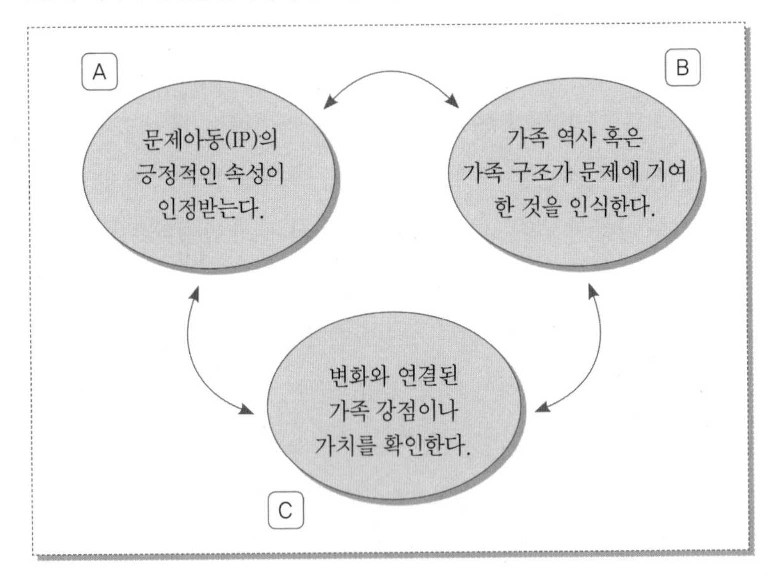

3단계: 변화에 대한 희망과 가능성을 인정한다.

[그림 4-2] 이야기치료에서의 변화

화가 나타났다.

Coulehan et al. (1998: 29)

이 같은 과정을 촉진하기 위해 치료자들이 어떻게 두 가지 중요한 개입을 사용했는지 살펴보자. 우선 치료자들은 비난적인 의견에 대해서는 사실에 입각한 태도로 반응하였다. 예를 들면, 어떤 회기에서 부모가 자신의 딸이 친구에게 지나치게 집착한다고 비난했으나 치료자는 이것이 대화를 방해하는 것을 허용하지 않았다. 두 번째로, 치료자들은 가족이 회기 안에서 느끼는 감정을 포함하여 부정적 · 긍정적 감정 모두를 표현하도록 기회를 주었다. 그들은 치료실 안에서 감정을 수용하고 '감정을 알아차리도록' 또는 다룰 수 있도록 돕는 것이 치료에서 희망감을 불러일으키도록 만든다고 주장했다. "이 연구가 주장하는 것은 가족 구성원들의 정서 변화가 이론가들에 의해서 덜 강조될 수 있지만…… 정서의 인식과 표현이 인지뿐 아니라 대인관계 과정에서의 변화를 촉진한다는 것이다."(Coulehan, 1998: 30)

Coulehan 등(1998)의 연구는 이야기치료와 애착이론 사이에 중요한 관계가 있음을 보여 준다. 사람들은 삶의 이야기를 하면서 감정을 표현하고 또한 감정은 다시 이야기의 내용을 만들어 간다. 상실이나 불행을 이야기할 때 우리는 슬퍼지는데, 이러한 감정이 다시 우리로 하여금 슬픔과 상실에 대해 더 자세히 집중하게 한다. 가족 맥락에서 다른 가족 구성원들이 이 같은 감정적 확대에 동참하도록 이끌 수 있다. 반면에 사람들은 화제를 바꾸고 어떤 이슈를 다루지 않음으로써 올라오는 감정을 피하려 할 수도 있다. Coulehan 등(1998)은 가족이 치료자와 함께 작업하면서 변화시키는 이야기

를 향해 나아갈 때 자기 자신과 서로에 대한 희망, 안심, 서로 간의 더 깊은 연결감과 같은 긍정적인 감정들을 경험한다고 하였다. 미소, 웃음, 더욱 개방적인 몸짓 등과 같은 행동과 의사소통에서의 변화 증거가 나타날 수도 있다.

애착이론은 이야기의 변화 과정을 보완하면서 가족에서의 정서 과정 모델과 애착 주제들을 다루는 특정한 방식들을 제공해 준다. Johnson과 Best(2003)는 애착 과정이 가족 문제와 치료적 과정에 중요한 열쇠가 된다고 주장하였다. 커플상담에서의 핵심 과제 중 하나는 중요한 정서적 반응들을 다루는 것으로, Johnson은 이것을 '정서적 총알 잡기'라고 불렀다. 예를 들어, 누군가가 위험을 무릅쓰고 개인적인 고백을 하거나 상처 주고 무례하게 보였던 행동에 대해 사과를 할 수도 있다. 이런 고백이나 사과는 수용받지 못하고 더 심한 비난을 받게 되는 경우가 빈번하다. 그 결과, 고백하거나 용서를 구한 사람은 비난 때문에 기분이 상하고 수치심을 느껴서 적대감을 가지고 뒤로 물러나거나 반격을 하게 될 수 있다. 치료자는 커플들이 이런 감정들과 연결되도록 하고, 이것이 바로 용서와 변화를 위한 첫 단계임을 강조함으로써 이 과정이 보다 긍정적이고 희망적인 경험으로 바뀌도록 도울 수 있다. 이와 유사하게 Coulehan 등(1998)은 성공적인 상담에서는 치료자가 치료실에서의 정서적 표현을 인정할 수 있었을 뿐 아니라 부정적인 표현들로 인해 그 회기가 엇나가지 않도록 예방할 수 있었다고 하였다.

내러티브 능력

이야기치료는 의미에서의 변화를 포함하는 일련의 섬세한 과정들을 통해서, 그리고 Coulehan 등(1998)이 주장한 바와 같이 연관된 정서적 전환을 통해서 변화를 이루어 낸다. 이야기치료와 관련된 문제는 사람들이 자신의 경험을 내러티브로 바꿀 수 있는 능력 또는 기술을 얼마나 가지고 있다고 가정하는가다. 이야기치료는 주로 언어에 기반을 두고 있으므로 자칫 가족 각자의 세련된 내러티브 능력을 요구하는 것처럼 보일 수도 있다. 그러나 외재화 같은 기술은 어린 아동에게도 적합하다. White와 Epston(1990)은 6세 아동 닉과 상상의 캐릭터 '비열한 푸'를 사용해서 외재화 작업을 한 것으로 유명하다.

> 비열한 푸는 항상 닉을 속여서 그의 친구가 되려고 노력했으나 닉은 비열한 푸가 자기보다 앞서는 것을 허락하지 않았던 많은 순간을 떠올릴 수 있었다. 닉은 '묻히기'나 '바르기'를 하면서 협력할 수 있었을 때도 그렇게 하기를 거부했다……. 질문에 대해 대답하면서…… 닉은 자신이 비열한 푸가 자신을 지나치게 앞서지 못하게 할 준비가 되었다고 생각했으며 더 이상 그의 친구인 척하는 행동에 속지 않기로 결심했다.
>
> White & Epston (1990: 46)

이 인용문은 닉이 과거의 사건들과 사람들을 기억할 수 있다는 것과 사람을 속인다는 개념을 알고 있으며 비열한 푸에게 속았다

는 것을 알아챌 수 있음을 보여 준다. 우리는 이 문제에 관련해서 두 가지 답변을 생각해 볼 수 있다. 첫 번째는 영유아의 내러티브 능력이 어떻게 발달하는지 실험한 발달적 내러티브 연구에서 찾아볼 수 있다. 두 번째는 기본적인 내러티브 능력들, 특히 경험들을 통합하고 그것에 대해 숙고할 수 있는 능력들은 우리의 애착 경험에 의해 조성된다고 보는 애착이론의 입장이다.

이야기 발달

영유아들이 자신의 경험을 기술하는 법을 배우는 방법에 대한 최근의 한 연구는 그것이 발달적으로 상당히 복잡하다고 주장한다. Habermas와 Bluck(2000)은 완전한 내러티브 능력은 청소년기처럼 늦은 시기에 발달한다고 보았다. 닉과 같은 어린 아동들은 최근에 일어난 사건에 대해 간단하게 기술하는 형태의 내러티브를 가지는 경향이 있다. 시간에 따른 사건들을 전개되는 이야기로 연결시키는 능력은 점진적으로 발달하므로, 유아는 사람들이 특정한 방식으로 행동하는 이유에 대해 상대적으로 간단히 설명하는 묘사적 이야기를 제시한다. 예를 들어, 어떤 사람이 왜 그렇게 행동했는지에 대한 이야기를 해 달라고 요청하면 학령전기 아동들은 그들 자신이나 다른 사람들에 대해 신체적 모습이나 '착하다' '친절하다'와 같은 일반적인 평가를 사용하여 설명한다. 어린 학령기 아동들은 단순한 감정들, 선호 또는 '그 애는 수학을 잘한다'와 같은 구체적인 능력을 나타내는 말들로 사람들에 대해 설명한다. 비열한 푸의 사례에서처럼, 아동들은 비열한 푸가 자기들을 속이고 어려움에 빠지게 했다고 평가할 수 있을 것이다. 이렇게 단순한 이야기는

아동에게 왜 사람들의 행동이 가족 안에서의 갈등이나 역동과 연결될 수 있는지에 관한 복잡한 이야기를 고려하도록 요구하지 않는다. 마찬가지로 이 틀(frame)은 다른 가족 구성원들이 자책과 비난을 줄일 수 있도록 만들어 준다.

좀 더 나이 든 학령기 아동들은 자신들의 기술을 체계적으로 다른 아동과 비교할 수 있다. 또한 구별되는 습관과 태도들을 사용하여 보다 섬세한 방식으로 성격을 묘사할 수 있는데, 이것은 다양한 상황에서 다른 사람들을 일반화시키는 데에 사용된다. 청소년기 초기와 중기에 걸쳐서 이것은 좀 더 복잡해진다. 청소년들은 성격이 다양한 감정과 동기가 통합된 것이라는 개념을 발달시키며, 이것을 어떻게 사람들이 예측할 수 있는 방식으로 행동하는지를 설명하는 데에 사용한다. 하지만 지나치게 일반화시켜서 사람을 '멋지다' '괴짜다' '이상하다'고 여길 수도 있다. 이후에 청소년들은 개인의 성격 내에는 경쟁하고 갈등하는 긴장이 존재하며, 다른 사람들은 그들의 의도나 동기를 인식하지 못할 수도 있고, 그들 자신과 다른 사람의 행동 중 일부는 무의식적 과정에 의해 움직일 수 있다는 개념을 이해하기 시작하게 된다.

이 예시에서 이야기치료 접근은 우연하게도 발달적으로 적절하게 보인 것일 수 있다. 이것은 어쩌면 많은 치료자가 개발할 수 있는 직관적 기술들을 반영하는 것일 수 있다. 직관 능력은 치료자들이 의사소통과 변화를 촉진하기 위해 각각의 가족 구성원들과 대화하는 방식이 일치하도록 도와준다. 그러나 때때로 가족 구성원들이 이야기에 관여하는 능력에 대한 추측이 있을 수 있다. 이야기치료에는 가족 구성원들이 무엇을 내러티브적 관점으로 처리할 수 있는지 치료자들을 안내해 주는 발달적 지도가 없는 것 같다. 이것

과 관련된 점은 아동의 이야기 기술 발달은 부모와의 연습과 부모의 지지를 필요로 한다는 것이다. Peterson과 McCabe(1992)는 어머니가 유아와 대화하는 방식이 자녀의 추후 내러티브 발달에 미치는 영향을 살펴보는 연구를 수행하였다. 연구 대상자 중 두 명의 어머니가 27개월 된 자녀에게 물어보는 질문의 종류에서 상당한 차이를 보였다. 한 어머니는 상황과 원인(누가, 어디서, 언제, 무엇을 그리고 왜)에 집중했고, 다른 어머니는 정교화와 세부사항(무엇이 일어났는가)을 강조하였다. 다음의 대화에서 우리는 헬렌의 어머니가 어떻게 순차적인 사건들은 덜 강조하면서 내러티브의 방향성 측면에 집중했는지, 반면 캐시의 어머니는 어떻게 상황적 정보가 나오도록 유발하면서 자녀의 경험을 시간적으로 정돈된 사건들로 나열되는 것에 관심을 가지는지를 볼 수 있다(두 아이는 31개월이다).

• 헬렌의 엄마와 헬렌

헬렌: 나는 놀고 밥을 먹고 있었어요.

엄마: 너는 놀고 밥을 먹고 있었구나. 그래서 어디서 놀았니?

헬렌: 방에서요.

엄마: 방에서. 방에 뭐가 있었어?

헬렌: [대답 없음]

엄마: 방에 누구랑 있었어?

헬렌: 언냐.

엄마: 언냐, 언냐가 누구야?

헬렌: 우리 언니.

• 캐시의 엄마와 캐시

엄마: 너에게 무슨 일이 있었는지 이사벨라에게 이야기했지. 기억해?

캐시: 팔을 다쳤어.

엄마: 무슨 일이 일어났는지 아니?

캐시: [대답 없음]

엄마: 어디서 팔을 다쳤어? 팔을 다쳤을 때 어디 있었어?

캐시: 모든 곳.

엄마: 어디?

캐시: 모든 곳이요, 저기, 저기, 저기, 저기. 전부 다요!

엄마: 그런데 너는 어디에 있었어?

캐시: 음, 절벽에요.

엄마: 오, 그래서 무슨 일이 일어났니?

출처: Peterson & McCabe (1992: 310-11).

두 어머니는 단지 상황(일이 발생했던 장소)에 대해서만 질문한 것이 아니지만 캐시의 어머니는 '무엇이 일어났는지' 행동이나 에피소드에 관해 단순히 사실적인 질문들을 배치하는 듯 보였다. 44개월이 되었을 때에 각각의 아동은 연구자에게 최근에 일상에서 일어난 사건들에 대해 이야기해 주었다(두 아동 모두 벌에게 공격받은 일을 설명하였다). 그런데 두 아이의 이야기를 구사하는 능력에서 눈에 띄는 차이가 나타난다. 헬렌은 상당히 많은 사실을 나열했지만 그것들이 시간에 따라 잘 연결되지 않았고, 사람들이 왜 그렇게 행동하는지에 대한 설명이 부족했다. 반대로 캐시의 이야기는 절정의 순간을 만들어 가는 몇 가지의 상황을 배열해 가면서 사건이 어

떻게 해결되어 가는지에 집중한다.

이 연구들은 부모들이 어떻게 자녀들을 지원하고 능력을 키우는 데 도움을 주는지의 관점에서 Vygotsky(1962)가 묘사한 '비계/발판 세우기(scaffolding)' 과정에 대한 흥미로운 통찰을 제공한다. Peterson과 McCabe(1992)의 연구에서는 내러티브를 발달시키는 데에 사용되는 복잡한 기술들이 어떻게 부모들의 질문과 단서들에 의해 촉진될 수 있는지를 볼 수 있다. 때때로 부모들은 어떻게 사건을 표현하고, 상기시키고, 잠재적 인과관계를 제공하는 데 도움이 되는 사실적 단서들을 제시하는지에 대한 예를 제공한다. 이런 활동은 시간이 걸릴 뿐 아니라 자녀와 엄마가 서로에게 편안하고 안정감을 느끼는 것이 중요하다. McCabe와 Peterson(1991)은 또한 정서적 차이를 암시하는 부모 양육 스타일의 다양성에 대해 언급하였다. 예를 들어, 부모의 한 가지 유도 방식은 '대립적인 주제 확장'으로 묘사된다. 여기서는 부모가 '사실을 바로잡는' 접근으로 자녀의 말을 빈번하게 고쳐 주려고 한다. 이런 결과로 자녀는 자신의 이야기를 하는 것에 대해 '공개적으로 저항한다'. 또 다른 다소 동떨어진 스타일은 '반복적'이라고 묘사되는데, 자녀가 이미 아는 내용을 반복적으로 물어봄으로써 정보 제공도 못할 뿐만 아니라 정교화도 시키지 못한다.

방어기제와 이야기

이전 장에서 우리는 사람들이 자신의 어린 시절 애착 경험에 대한 이야기를 할 때 강렬한 정서적 과정이 촉발된다는 것을 AAI 연

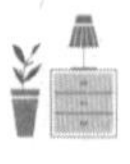

구가 어떻게 설명하는지를 살펴보았다. 애착이론은 우리가 이야기를 할 때 자극된 감정이 다양한 변형을 가져오고, 논쟁의 여지가 있는 왜곡을 불러일으킨다는 상당한 증거를 제공한다. 이것은 말하는 사람이 가지고 있는 내적 작동 모델이나 내적 과정에만 근거한 것이 아니라 사람들이 살고 있는 대인관계 맥락에 존재한다는 것을 알 수 있었다. 실제로 아동은 엄마와 대화하는 적절한 의사소통 방법이 무엇인지 배울 수 있고 아빠의 대화와는 어떻게 다른지 등을 발견할 수 있다. 이런 관계의 차이를 경험하는 것은 일반적으로 적절한 대화 방법이 무엇인지에 대한 감각을 습득할 수 있게 한다. 또한 인터뷰하는 사람이나 치료자에게 적절하게 이야기하는 방법도 터득할 수 있다.

> 그 사람은 이미 전개된 인생 이야기를 가지고 인터뷰를 하러 온다. 인터뷰는 바로 그 이야기를 듣기 위해 고안되었다. 그러나 인터뷰는 대인관계적인 상호작용 그 자체로, 중요하고 때로는 설명하기 어려운 방식으로 주어진 이야기를 형성하는 상황적인 요인과 요구 특성으로 가득 차 있다.
>
> Baerger & McAdams (1999: 1135)

Baerger와 McAdams(1999)는 내러티브들이 우리 삶의 사건들과 사실들에 대한 이야기를 할 뿐 아니라 삶의 어떤 특징, 영역, 사건들을 배제하거나 왜곡할 수 있는 방어 과정을 구현한다는 점을 강조한다. Freud는 내담자들이 사용하는 다양한 방어기제를 소개한다. 부인, 투사, 이상화 그리고 주지화다. 방어기제는 우리가 좀 더 고통스럽고 어려운 삶의 상황에 대해 이야기할 때 작동하는 것으

로 보인다. 그러나 이것은 우리의 내러티브가 다른 사람에게 하는 말이건 혼자만의 생각이건 간에 청중을 대상으로 하고 있다는 아이디어와 연결되어 있다. 정신역동이론(Freud, 1961; Kohut, 1977)은 내면화된 중요한 청중은 부모와 주요 가족이라고 주장한다. 어떤 사회학 이론(Mead, 1934)은 우리 문화가 가진 가치와 규준에 대한 내적인 표상이 '일반화된 타자'가 될 수 있다고 본다. 그 예로, Wiersma(1988)는 오랜 육아 휴직 후 복직하는 여성들에 대한 연구에서 그들의 초기 이야기들이 진부하고 틀에 박힌 것처럼, 마치 '언론 보도'와 같다는 점을 발견했다. 연구가 진행되면서 이야기에 불안과 긴장이 확연하게 나타났다. 이것은 이야기들에 여성들이 직업 복귀에 대해 가진 불안에 잘 대처할 수 있도록 도와주는 부인과 이상화 과정이 포함되어 있다는 증거라고 할 수 있다. 또한 그들의 이야기는 대중적인 페미니스트 사상, 즉 가족생활의 억압에서 벗어나 직장으로 돌아가는 기쁨에 대한 생각들이 여성 청중에게 반복해서 말해지고 전달되어 왔음을 보여 주는 것이라 할 수 있다.

> 청중은 그들과 동세대인 다른 여성들과 연구 당시 여성운동의 일원이라고 여겨졌던 사람들로 이루어졌다. 이들 중 다수에 의해 공유된…… 성 평등, 가정생활의 억압 그리고 유임금 노동의 해방력에 대한 가정들이다. 보도 자료는 유사한 생각을 가진 여성 참조 집단에 관해 반복적으로 언급했고 그것에 맞춰져 왔다.
>
> Baerger & McAdams (1999: 1139)

Hollway와 Jefferson(2001)은 이야기가 화자에게 정서적 역할을 한다고 기술했다. 우리가 이야기하는 방식과 사용하는 다양한 방어 과정은 우리가 자기 이야기를 할 때 사건의 기억에서 일어나는 고통스럽고 어려운 감정을 조율하도록 돕는다. 어른이 되어 가면서 우리는 삶에 대해 이미 만들어진(ready-made) 이야기들을 가지게 된다. 때때로 우리는 이 이야기들을 다양한 청중에게 이야기한다. 예를 들어, 1956년 나는 8세의 나이로 난민이 되어 헝가리를 떠나왔다. 나는 나의 이야기를 많이 말해 왔는데, 사실에 대해서는 거의 동일한 방식으로 이야기하지만 어떤 측면들은 청중에 따라 특정한 방식으로 윤색을 한다. 그렇지만 청자들에 따라 다른 반응이나 질문들은 여전히 나를 자극해서 지난 경험들을 다른 식으로 볼 수 있게 하고, 심지어는 내 의식적 자각에서 떨어져 나간 어떤 면들을 기억나게 하기도 한다.

Baerger와 McAdams(1999)는 개인이 자신의 이야기를 이해하고 공감하고 승인할 청중을 식별하지 못하기 때문에 방어기제가 작동하는 것이라고 했다. 우리는 중요한 가족 구성원이 우리의 이야기를 이해할 수 없거나 이해하지 않으리라는 것을 가정할 수 있다. 예를 들면, 어떤 모자가정의 어머니는 아들을 양육하는 데에 그녀의 삶을 헌신했고 아들의 인정을 간절히 바랐다. 아들은 어머니의 자기희생 이야기에 대한 내면화된 청중이 된다. 그래서 어머니는 아들이 자신을 어떻게 실망시켰는지 또는 아들이 자신에게 신경 쓰지 않는다고 느끼거나 심지어 자신이 아들을 돌보지 않는다는 다른 이야기를 말하는 것을 생각하는 것조차 어렵게 느낄 수 있다. 우리가 다른 중요한 사람들이 이해하지 못할 것이라고 생각하기 때문에 방어는 이런 식으로 우리 경험의 일부 또는 잠재적인 감정들

을 부인하고 억압하고 단절시킨다. 또한 우리는 중요한 사람들의 정서적 반응 결과를 예측하고 상상하고 두려워할 수도 있다. 우리의 내면화된 청중에게 어떤 행동에 대해 설명할 방법을 상상할 수조차 없을 때 거짓말과 속임수가 반응으로 나타날 수 있다.

> 가족을 중심으로 정체성을 만들어 온 기혼 여성은 남편을 자기 인생 이야기에 대한 내면화된 주요 청중으로 설정했기 때문에 그녀가 자신의 동료와 저지른 불륜을 현재의 정체성에 통합시킬 수가 없다. 불륜을 남편에게 그리고 어쩌면 그녀 자신에게 이해시킬 수 있는 이야기란 있을 수 없다. 현재로서는 근본적으로 신뢰해 왔던 자기 모습과는 조화를 이룰 수 없는 별도의 이야기 경험과 경계선을 세우는, 고립 또는 해리라는 이야기 전략을 사용할 것이다.
>
> Baerger & McAdams (1999: 1142)

Baerger와 McAdams(1999)는 삶의 이야기를 발전시키는 것은 방어기제에 의해 형성되고, 이러한 방어들은 이야기가 말해지는 방식뿐만 아니라 말할 만하다고 여겨지는 이야기들이 무엇인지를 형성한다고 본다. 이런 관점은 이야기치료가 정서적 과정에 관심을 둔다는 아이디어와 관련이 있고, 어떻게 방어 과정이 가족에서의 초기 애착 과정으로부터 형성되는지를 묘사하는 애착이론과도 밀접한 관련이 있다. 한편 이 과정은 대인관계적인 것으로 보이는데, 우리의 이야기 속에서 방어 과정은 내면화된 타자들과 연결되어 있고, 행동에 대해 설명하려는 우리의 시도에 사람들이 어떻게 반응하는지에 대한 대인관계 과정과도 연결되어 있다.

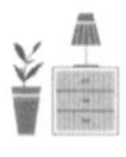

CHAPTER 05

애착 이야기치료

• • •

이 장에서는 앞에서의 논의를 통합하여 체계적 접근, 이야기치료 그리고 애착이론의 아이디어들을 아우르는 심리치료적 접근을 제시한다. 앞 장의 중심 주제는 이야기치료와 체계적 접근에서의 변화 과정에는 정서와 내러티브 변환 간의 상호작용이 포함된다는 것이었다. 이 장에서는 '안전기지'로서의 치료 개념과 연결하여 다룬다. 개인들은 이러한 안전기지로부터 보다 풍부한 이야기를 발전시켜 나갈 수 있다. 그러고 나서 문제들이 어떻게 ANT 관점에서 형성될 수 있는지를 살펴보고자 한다. 치료적 접근은 네 단계로 이루어지는데 안전기지 형성, 이야기 탐구, 대안적 이야기 탐색 그리고 변화의 유지다. 끝으로 이 네 단계 과정을 잘 드러내는 사례를 제시함으로써 이 장을 마무리한다.

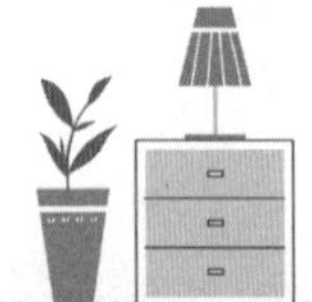

정서는 체계 내에서 친밀한 관계 간의 상호작용을 조직하는 중요한 요소다.

Johnson (1998)

이 장에서는 애착치료, 체계치료, 이야기치료라는 몇 가지의 접근을 함께 엮어서 개인, 부부, 가족들을 위한 치료적 개입을 제안하려고 한다. 나는 이러한 접근들을 모두 포함한 개념으로 애착이야기치료(Attachment Narrative Therapy: ANT)라는 용어를 사용해 왔다. 그동안 체계적 접근과 애착이론의 접근을 융합하기 위한 여러 가지 중요하고 흥미로운 시도가 이루어져 왔다(Diamond & Siqueland, 1988; Johnson & Best, 2003). 체계적 그리고 애착이론적 접근들의 여러 측면에 대해서는 이후에 간략하게 설명하겠지만 나는 여기에 덧붙여서 이야기치료의 아이디어들이 애착/체계 접근에 유용하게 추가될 수 있다는 점을 제안하고자 한다. 특히 우리가 4장에서 보았듯이 이야기치료에서의 변화는 다른 모든 치료에서 그렇듯이 정서 상태에서의 강력한 변화를 수반한다.

체계적 치료와 애착이론

Johnson과 Best(2003)는 체계적 접근과 애착이론이 여러 가지 중요한 특징을 공유한다고 주장하였다. 두 가지 접근법 모두 순환적 과정이 기본적이라는 점을 강조한다. "개인의 애착 관계 구성을 지속적으로 확인하고 유지하는 것은 현재 인식을 왜곡하는 과거의 내적 모델이 아니라 지금 애착 대상들 사이에서 일어나고 있는 상호작용 패턴이다."(Johnson & Best, 2003: 166) 이것은 이 두 가지 접근 모두 단지 과거가 아니라 가족과 다른 관계들에서의 현재 행동 패턴에 초점을 맞출 수 있다는 것을 암시한다. 정서, 행동 그리고 신념들은 현재의 패턴에 의해서 유지되며 더 나아가 정서, 행동, 신념들의 변화는 '내적' 애착 표상들에 변화를 초래할 수도 있다.

1장과 2장에서 이미 살펴본 것처럼 Bowlby(1969)의 초기 관점은 유아들이 그들의 부모와 편안한 수준에서의 안전을 유지하기 위해서 반응한다는 것이었다. 그러나 Kobak(1999), Bretherton(1995), Oppenheim과 Waters(1985)와 같은 애착이론가들은 이 과정이 급속하게 상호적인 것으로 변하고, 그 속에서 유아들 역시 부모에게 영향을 미친다고 주장하였다. "애착 안정성은 내적 작동 모델과 현재 애착 관계의 질 사이의 역동적 교류 과정의 산물이다."(Kobak, 1999: 39) 성인의 연인 관계는 각각의 파트너가 서로 상대방과 안정 애착을 주고받는 경우다. 이것은 상호영향의 순환적 과정이라고 볼 수 있다. 애착이론과 체계이론이 공통적으로 강조하는 바는 체계가 유연하고 적응적이며 변화에 개방적이어야 한다는 점이다. 이것은 행동과 서로를 보는 관점, 그리고 문제해결에 있어서 새로운 방법을 개발할 수 있는 가능성을 포함한다. Kobak(1999)은 애착을 의사소통적 개념에서 보아야만 하는데, 단순히 또는 주로 내적 표상으로 볼 것이 아니라 의사소통의 유형으로 보아야 한다고 강조한다.

개방적 의사소통은 파괴적인 사건들이 애착 대상에 대한 접근 가능성을 위협한다고 인식하는 정도를 상당히 감소시킨다. 예를 들어, 부모의 분노 표현을 자녀가 지각할 때 상호 협력적인 관계를 유지하기 위해서는 자신의 행동을 바꿀 필요가 있겠다는 신호로 여길 수도 있고, 거절이나 유기(abandonment)에 대한 위협 신호로 여길 수도 있다. 그러나 의사소통이 개방적인 경우에는 부모가 화를 낼 때는 보통 화가 난 상황과 화나게 만든 구체적인 원인에 대해 자녀가 분명하게 이해할 수 있도록 설명이 함께 주어진다.

Kobak (1999: 33)

체계이론은 그 시초부터 가족을 의사소통 체계로 파악하는 것이 필요하다고 강조하였다. 또한 의사소통이 얼마나 개방적이고 융통성이 있는지는 가족의 적응적 또는 '건강한' 기능과 관련이 있다고 보았다. 애착이론과 체계이론은 모두 병리적인 것에 초점을 맞추지 않는다. 처음부터 Bowlby(1969)는 애착 패턴과 내적 작동 모델이 유아가 속한 환경의 맥락에는 잘 들어맞는 것이라고 주장했다. 두 이론은 가족 구성원의 내적 경험들을 외부의 사건들과 가족 안에서의 상호작용 및 의사소통과 연결시킨다. 어떤 체계적 접근은 내적 과정들을 소홀히 하면서 패턴을 강조하는 입장으로 옮겨 갔다. 그러나 중요한 아이디어 중 하나는 신념과 행동 사이의 관계성을 강조하는 '구두점'이었다(Bateson, 1972; Watzlawick et al., 1979; [그림 5-1] 참조). 두 파트너 모두 서로에 대한 고정된 신념을 발달시켜 온 것일 수 있다. 즉, 고정되고 본질적인 특징이라는 관점에서 상대방을 회피적이라거나 비판적이라고 보아 왔을 수 있

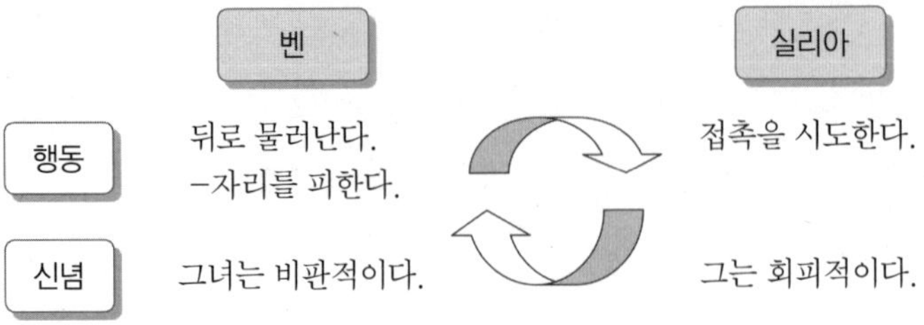

벤

실리아

행동

뒤로 물러난다.
-자리를 피한다.

접촉을 시도한다.

신념

그녀는 비판적이다.

그는 회피적이다.

[그림 5-1] 접근의 기초가 되는 행동과 신념의 순환: 추적 주기

다. 이러한 신념은 그들 각자가 상대방의 '최악의 두려움'을 확인하도록 함으로써 패턴을 유지하는 방식으로 행하게 이끈다. 전형적으로 신념과 인식에 초점을 맞추고 있기는 하지만, 체계이론이 정서적 연결이라는 측면에서 패턴을 유사하게 개념화하지 못할 이유는 없다.

애착이론은 유사한 체계적 분석을 사용하는데, 부모와 자녀 또는 커플이 이러한 순환 고리 속에서 서로를 붙들고 있다고 본다. 또한 애착이론은 이러한 패턴들은 근본적인 애착 욕구들에 바탕을 두고 있다는 점을 강조한다. Johnson과 Best(2003)는 친밀한 관계에서 대인관계적 역동을 촉진하는 데에는 애착 패턴이 가장 중요하다고 강조함으로써 애착이론이 체계적 치료에 중요한 점을 추가한다고 하였다. 흥미롭게도, [그림 5-1]에서 보여 주는 예는 건강하지 못한 많은 커플에게서 흔히 볼 수 있는 패턴이다. Johnson과 Best(2003), Byng-Hall(1980), Pistole(1994)는 커플에서의 거리 조절이라는 개념으로 이런 패턴들을 설명해 왔다. 그런데 이런 패턴의 기저에는 근본적인 애착 불안정성이 있다고 볼 수 있다. 실리아는 정서적 유기에 대한 두려움으로 인해 벤에게서 정서적 연결을 찾으려 한다. 그런데 벤은 이런 정서적 접촉과 정서적 접촉이 일으키는 감정을 두려워하기 때문에 뒤로 물러나 버린다. 그러나 이렇게 뒤로 물러서는 것은 실리아로부터 비판적인 공격을 당하게 만들 수 있다. 왜냐하면 실리아에게 있어서 철수(withdrawal)는 곧 거절로 경험되기 때문이다. 고통과 눈물 그리고 분노의 표현이 벤에게는 공격으로 경험되면서 결과적으로 벤을 더 멀리 물러나도록 만든다(Dallos & Dallos, 1997).

이런 분석은 부모와 자녀 간의 패턴에도 적용될 수 있다. 예를 들면, 청소년기의 자녀들에게서 자주 보이는 패턴에서 부모들은 자녀가 비밀을 많이 가지고 있다고 느끼며 자녀들은 부모에게 접근하고 도움을 받는 것이 불가능하다고 느낀다([그림 5-2] 참조). 정서는 이 같은 패턴의 기저에 있으면서 패턴을 촉발하는데, 자녀의 입장에서는 부모가 그들 자신의 문제에 너무 집착하고 정신이 팔

행동
따돌림을 당한다. 걱정한다.
도움을 청하는 것을 꺼린다.
감정을 숨긴다.
괴로움, 자해

자녀
- 엄마, 아빠는 도와주지 않는다.
- 내 문제를 알게 되면 나에게 무섭게 대할 거다.
- 엄마, 아빠는 일을 더 망친다.

신념

부모
- 아이가 숨기는 게 많고 아프다.
- 아이가 해결해야 할 게 너무 많다.
- 부모인 우리는 무력하다.
- 우리가 일을 더 망친다.

행동
화를 낸다. 운다.
거절감을 느낀다.
압도된 기분이 든다.
뒤로 물러난다.

[그림 5-2] 가족 내에서 자기손상의 기초가 되는 행동, 신념과 감정의 순환

려 있어서 도움을 줄 수 없다고 느낄 수 있다. 따라서 자녀들은 자신이 부모로부터 버림받았다고 느끼면서 화가 나 있어서 부모가 그들을 도와주려고 해도 단호하게 거절할 것이다. 이것은 자신들의 문제로 인해서 괴로워하던 부모들에게는 실패 감정을 유발할 수 있는데, 그 실패감은 부모들을 위축되게 하거나 화나게 만들 수도 있다. 자녀들은 자신이 부모를 화나게 하고 더 기분 나쁘게 느끼도록 했다는 것 때문에 죄책감과 분노의 감정을 느끼게 될 수 있다. 체계이론가들은 주로 이런 패턴들을 묘사해 왔으나 애착이론은 이러한 과정의 근간에는 정서적 과정과 애착 욕구들이 있다고 덧붙인다.

이야기치료와 애착이론

앞의 예에서 우리는 이미 행동과 감정의 패턴들은 신념과 이야기에 의해서 형성된다는 것을 알 수 있었다. 이야기치료는 우리가 인생과 경험들에 대해 가지고 있는 이야기들이 우리가 누구인지 그리고 우리가 어떻게 느끼고 어떻게 행동하는지를 형성해 간다고 주장한다. 특히 문제는 '문제가 녹아 있는' 이야기들과 관련이 있다. 거기에서는 부정적인 사건, 실패, 역기능, 무력감 등이 강조된다. 그리고 여기에 돌이킬 수 없는 손상 또는 유전된 취약성이나 질병 등의 주제도 종종 덧붙여진다. 이야기치료는 이 같은 신념들과 자기인식, 내러티브들이 가족과 다른 대인관계 과정에 의해 전달되고 적용되고 있을 뿐 아니라, 더 광범위하게는 문화적으로 공유된 아이디어들을 전달한다는 점을 강조한다. 또한 이것은 사람

을 정의하는 데에 이런 방식을 적용할 수 있는 힘을 가진 전문가들에 의해서 강요될 수도 있다. 따라서 이야기치료의 중심에는 치료란 사람들이 이 같은 병리화 과정에 저항하는 것을 돕는 절차를 수반한다는 개념이 있다.

애착이론의 중심적인 기여는 인간 경험의 핵심을 친밀한 애착 관계에 대해 우리가 만들어 온 이야기라고 보는 점이다. 이것들을 단지 관련된 경험이라고 주장하는 것이 아니다. 이야기치료는 또한 빈곤, 억압 및 병리화시키는 관행의 파괴적 과정에 대한 중요한 정치적 분석을 제공해 왔다. 이와 동시에 Brown과 Harris(1989)의 연구는 빈곤과 사회적 박탈 상황에서 가장 강력한 보호 요인 중 하나가 긍정적이고 지지적인 친밀한 관계라는 것을 보여 주었다. 연구에서는 하나 또는 그 이상의 안정 애착 관계가 회복탄력성을 상당히 증가시키고, 여성들이 우울해지고 약물치료를 찾는 경향을 감소시켜 주는 것으로 나타났다. 이것은 박탈의 효과를 축소하기 위한 것이 아니다. 오히려 AAI를 사용한 많은 연구가 보여 주듯이, 부정적인 경험들 그 자체가 항상 문제로 이끌지는 않는다는 것을 알려 준다. 부정적 사건들에 대한 일관된 이야기를 만들어 갈 수 있는 능력은 부정적 사건들을 초월할 수 있는 가능성을 가져올 수 있다. Harvey(1992)의 연구는 이 점을 지지하고 있는데, 성적 학대 같은 트라우마에 대한 회복의 중요한 특징은 피해자를 믿으면서 그 사건에 대해서 이해할 수 있도록 도와주는 지지적 인물이었다. 연구 참여 여성들에게 지지적 인물은 주로 친구, 가족 구성원, 때로는 치료자였다. 반대로 어머니와 같은 자신의 가까운 애착 인물이 자신을 믿어 주지 않거나 지지해 주지 않았을 때는 가장 부정적인 결과를 초래했다. 그러나 여기서 이야기치료와 애착이론에서 주의할

점이 있다. 박탈, 빈곤 그리고 학대라는 상황은 문제의 원인이 된다. 그리고 치료와 친밀한 파트너의 사회적 지지가 광범위한 구조적 변화나 복지정책을 실행하지 않는 것에 대한 변명으로 사용되어서는 안 된다. 이야기의 일관성에 초점을 맞추는 것이 사회 문제에 대한 만병통치약처럼 보일 수 있는 위험이 따를 수 있다.

내러티브의 변화는 정서적 과정을 포함한다. '문제가 녹아 있는' 내러티브의 과정들을 보면 우리는 경험이라는 것이 대단히 감정적이라는 것을 이해할 수 있다. 절망감과 무력감은 신체적 증상, 과민함, 슬픔 등이 정서적으로 각성되거나 산만한 상태를 만들어 내는데, 이것은 개인 또는 가족들로 하여금 좀 더 유연하고 긍정적인 이야기들을 발전시킬 수 있는 능력을 방해한다. 새로운 내러티브를 구성할 수 있으려면 개인의 인생에서 관계적 · 정서적 기반이 안전하고 개방적이어야 한다.

> 타인과의 안전한 연결은 환경에 대한 유연성과 적응력을 촉진시킨다. 특히 이러한 연결은 개인이 자신의 감정을 건설적인 방식으로 다룰 수 있도록 도와준다. 또한 타인과의 안전한 연결은 개인이 정보를 효과적으로 처리하고, 대안적 관점들을 고려하고, 타인과의 의사소통이 개방적 · 직접적이고 일관성 있는 방식으로 이루어지도록 도와준다.
>
> Johnson & Best (2003: 169)

그러므로 애착이론은 새로운 내러티브를 구성하는 데 수반되는 정서적 과정과 이와 관련하여 무엇이 그것들을 일어나게 하는가에 관심을 갖도록 함으로써 이야기치료를 보완할 수 있다. 특

히 AAI 연구는 사람들이 다양한 종류의 방어 과정을 포함하는 내러티브의 유형들을 발달시킨다는 점을 보여 준다. 이러한 방어 과정들은 여전히 지속되고 있는 가족에서의 의사소통 유형이라고도 볼 수 있다. 그러나 이러한 방어 과정은 또한 내러티브 유형으로도 볼 수 있다. 예를 들어, 무시하기의 과정은 과거의 애착 경험뿐 아니라 이야기들에서 무시되고 있는 현재 관계의 정서적 특징들에까지 이어지게 된다. 이야기치료에서 이 같은 과정에 대한 인식은 우리로 하여금 치료자와 내담자 개인 또는 가족 사이에서 의사소통의 왜곡이 일어날 가능성이 있는 영역에 대해 경계할 수 있게 해 준다. 이 같은 자각은 감정의 이슈들에 대해 이야기할 때 치료자가 속도를 조절하거나 재집중할 수 있도록 도와준다. 무엇보다 이것은 우리의 많은 내담자에게 있어서 경험을 일관성 있는 이야기로 배열하는 것이 어려운 활동이라는 점을 우리에게 일깨워 줄 것이다. Johnson과 Best(2003)는 이와 같은 활동이 안전한 환경에서 이루어질 것을 강조하였다. 안전한 환경에서 사람들은 자신의 경험을 통합하고 새롭고 일관된 이야기로 만들어 가는 어려운 과정들에 관여할 수 있다. 그리고 그들은 정서적 경험들을 처리하는 자신의 독특한 방법을 바꾸기 위해 점진적으로 배워 가야 할 필요가 있다.

ANT: 애착 이야기치료

문제와 어려움들은 행동과 내러티브 그리고 애착 간의 상호연결로 이루어진 관계에서의 패턴과 과정들을 수반한다고 볼 수 있다. Johnson과 Best(2003)는 커플들과 작업할 때 '애착 대상과의 안전

한 연결을 위협하는 요인을 다루는 데에는 아주 많은 방법이 있다'고 하였다. 그들은 상대방의 애착 요구에 대한 반응을 세 가지 유형으로 요약하였다. 그것은 확대, 최소화, 부인이다. 아마도 과정에 대한 제한된 레퍼토리의 관점은 낭만적인 소설과 시, 연극, 영화 작가들이 얼마나 창의적인지를 보여 주는 증거가 될 수 있지 않을까? 그러나 그들은 애착 패턴, 행동과 내러티브 사이에 근본적인 상호작용이 있다는 중요한 점을 분명히 하였다. 다른 곳(Dallos, 2004)에서 나는 이것을 선택에 대한 제약이라고 설명하였다. 사람들은 가능한 또는 그들에게 허용된 선택이라고 믿는 것에 의해 할 수 있는 행동의 범위를 제한하는 것으로 볼 수 있기 때문이다. Karl Marx의 말을 바꿔 보자면, 관계 속에 있는 사람은 선택을 하지만 그들 자신이 선택한 환경 속에서 선택하는 것은 아니다(Marx & Engels, [1846] 1970). 따라서 애착 욕구, 행동 그리고 내러티브 사이의 상호작용이 가지는 의미는 각각의 요소들이 다른 요소를 형성하고 제한할 수도 있고 또 자유롭게 할 수도 있다는 것이다([그림 5-3] 참조). 어려움과 문제는 감정, 행동, 내러티브 사이의 상호작용이라는 관점에서 볼 필요가 있다. 이것들은 그 자체로는 분리된 경험이나 실체가 아니다. 우리가 행동할 때 우리는 감정과 생각 또한 가진다(비록 그것이 무의식적이라 할지라도). 우리가 느낄 때 역시 생각도 하고 행동도 한다. 우리가 생각하고 자신의 내러티브를 다른 사람이나 자기 자신에게 표현할 때 우리는 또한 느끼고 행동한다. 그러므로 다른 사람들과 이야기하는 것에는 행동, 생각, 느낌들이 복잡하게 얽혀 있다. 기억과 감정이 촉발되면 우리는 손짓, 발짓으로 표현하고 나타낸다. 의도적으로든 그렇지 않든 간에 우리는 제스처 같은 광범위한 의미의 의사소통을 한다. 감정, 행동, 생각의 상호작용을 인

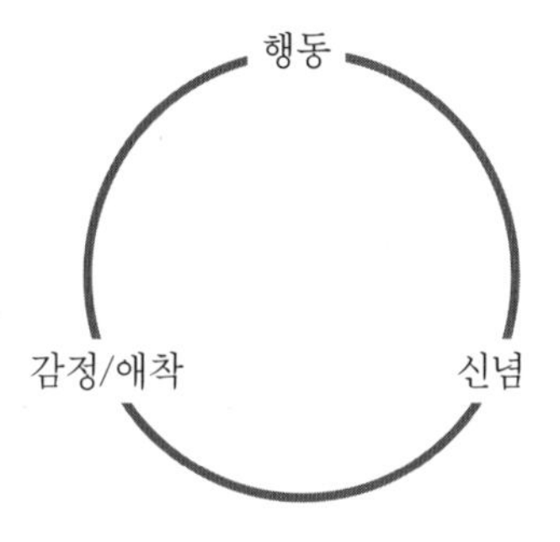

[그림 5-3] 애착 이야기치료적 접근의 핵심적 특징

식하는 것이 ANT 접근에만 해당하는 것은 아니다. 그러나 체계, 애착 및 내러티브 관점의 통합에 의해 제공되는 이 세 가지의 조합은 몇 가지 새로운 견해를 제시한다. 다음은 세 관점의 통합이 중요하게 기여한 점들에 대해 알아보고, 이런 개념들이 치료 과정 속에서는 어떻게 시간 순으로 나타나는지를 살펴보고자 한다.

치료적 관계: 안전기지 만들기

상당한 증거 자료들이 치료적 변화의 기초로서 치료적 관계의 중요성 또는 중심성을 강조한다(Luborsky et al., 1983). 이것은 치료적 관계를 만드는 전이와 역전이의 중요성을 강조한 Freud(1922)의 정신역동이론에 근거하고 있다. 애착이론에서 우리는 치료를 안전기지를 만들기 위한 필요라고 개념화할 수 있다(Byng-Hall, 1995). 실제로 가족들은 치료를 위협과 불안한 상황을 만드는 것으로 예측하는 것 같다(우리는 1장에서 가족과 나눈 대화를 살펴보았다). 가족이 치료를 어떻게 보고 어떤 일을 예상하는지 그리고 치료 과정에

대해 또는 치료 과정 중에 가족이 서로에게 확신을 주기 위해 무엇을 하는지는 가족이 힘든 시기에 가정에서 서로 어떻게 위로하고 안심시켜 주는지 그 과정을 똑같이 구현하는 것이라고 할 수 있다. 애착이론은 가족이 안전기지를 구축하는 방법에서의 핵심적인 특징들을 다음과 같이 제시한다.

1. 문제와 고통의 원인을 인지하고 인정한다는 것을 보여 준다.
2. 감정 반영하기-기분이 어떤지에 대한 이해를 표현한다.
3. 담아 주기-간혹 고통스럽고 무서울 수는 있지만 감정은 부모를 압도하거나 쫓아 버리지 않으며 조절될 수 있다는 것을 전달한다.

이러한 안심시키기의 과정은 Rogers(1955)의 공감과 수용이라는 개념의 핵심이다. 치료적 관계 및 안전감은 사람과 그들의 신념과 감정이 수용될 때 구축된다. 그리고 이것은 문제 또는 설명과 결탁하기 위한 것이 아니라 인정을 보여 주기 위한 것이다. 애착이론은 안전한 관계에 있는 부모와 자녀, 성인 파트너가 긍정적 감정뿐만 아니라 부정적인 감정을 표현할 수 있고, 서로 동의하지 않을 수도 있다는 것을 보여 준다. 의사소통 과정에서 개방성은 부정적인 감정을 배제하지 않으면서 사람들이 특정한 방식으로 느끼고 있는 이유를 설명하려고 시도하는 것이다. 사실상 감정은 이야기와 연결되기 때문에 감정에는 의미가 부여된다.

치료적 관계에 대한 연구(Bordin, 1979; Luborsky et al., 1983)는 감정, 목표, 방법이라는 세 가지 주요 구성 요소를 강조하고 있다. 이 세 가지 요소는 상호 연결되어 있으므로 감정을 알아차리고 인정하는 것을 통해 치료자는 내담자 개인이나 가족들과 치료의 목표와 방법을 설정하고 보다 명확히 할 수 있게 된다. 선호하는 애착 유형과 이에 연합된 방어 전략들을 인식하면 치료자는 개인, 가족, 커플 내담자들과 치료의 목적과 방법에 대해 협상할 수 있게 된다. 즉, 치료에서 무엇을 어떤 식으로 이야기 나눌 것인지를 합의하는 것이다. 예를 들어, 첫 번째 회기에는 가족과 함께 우리가 무엇을 이야기할지와 그것을 어떻게 진행할지에 대해 논의하였다. 특히 우리는 사람들이 어떻게 느끼는지를 생각해 보기 위해서 속도를 늦추는 것과 관련하여 가족이 어떤 규칙들에 동의할 수 있는지에 대해 이야기를 나누었다. 아버지는 무시하는 유형이고, 어머니는 집착형으로 보였다. 거식증으로 고통받는 딸은 무시형과 집착형의 요소들을 모두 나타냈다. 가족은 이전에 받았던 가족치료에서 고통스러운 감정들에 대해 말하도록 요구받는 일이 얼마나 괴로웠는지를 설명했다. 어머니는 고통스러운 감정을 떠올리면서 기분이 나빠졌고, 아버지는 당시 자신이 걱정하고 있던 딸의 안전 문제보다는 감정에 대해 말해야 한다는 것 때문에 점점 화가 났다. 딸은 부모가 자신 때문에 기분이 좋지 않아서 자신이 치료를 불쾌하게 여긴다는 것을 알게 되었다. 우리는 가족과 이야기하는 방법에 대해 몇 가지 규칙에 동의할 수 있는지를 논의하였다. 그리고 여러 가지 규칙에 합의하였다. 만일 그들의 불안감이 너무 심해지면 대화를 멈출 수 있고 이것에 대해 신호를 주면 치료자인 내가 그들을 대신해서 이것을 살펴보기로 했다. 한 번에 한 명씩만 말을 한다면(비록 어머니는 그다지 확신하지 않았지만) 비난이나 반격이 덜 일어날 것이다. 가족이 항상 규칙에 따를 수 있다고 느꼈던 것은 아니었다. 나는 매 회기 중간에 여러 차례 그리고 회기 말미마다 대화의 속도나 내용, 대화의 성

질이 수용할 만했는지, 안전하게 느껴졌는지를 가족과 함께 확인했다. 가족은 그 회기가 편안했다고 보고했다.

마지막으로 애착이론은 치료의 개념을 비계/발판 세우기(scaffolding)와 연결하였다. AAI에 대한 연구는 사람들마다 이야기가 일관성이 있는 정도 또는 통합되고 반영하는 정도에 차이가 있다는 것을 보여 주었다. 아동의 내러티브 발달에 관한 연구에서는 이것을 내러티브 능력 또는 '기술'이라고 본다. 이것은 우리로 하여금 많은 가족에서 개방적인 의사소통에 참여할 기회가 부족하고 아동 자신의 경험들을 일관성 있는 내러티브로 만들어 가는 데에 부모의 지지를 받지 못하는 일이 상당히 많다는 점을 인식할 수 있게 해 준다. 그러나 치료는 우리가 이러한 능력을 발전시키기 위한 발판을 제공하는 지지적인 요소를 가지고 있다. 그것의 핵심요소 중 하나는 안전하고 평온한 상황이다. 이것은 서로 다른 기억 체계에서 경험과 정보를 통합해 가는 매우 복잡한 과정을 위한 전제조건이다. Crittenden(1997)은 이 같은 통합 과정이 정서적 안정을 요구한다고 하였다. 따라서 우리는 위험과 위협으로부터 자유로워야 한다. 가족 구성원들이 불안을 느끼고 서로에 대해 적대감을 갖고 갈등할 때 통합적 처리보다는 경직된 사고가 나타날 가능성이 높다. 치료 과정의 일부는 결국 이러한 과정 내에서 사람들을 돕는 것이다. 치료자는 격려와 인정을 통해 가족 구성원들의 통합 과정을 지지하고, 가족이 함께 논의할 수 있는 내러티브를 제공하고, 가족 구성원들이 내러티브를 만들어 가거나 정교화하는 데에 참여하며 또한 자신의 이야기를 다시 쓰려는(re-storying) 그들의 시도를 도울 수 있다. 이에 덧붙여 우리는 내러티브 능력이나 기술의 발달이 이루어지는 의사소통상에서 가족들에게 모델이 될 수도 있다. 예를 들어, 동료와 반영적으로 대화를 나누거나 적절한 자기노출을 할 수 있고, 가족들에게 치료자인 나에 대해 그들이 느끼는 감정을 말해 달라고 초청함으로써 의사소통의 모델이 된다. 이것은 통합 과정을 모델링하고 통합이 일어나도록 하는 자료들을 이끌어 내는 데에 도움이 된다. 중요한 것은 관계와 감정에 대한 자료를 이용할 수 있도록 하고 이런 자료가 통합될 수 있는 방법을 제안하는 것이다.

애착 이야기치료 관점에서의 사례개념화

중심 애착 패턴

ANT 사례개념화의 중요한 특징은 핵심 애착 과정에 의해 촉진되는 관계상의 행동과 신념의 패턴을 파악하여 설명하는 것이다. 애착, 욕구, 불안과 패턴은 관계 구조의 중심 운동 에너지로 볼 수 있다. 앞서 제시한 실리아와 벤의 예에서 볼 수 있듯이, 각 파트너의 애착 불안은 패턴의 경직성을 유지시키는 것으로 보인다. 각 파트너가 자신의 가족이나 이전 관계에서 경험한 애착의 역사로부터 가져온 것이 지금 이 관계에 잘 들어맞는다. 아마도 벤은 다른 사람에게 의지할 것을 기대해서는 안 된다고 배워 왔을 것이다. 벤의 욕구는 충족된 적이 없고, 감정을 표현하면 그 결과로 실망이나 고통을 경험했을 것이다. 실리아의 경우, 욕구를 채우기 위해서는 분노를 표현해서 자기 요구를 점점 확대시키거나 상대방을 강요해서 반응을 얻는 것이 그녀가 가족에게서 배운 유일하고 일관된 방식이었을 것이다. 성인들은 이런 패턴을 위장하는 기술을 발달시키

므로 관계 초기에는 이 같은 패턴들이 잘 드러나지 않는데, 특히 성적 흥분으로 혼란스러운 분위기에서는 더욱 그러할 것이다. 그러나 관계의 내부나 외부로부터의 스트레스, 고통이나 갈등이 발생하면 언젠가는 반드시 표출될 가능성이 높다. 벤은 직장에서 겪은 수치스러운 경험을 실리아에게 숨기려고 하는데 이것이 바로 그의 패턴(무시형)이다. 그럼에도 불구하고 그는 자신의 슬픔과 고통을 완전하게 숨길 수 없다. 실리아는 이것을 그녀에 대한 거절로 경험할 수 있다. 그리고 이것이 다시 그녀의 패턴, 즉 다른 사람의 감정을 면밀하게 감시하는(집착형) 패턴에 부합하여 아마도 화를 내는 방식으로 재확신을 얻으려고 시도하게 되는데, 이는 벤에게 비난으로 받아들여진다. 각 파트너가 가진 핵심 애착 패턴이 이런 사이클을 더욱 부채질하는 것 같다. 애착 유형으로 사람들을 규정하는 것은 아니지만, 애착 유형은 어떤 정서적 과정이 일어날 수 있는지에 대한 추론의 지침으로 활용될 수 있다. 물론 이러한 초점을 가지지 않고도 우리는 패턴을 설명할 수 있다. 그러나 우리는 패턴들을 유지하고 있는 것이 무엇인지, 그리고 더 중요하게는 패턴들이 처음에 어떻게 생겨나게 된 것인지에 대해 거의 알지 못한다.

Johnson과 Best(2003)는 정서적 역동의 중심을 찾아내고 '애착 손상'이라고 불리는 것이 무엇인지 밝혀내는 것이 중요하다고 하면서 다음과 같은 분석을 추가하였다. 이것은 사람들이 가족이나 다른 관계에서 실망했다거나 버림받은 것 같은 기분을 느꼈던 특정한 사건들에 대한 기억들로, 그들에게 의미 있는 전환점을 나타낸다. "아빠한테 갔더니 아빠는 '바보같이 굴지 말고 자러 가라'고 했죠. 그래서 다시 자러 갔어요. 그 일이 있고 난 후 다시는 아빠한테 안 갔어요. 저는 아빠를 귀찮게 안 하려고 그냥 꾹 참았어요."(1장의 캐시 참조) 캐시의 경우, '바보같이 굴지 말라'고 한 아버지에 대한 기억을 기점으로 하여 그 이후부터 부모를 돌보는 자로서 의존하거나 신뢰할 수 없게 되었던 것 같다. 내러티브 연구자들은 이런 기억들을 밑바닥 경험(nadir experience)이라고 부르는데, 이것은 긍정적인 변화의 효과를 갖는 '절정' 경험과는 반대되는, 중대한 결과를 초래하는 의미 있는 부정적 경험을 말한다. 이런 순간들은 어쩌면 다른 사람들에게는 전혀 중요해 보이지 않을 수 있다. 하지만 이들에게는 점점 커져 가는 실망감을 포함하거나, 실망감을 끌어모으거나, 어쩌면 실망감을 확인시켜 주는, 즉 낙타의 등골을 부러뜨리는 '마지막 지푸라기' 같은 순간들이 되는 것이다. 바바라 역시 부모와의 의미 있는 순간에 대한 기억을 가지고 있다.

바바라: 아빠는 (저지방이 아닌) 일반 우유만 마셨기 때문에 내가 우유를 물로 희석하면 아빠가 그런 말을 했지…….
아빠: 비꼬는 말…….
바바라: 어…….

거식증으로 고통당해 온 바바라는 자신이 시리얼에 우유를 부을 때 속였다고 아버지로부터 비난을 받은 사건을 기억해 냈다. 이것은 바바라에게 있어 일종의 '상처'를 나타내는데, 자신의 거식증을 통제해 보려고 애써 왔던 그녀는 아버지의 말로 인해 그간의 노력이 물거품이 되는 기분을 느꼈다. 사람들은 빈번하게 그런 사건들을 보고하는데, 그 당시 자신들은 마치 육체적으로 부상당한 것 같은 무감각한 느낌을 가졌고, 나중이 되어서야 자신이 이 같은 사건

들이 야기한 '손상'을 느꼈던 것을 떠올릴 수 있었다고 말한다. 때때로 우리는 어떤 것을 가지고 '너무 많은 것'을 만들고 있다고 느끼는 동시에 우리가 느끼는 것이 편중되어 있다고 느낄 수도 있다. Johnson과 Best(2003)는 애착의 관점에서 사건들은 그것이 아무리 사소하게 보이는 것일지라도 핵심 애착 불안에 접근하기 때문에 매우 중요하다고 강조하였다. 아마도 그러한 감정적 발화점은 일상적인 상황에서 발생할 것이다. 왜냐하면 그것은 대부분 우리가 경계를 낮추고 상대적으로 무방비 상태이거나 안전할 것으로 기대하는 시점에 찾아오기 때문이다.

세대 간 패턴

ANT 사례개념화에서 두 번째 중요한 과정은 세대 간에 걸쳐서 일어나는 패턴의 관점에서 문제를 탐색하는 것이다. 애착이론은 우리가 양육받은 대로 자녀들을 기른다고 말한다. 이 같은 전달은 내적 작동 모델을 통해서 이루어진다. 우리가 4장에서 보았듯이 (Fonagy et al., 1991a) AAI에서 얻어진 임산부의 애착 유형을 통해 출산 후 2년이 경과했을 때 영아들이 그들에게 어떻게 애착될 것인지 그 패턴을 예측할 수 있다. 그것은 우리가 어린 시절부터 자신의 의지와는 상관없이 형성된 패턴에 희생양이 된다는 의미는 아니다. 오히려 이러한 경험이 자신과 타인들에 대한 이야기 속에 스며들게 된다는 의미다. 이 경험들은 우리가 다른 사람과 우리 자신을 어떻게 보는지, 다른 사람들에게 정서적으로 기대하는 것은 무엇인지 그리고 자신이 얼마나 사랑과 애정을 받을 가치가 있다고 여기는지에 따라 이루어진다. ANT의 사례개념화는 사람들이 가진 기대와 어린 시절의 경험에 대해 그들이 가지고 있는 이야기들이 현재 관계에서 재생되는 방법을 탐구하려는 시도를 한다. 이것은 치료자가 부모들이 한 실수와 잘못을 찾아 바로잡으려는 것이 아니다. 치료자의 역할은 세대에 걸친 패턴을 인식함으로써 치료적 중립 위치에서 가족을 돕는 데 있다. 이 같은 사례개념화에서 중요한 또 다른 측면은 Byng-Hall(1995)의 교정 또는 복제 각본의 개념이다. 이것은 사람들로 하여금 어린 시절 경험들을 되돌아보게 하는데, 그들이 바꾸거나 다르게 해 보고 싶은 것과는 반대되는, 반복하고 싶다고 느끼는 것과 부모가 했던 일 중 좋았던 것들이라는 측면에서 과거의 경험들을 미래로 옮겨 볼 것을 제안한다. 이 아이디어는 우리의 선택이 대조라는 측면에서 이루어진다는 Kelly(1955)의 구성개념적 대안주의(constructive alternativism) 개념 그리고 Bateson(1972)의 차이에 대한 개념과 유사하다.

그러나 교정 또는 복제하는 각본을 고려하는 과정에서 이상화 같은 방어 과정을 개념화하는 것도 가능하다. 예를 들어, 어떤 아버지는 어릴 적 자신의 아버지가 자신을 체벌한 덕분에 자신은 규율이나 매너를 학습할 수 있었다고 말하면서, 그렇기 때문에 자신도 자녀를 체벌한다고 표현한다. 그러나 이와 같은 이야기를 더 이어 가면 아버지는 자발적으로 고통스러운 경험을 기억하면서 눈물을 흘린다. 이런 과정을 통해 두려움을 느꼈던 증거를 발견하면서 자신의 아버지에 대한 이상화 과정이 드러날 수도 있다. 아버지는 자기 아버지의 구타에 대한 느낌을 자신의 어린 아들이 체벌을 받는 동안 얼마나 두려워했을지에 대한 감정과 연관 지어 생각해 볼 수 있다.

이야기의 조직화

ANT의 사례개념화는 사람들의 이야기 내용뿐만 아니라 이야기들이 어떻게 구성되었는지에 대한 고찰을 포함한다. 이 같은 점이 이야기의 구조적 측면을 간과하고 인지적 측면을 과장할 수 있는 내러티브 관점에 추가되었다. 사례개념화는 사람들이 그들의 인생에서 일이나 과거의 사건들을 일관성 있는 내러티브로 만들 때 어떤 경험을 했는지를 고려한다는 측면에서 '내러티브 능력'이라는 개념이 중심이 된다. 가족 간에 어떻게 대화하고 서로의 문제를 어떻게 기술하고 있는지 그리고 이것이 관계와 정서 과정에 어떻게 연결되어 있는지의 측면에서 현재 패턴을 발견할 수 있다. 가장 광범위한 수준에서 우리는 이것을 가족의 의사소통이 개방될 수 있는 범위라는 개념으로 설명할 수 있다. 그러나 보다 구체적으로 보자면 이것은 내러티브가 애착의 두 가지 주된 차원, 즉 감정의 억제 또는 인식의 억제를 중심으로 어떻게 조직되었는지의 측면에서 설명이 가능하다. 어떤 가족은 감정을 말하는 것이 어려울 수 있고, 또 다른 가족은 구조화된 인지를 형성하기가 어려울 수도 있다. 전형적으로 가족 내에서 스타일의 상당한 차이가 있을 수 있다. 초기 개념화의 일부는 벤과 실리아의 예처럼 그들의 차이가 의사소통의 어려움을 초래한다는 것이다. 이것은 치료에서 두 사람 각각이 지향할 방향성에 차이가 있음을 보여 주는 것일 수 있다. 벤의 경우는 인식이나 합리적인 설명을 넘어서서 감정을 개방하는 것에 중점을 두어야 한다. 반면 실리아는 감정을 진정시키는 것과 그녀의 경험과 관계에 대한 구조적인 이해를 발달시킬 수 있어야 한다.

이 같은 사례개념화는 기억 체계와 방어 과정이 어떻게 작동하는지를 고려함으로써 더욱 발전할 수 있다. 특히 더 심각한 문제들의 경우, 서로 다른 경험들이 통합성이 결여된 상이한 기억 체계들에 저장되는 경우가 있을 수 있다. 예를 들어, 고통스럽거나 충격적인 기억들은 되풀이되는 패턴이 나타날 때 강렬한 이미지로 감각 및 절차기억에 저장될 것이다. 이것들은 사건들이 잊히거나 사건들에 대한 방어적인 버전이 우세한 의미기억 또는 일화기억과 연결되지 않을 수 있다. 이런 분석은 정신역동 과정과 연결되지만, 애착이론은 이런 식으로 사건들을 처리하는 방법을 도출하게 된 과거의 실제 사건들과 상호작용의 패턴들을 발견하려는 체계적 입장을 차용한다. 또한 사례개념화는 이것들이 현재 상호작용의 패턴을 어떻게 유지하는지 살핀다. 예를 들어, 루이스와 마크의 관계 문제에서 지배적인 이야기는 루이스가 어렸을 때 아버지에게 성적 학대를 받았기 때문에 성적인 면에서 거부적이라는 것이다. 그녀가 학대를 폭로하기까지 오랜 시간이 걸렸다. 법정 공판이 진행될 때 판사가 그녀의 진술이 부분적으로 신빙성이 없다고 비난하기도 하였다. 마찬가지로 그녀의 어머니도 학대당하는 고통에 대해 진심으로 공감해 주지 않았다. 비록 마크가 루이스의 학대에 대해 동정적이기는 했지만, 그는 그들의 현재 관계와 자신의 행동, 특히 그가 바람을 피웠고 때로는 정서적으로 루이스를 학대했다는 사실의 영향을 축소하였다. 루이스의 아버지가 그녀의 어린 시절 학대를 왜곡했던 것처럼, 최근의 학대에 대한 그녀의 인식이 왜곡되고 거짓으로 변질되었다는 데에는 논쟁의 여지가 없다. 결국 루이스는 그녀가 마크에 대해 가지고 있던 '친절하다' '잘 돌봐 준다'는 왜곡된 의미론적 표상과 상충되는 현재의 기억 체계, 예를 들어 아픈 그녀를 혼자 남겨 두고 떠나는 모습이라거나 그녀가 유산했을

때 마크가 다른 여자들과 나가 버리는 장면이나 에피소드들을 연결할 수 있게 되었을 때 상당한 진전을 이룰 수 있었다. 그녀는 마크에 대한 분노를 표현하고, 그녀가 '실제로는' 성적인 문제를 가지고 있지 않으며 아버지에 대한 감정은 대부분 해결했다고 느꼈다는 것을 명확히 밝혔다. 이후에 마크는 그녀와 함께 그들의 관계를 살펴볼 수 있었고 마침내 그가 한 행동들에 대해 사과할 수 있었다(Foreman & Dallos, 1992). 그러므로 기억 체계 간의 단절은 현재 과정뿐 아니라 이전의 과정들에 의해서도 이루어질 수 있다. 이와 유사하게 Bowlby(1969)는 부모들이 어떻게 자녀들에게 사건에 대한 왜곡된 표상들을 유도할 수 있는지를 설명한다(4장 참조). 부모들은 어떤 경우에는 자녀들에게 그들의 감각 지각이 목격했다고 느끼는 것이 그들이 본 것과는 다른 것을 의미한다고 말함으로써 사건의 표상을 왜곡한다. 앞의 루이스의 사례에서처럼 학대하는 부모들이 자녀에게 성적 학대가 단지 사랑의 손길 혹은 약간의 마사지였다고 말하는 경우가 빈번하다. 예를 들어, 어떤 가족에서 아버지가 딸의 발을 마사지하는 것과 관련된 '발가락 타임'에 대해서 말했을 때 나는 그 아버지가 이런 활동을 하는 중에 성적으로 흥분했을 수도 있고 이 같은 성적인 의미를 부인하는 것일 수도 있지 않을까 우려했다(Dallos, 2004). 흥미롭게도, 그의 딸이 가족치료 시간에 눈물을 흘리며 자주 했던 말 중의 하나는 사람들이 거짓말을 하고 있다는 것이었다. 이것은 아마도 이 활동과 경험뿐 아니라 가족 내에서 일어나는 혼란스러운 과정들에 대한 암시였을 것이다.

정서적 삼각관계

3장에서 우리는 가족 내에서 자녀들이 어떻게 각각의 부모와 맺는 정서적 관계뿐 아니라 부모 간의 관계가 갖는 특성의 영향을 받는지 살펴보았다. 여기에 더하여 그들은 다른 형제자매나 조부모 등을 포함하는 다양한 삼각관계 과정에 관여하게 된다. 그러나 부모 사이의 정서적 관계의 본질은 일차적으로 중요할 수 있고, 실제로 자녀들은 부모 간의 관계와 관계를 맺는다. 1장에서 캐시는 부모 사이의 관계가 그녀에게 어떻게 영향을 미쳤는지를 슬프게 묘사했다. "내가 더 안 좋아질 수 있으니까 내 상태가 이럴 때는 엄마, 아빠가 싸우지 않는 거죠. 그래서…… 내가 마음대로 할 수는 없지만 그런 식으로 상황을 더 통제할 수 있었어요." 여기서 캐시는 부모의 관계가 그녀에게 어떻게 영향을 미쳤는지 드러내고 있지만, 정서적인 과정은 더 숨겨져 있을 가능성이 높다. 예를 들어, 자녀가 한쪽 부모에게 정서적으로 이끌려서 다른 쪽 부모에게 대항하거나 또는 자녀가 비밀과 왜곡의 패턴에 빠져들거나 부모 사이에서 거짓말을 하는 다른 과정들이 있을 수 있다. 이것은 자녀들이 자신의 감정을 관리하는 패턴이 될 수 있다. 캐시는 자신이 부모 사이에서 느낀 감정을 다음과 같이 묘사한다. "나는 완전히 파파걸이었어요. 정말로요. 나는 죄책감을 느끼곤 했죠. 죄책감은 아주 엄청난 감정이었어요. 내가 엄마나 아빠 중 어느 한쪽과 시간을 더 많이 보내면 죄책감이 들었어요. 부모님은 싸울 때 항상 '재는 나보다 당신을 더 좋아해.'라고 했어요."

다른 전형적인 예는 한쪽의 부모가 자녀에게 특정 상황과 사건에 대한 비밀을 지키고 다른 쪽 부모에게 말하지 않도록 가르치는

시나리오다.

> 오, 엄마는 나를 매주 토요일마다 쇼핑에 데리고 갔어요. 예를 들어, 엄마는 매주 토요일마다 쇼핑을 가면서 마켓에서 영수증을 받아요. 엄마는 아빠한테 70파운드를 썼다고 말하지만 사실은 50파운드만 쓰는 거예요. 맞아요, 그래서 우리는 20파운드를 챙기고 같이 옷을 사러 가는 거죠. 뭐 그런 거예요.
>
> Crittenden (2004)

또는 나쁜 행위를 저지른 자녀가 다른 쪽 부모로부터 보호받을 수 있도록 함께 연합하는 형태다.

> 어느 날 나는 정말로 화나서…… 나무 칠판(아버지가 그녀를 위해 만들었던)을 부숴 버렸어요……. 나는 아버지가 나를 때릴 것 같아서 걱정을 많이 했어요. 그때 어머니는 나를 안아주면서 "걱정하지 마. 우리가 그것을 고칠 수 있을 거야."라고 말했어요. 엄마와 나는 칠판을 고쳤어요. 이것이 아버지는 지금까지도 모르는 엄마와 나만의 비밀이에요.
>
> Crittenden (2004)

이것은 일반적인 가족 패턴이지만 삼각화 과정의 과거와 현재 패턴이라는 관점에서 애착 과정을 공식화할 수 있는 가능성을 제공한다. 이것들은 또한 개방적 의사소통의 결핍과 기만적인 과정을 촉진하는 과거와 현재의 패턴들은 무엇인지를 보여 준다. 특히

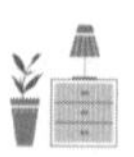

기만과 거짓말이 가족 체계에 어떻게 흡수되어 신뢰와 안정감을 부족하게 만들며 혼란을 조성하는지 알려 준다. "다른 사람이 말하는 것은 믿을 수 없고, 나 자신조차 믿을 수 있는지 잘 모르겠어요." 가장 중요한 것은 이런 삼각화 과정은 이야기의 통합과 일관성을 약화시킨다는 것이다. 사람들이 무엇을 했는지, 어떻게 느끼는지, 그들의 의도와 그들이 무엇을 할 것인지에 관한 정보는 제한되고 왜곡되거나 거짓으로 꾸며져서 일관성 있는 내러티브를 형성하기가 어렵다.

따라서 세대 간에 걸친 삼각화 과정을 고려하는 것은 가족 구성원들이 개방적이고 정직하기 위해 치를 대가는 무엇이라고 여기는지를 탐색하는 중요하고도 비난적이지 않은 방법이다. 이것은 가족이 함께 대화를 나누거나 상담 회기 이후 집에서 맞비난에 직면해야 할 때 확실히 복잡한 문제가 된다. 삼각화는 내담자가 스스로 삼각화 이슈를 상담자에게 가져옴으로써 개인 작업에서도 다룰 수 있다. 예를 들면, 내담자는 예민하지 못하고 무감각하며 돌보지 않고 학대적인 파트너에게 함께 대항하도록 치료자를 자기 편으로 이끌 수 있다. 청소년과의 작업에서 나는 청소년 내담자 편에서 지배적이고 보수적이고 제한적이고 학대적인 부모에게 대항하고 싶은 유혹을 느끼는 경우가 있다. 발생하는 갈등 상황에서 자신의 역할이 무엇인지를 생각해 보는 것은 젊은이들에게 더 어려운 일일 때가 많다. 이것은 어쩌면 한쪽 부모에게 대항하기 위해 그들이 다른 쪽 부모를 징집하거나 그 부모에게 징집당하는, 집에서와 유사한 삼각화의 패턴을 반영하는 것일 수도 있다.

치료적 개입을 위한 제언

치료적인 관계를 만드는 것은 그 자체가 치료적인 개입이며, 틀림없이 치료의 가장 강력한 요소 중 하나가 된다. 마찬가지로 사례 개념화와 관련된 주제들에 대한 논의에서 우리가 물어보는 질문들 그 자체도 사람들이 자신들의 관계를 보는 방식에 약간의 변화를 촉진할 수 있다. 여기에 더하여 ANT 관점은 치료적 개입을 위해 위로하기 패턴, 핵심 정서 순간 확인하기, 일관성과 통합 격려하기 등을 포함하여 여러 가지 중점 사항을 제안한다.

위로하기 패턴

우리는 살면서 다른 사람들에게 우리의 어려운 감정, 문제, 갈등, 고통, 굴욕 그리고 불안을 해결할 수 있도록 도움을 요청해야 할 필요가 있다. 가족들이 이런 문제에 대해서 이야기하는 것은 가족치료 회기에서 자주 보이는 전형적인 모습이다. 예를 들어, 부모들은 자녀가 한 잘못된 행동을 과장되게 설명한다. 자해 행동 같은 경우라면, 문제의 세부사항들에 대한 극적인 묘사를 하기도 한다. 이런 대화들 속에서 가족 구성원들이 문제에 직면해서 무기력하고 절망적으로 느낀다는 것은 명백하다. 문제가 가족 구성원 중 누군가에게 내재해 있는 본질적인 특성이라고 보이는 경우가 빈번하다. 예를 들어, 자녀를 다루기 어려운 '까다로운' 아이라고 보는 것이다. 애착 관점은 가족 구성원들이 서로를 위로할 수 없다는 감정을 어떻게 느끼게 되었는지에 초점을 둔다. 이런 대화를 나누는 것은 쉽지 않은데, 부모들이 자녀를 도우려는 그들의 모든 노력이 얼마나 소용없고 무시되었는지를 자세히 설명하는 것으로 너무 빨리 진행되기 때문이다. 한 가지 유용한 방법은 세대 간의 위로하기 패턴을 추적하면서 부모 자신에게 그것이 어떤 경험이었는지, 이 경험으로부터 그들이 배운 것은 무엇이었는지에 대해 대화하는 것이다. 이 방법은 부모 자신이 위로받았던 경험이 거의 없었다는 것을 보여줄 때가 많다. 혹은 좋았던 경험을 가지고 있다고 말은 하지만, 그것이 정확히 무엇이었는지 설명하지 못하거나 증거가 없는 경우도 있다. 이런 논의는 이미 좋은 치료적인 관계가 형성되어 있을 때 가능하다. 그렇지 않을 경우 가족 구성원들이 자신들의 가정교육 때문에 어딘가 부족하다고 비난받는 것 같아서 위축되는 듯하다. 세대 간 전수의 탐색과 더불어 어떻게 그들이 자녀를 위로했는지, 커플이라면 관계 초기에 어떻게 상대방을 위로했는지와 같은 현재 가족의 경험을 탐색하는 것이 도움이 된다. 이것은 이전의 성공 사례들을 찾아보는 '독특한 결과' 또는 '해결 중심' 접근에 부합한다. 이 같은 탐색을 통해 많은 가족이 위로받는다는 것이 어떤 느낌일지에 대한 아이디어들을 함께 모으고 구성해야 한다는 것이 분명해진다.

부모가 시설에서 자랐던 가족과의 만남에서 나는 그들이 어떻게 자녀를 위로하는 방법에 관한 아이디어들을 갖게 되었는지에 대해 이야기를 나눈 적이 있다. 이 같은 대화는 이 일이 어떻게 일어나는지에 대한 이상화된 버전을 보여 주기도 하는 한편, 책, 잡지, 영화, TV 또는 친구나 다른 사람들이 하는 것을 보고 방법들을 조합해 내야 하는 경우라면 이런 일이 얼마나 어려울지 부모에 대한 공감적인 입장을 갖도록 만들기도 한다. 이것은 이런 학습이 어떻게 감정적이고 경험적인 수준에서 일어나야 하는지에 대한 유용한 논의

로 연결될 수 있다. 또한 잘 되지 않는 이유에 대해 부모가 이해할 수 없어서 느끼는 고통과 좋은 의도에 대해 동정적인 입장을 제공한다. 어떤 면에서는 치료 관계 자체가 이 같은 과정으로 탐색될 수 있다. 예를 들어, 가족에게 치료자가 하는 일에 대해서 의견을 말할 수 있게 하고, 가족을 편안하게 한 것과 불편하게 하는 것에 대해서도 말할 수 있게 한다. 이것은 집에서의 비슷한 상황에 대해 연습이 되고 모델이 된다. 부모들은 자신이 아무에게도 받아 본 적 없는 방식으로 그들이 자기 자녀에게 무엇이 도움이 되었는지를 확인할 수 있게 된다. 이러한 대화들은 부모들이 자신의 애착 상처를 기억했을 때 강렬한 감정을 일으키게 할 수 있다. 어떤 사례에서 한 어머니는 자신이 아이와 친밀하고 아이를 달랠 수 있다고 느꼈던 바로 그 순간에 과거 학대받은 어린 시절 기억이 떠올랐다고 말했다. 이것은 그녀에게 고통스러운 기억을 불러일으켰고, 그래서 자녀에 대한 그녀의 행동이 달라졌다. 그녀는 멀어지고 냉담해져서 자녀

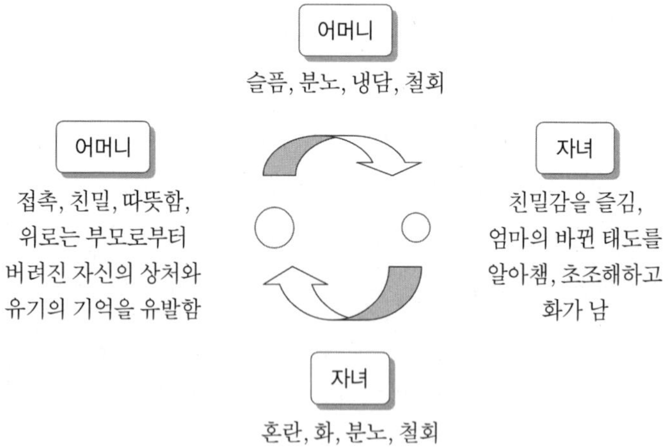

[그림 5-4] 모-아 관계에서 외상적 기억의 침입

를 혼란스럽게 했고, 자녀는 결국 고통과 분노를 느끼게 되었다. 자녀의 이런 반응은 다시 어머니로 하여금 자신이 부적절하고 실패했다는 기분을 갖게 해서 결국 화를 내며 자녀로부터 물러나게 만들었다([그림 5-4] 참조).

핵심 정서 순간 확인하기

Johnson과 Best(2003)는 이것에 대해 '감정 탄환 잡기'라는 극적인 표현을 사용한다. 치료 과정에서 커플, 가족 또는 개인이 과거 사건들에 대한 그들의 이야기를 말할 때, 감정적 변화가 시도되고 있는 과정들을 확인할 수 있다. 예를 들어, 앞에서 제시한 루이스와 마크의 사례를 생각해 보자. 루이스는 어떤 치료 회기에서 그녀가 자신과 마크의 관계에 대해 그리고 그들의 문제에 대해 어떻게 느꼈는지에 대해 여성 치료자와 대화를 나누었고, 마크와 남성 치료자는 그 대화를 듣고 있었다. 루이스는 그녀가 아팠을 때도 마크가 계속 성적인 접촉을 하려고 했던 것이 그녀에게 어떻게 강간처럼 느껴지기 시작했는지에 대해 설명했다. 이야기를 듣고 난 후, 마크와 치료자인 나는 이것에 대한 그의 생각과 감정을 이야기 나누었다. 마크는 루이스가 그렇게 느끼도록 행동한 것에 대해 눈물을 흘리며 미안해했다. 이것이 중요한 전환점이자 용서의 시점처럼 느껴졌지만, 루이스는 마크가 정말로 자신의 방식을 바꿀 것이라고 확신하기 어렵다고 했다. 상처받은 사람은 상처를 되돌려주고 싶어 하기 때문에 후회나 반성을 표현한다고 해서 항상 인정받을 수 있는 것은 아니다. 이것은 다시 정서적으로 위태로운 단계가 될 수 있다. 왜냐하면 이 같은 상황에서 마크가 아픔을 느끼면서 앙갚음

을 하고 싶은 유혹을 느낄 수 있기 때문이다. 마크는 "루이스가 하는 것 좀 보세요. 그녀는 절대 용서를 하지 않아요. 나 참, 여기 온 게 다 무슨 소용이람."이라고 말했다. Johnson은 이 순간을 놓치지 않고 사람들로 하여금 무엇을 느끼는지, 어떤 거부감이 작용하는지, 용서를 하는 것이 얼마나 힘든지에 대해 대화하도록 돕는 것이 중요하다고 하였다. 이런 일이 일어나는 데 시간이 걸리겠지만 작은 첫걸음은 시작할 수 있다. 이런 상호작용에서 어떤 불안이 활성화되는지를 논의하기 위해 어린 시절 애착과의 연관성을 대화에 포함시키는 것이 유용하다. 특히 어떤 사건들이 분노나 서로에 대한 감정과 신뢰의 상실, 즉 '애착 손상'을 초래했다고 인식하고 있는지를 찾는 것이 도움이 된다.

일관성과 통합 격려하기

가족이나 커플의 사례를 개념화할 때 우리는 그들의 내러티브 유형을 고려한다. 앞서 논의한 바와 같이, 우리는 내담자들의 내러티브 유형이 감정을 무시하고 인지를 강조하는 무시형 전략으로 조직되었는지, 아니면 인지를 무시하고 감정을 강조하는 집착형 전략으로 이루어져 있는지를 우선적으로 고려한다. 이것은 엄격한 유형론이나 '진단'은 아니지만, 내담자들이 일관되고 통합된 애착 내러티브를 개발하는 데 있어서 어떤 어려움과 강점이 있는지 인정하는 동정적인 접근 방식을 취할 수 있게 한다. 사람들이 가질 수 있는 어려움들이 그들의 가족 패턴으로 인해 발생한 것임을 인식하면 우리는 보다 더 동정적인 입장을 취할 수 있게 된다. 그러나 이러한 인식은 또한 우리가 채택할 수 있는 가능한 치료 초기의 방

향을 보여 주기도 한다(〈표 5-1〉 참조).

표 5-1 치료적 접근과 애착 유형

무시형(감정표현을 촉진)	집착형(인지과정을 촉진)
실행	가계도
역할극	인생 곡선
반영 기능 질문	순환 과정의 추적
내면화된 타인 인터뷰하기	신념, 행동 그리고 순환 과정의 도식화
갈등 영역 탐색	척도질문
갈등 대처	순환질문
돌봄과 위로	공유된 가족 신념

감정을 표현하도록 촉진하는 것은 사람들이 그들이 배운 대로 거리를 두는 입장을 취하기보다 자신의 감정에 가깝게 가도록 돕는 것을 더 포괄적인 목표로 둔다. 마크(3장 참조)는 무시형 내러티브 유형의 예시를 보여 준다.

마크: 저는 자주 울었던 것 같아요. 아마 어머니한테 가지 않았을까 싶은데, 사실 기억이 나지 않아요. 유리 조각에 손을 심하게 베어서 막 비명을 질렀던 기억이 나요. 아마 집으로 달려갔던 것 같아요.

면접자: 집에 있는 어머니에게로 달려갔나요?

마크: 아마도요. 정확히 기억나지는 않아요.

마크의 경우, 그가 가진 위로의 기억은 모호하고 가설적이다. 그가 보다 일관된 내러티브를 발전시키도록 돕는 치료적 방향은 감정에 대한 정보에 접근하는 것이다. 보다 일반적으로, 무시형의 사람들에게는 경험적인 방법을 사용하는 것이 도움이 된다. 역할극을 사용하거나 정서 과정을 시연해 보도록 요청하는 것, 그리고 공감적 질문들(다른 사람들이라면 어떻게 느낄까)과 내면화된 타인들을 인터뷰하는 방법(Tomm, 1984)을 사용할 수 있다. 돌봄과 위로뿐 아니라 갈등을 어떻게 다루는지와 같은 정서적 문제에 대한 탐색이 중요하다. 그들이 감정을 통합하고 감각기억과 일화기억 체계의 차단을 수반하지 않는 이야기를 발전시키도록 하는 것이 치료의 목적이다.

그에 반해서 인지적 표현을 촉진하는 것의 목적은 사람들이 감정의 급박성과 거리를 두게 하고 인과적이고 시간적인 관계 속에서 경험을 발견할 수 있는 내러티브에 대해 숙고하고 그것을 발달시키도록 돕는 데에 있다. 릴리언(3장 참조)은 집착형 내러티브 유형의 특징을 보여 준다.

면접자: 당신이 어렸을 때 화가 나면 무엇을 했나요?

릴리언: 모르겠어요. 기억이 안 나요. 도망쳤던 건 확실한 것 같은데, 음⋯⋯ 상황이 안 좋아지면 짜증을 내고는 했어요. 나는 지금도 짜증을 내요. 맞아요, 여전히 그래요. 하지만 [웃음] ⋯⋯ 네, 물건을 던지고는 했어요. 왜 그런 신경질적인 아이 있잖아요. 기억나는 것은 이게 전부예요⋯⋯. 도망치더라

도 항상 돌아왔던 기억이 나요. 뒷마당으로 도망쳤는데, 나는 몸집이 작았고 담장에는 개구멍이 있어서 거기로 빠져나가서…….

면접자: 몇 살 때였는지 기억하나요?

릴리언: 네, 그러고 나면 나의 도피는 항상 어디선가 끝나 버렸죠. [웃음]

면접자: 그때가 몇 살 때였죠?

릴리언: 글쎄요. 아마도 세 살쯤이었을 거예요. 한번은 멈추지 못하고 데굴데굴 굴렀는데, 나는 너무 작았고 바람이 강해서 언덕 밑으로 떨어져서 멈췄어요. 그게 화가 나서 도망친 나의 도피 사건 중 하나예요.

출처: Crittenden (2004).

애착 유형이 집착형인 사람들을 위해서는 의미적 과정을 강화하는 것이 강조된다. 여기에는 다양한 종류의 구조화된 접근들이 포함될 수 있다. 예를 들면, 가계도를 활용하거나 인생 곡선을 사용할 수 있다. 이것은 시간과 장소라는 측면에서 사람들에게 그들 삶의 중요한 사건들을 나타내 보도록 요청하는 것이다. 그들의 이야기에 시간적 질서를 부여할 수 있게 되는데, 그럼으로써 사건들의 타이밍이라는 관점에서 덜 단절되도록 할 수 있다. 신념과 행동의 사이클을 도식화하고 그 순환 과정을 추적하는 것은 그들의 내러티브 속 사건들 간의 인과적 · 시간적 관련성을 촉진하는 것을 도울 수 있다. 우리는 사건을 보는 다른 사람들의 관점과 신념, 인식에 대한 의미론적 설명을 촉진하는 질문을 할 수 있다. 또한 내담자들

의 체계에서 반응을 하는 패턴을 알아보기 위해 순환적인 질문들을 하기도 한다(Dallos & Draper, 2005). 덧붙여 말하자면, 우리는 면접자가 릴리언이 설명하는 사건이 일어났을 때 그녀가 몇 살이었는지를 반복해서 질문함으로써 그녀의 이야기 속에 다소간의 인지적 일관성을 도입하려고 시도했던 것을 볼 수 있다.

사람들의 애착 유형에 대한 치료자의 반응 스타일 형성이 거의 직관적으로 발생한다는 것은 흥미로운 일이다. 예를 들면, 3장에서 본 것처럼 전형적인 반응은 면접자가 반복적으로 사실에 대해 물음으로써 릴리언의 이야기에 일종의 순서라는 감각을 도입하도록 모색하는 것이다. 마크는 전형적으로 우리에게 그가 느끼는 것을 표현하도록, 또 그가 자신의 고통스러운 방어를 뛰어넘을 수 있도록 도와주고 싶은 강렬한 감정을 불러일으킨다. 그러나 정서적 과정은 매우 강력해서 치료자들이 내담자들의 패턴에 도움이 되지 않는 방식으로 관여하게 할 수도 있다. 예를 들어, 이것을 인지하지 못하면 마크와의 회기에서 치료자가 지나치게 합리적이 되고 감정이 결핍될 수 있다. 한편 릴리언과의 만남에서 치료자는 전혀 문제가 없고 걱정할 필요도 없이 다 잘되고 있다고 느끼거나 아니면 지나치게 활기차고 감정적이 되거나 혼란스럽고 통제가 안 된다고 느낄 수 있다. 그렇지만 이런 참조틀이 엄격한 처방을 의미하는 것은 아니다. 마크와 릴리언의 스타일을 인정하고 그들의 대처 스타일에 고의적이거나 부주의하게 도전함으로써 불안을 유발하지 않는 것이 중요할 때가 있다. 그러나 내담자의 스타일을 인지하는 것은 치료적 방향에서의 '적합성'을 촉진하는 데 있어서 치료자가 보다 더 유연하고 창의적이 될 수 있고, 따라서 내담자들이 자신의 경험에 대한 일관성 있는 내러티브를 개발할 수 있도록 돕는다.

요약

이 장에서는 치료를 위한 ANT 접근의 특징 몇 가지를 검토하였다. 애착이론, 체계적 접근 그리고 이야기치료가 서로를 어떻게 보완하는지의 측면에서 세 접근으로부터 나온 아이디어들을 통합하려는 시도들이 있어 왔다. 보다 구체적으로 말하자면 세 접근 간의 연결은 치료로서 ANT가 가지는 방향성과 관련하여 이루어졌다. 여기에 설명된 치료의 방향성은 완전한 것이라기보다는 대두되고 있는 개념화와 개입에 대한 몇 가지 아이디어를 설명하기 위한 것이라 볼 수 있으며 앞으로도 더 많은 창조적인 영감이 일어나길 희망한다.

이 접근에 내재한 긴장과 모순을 고려하는 것이 중요하다. 이 접근은 어디까지 공동협력이 가능할까? 정신역동적 접근들은 내담자가 방어 패턴이라는 면에 대해서는 맹점이 있을 수 있고 때로는 치료자가 내담자를 주도하여 이끌고 보살펴야 할 수도 있다는 입장을 취해 왔다. Leiper(2001)는 협업이 항상 가능한 것은 아니지만, 내담자의 필요와 인식이 바뀜에 따라 달라지고 변하는 것이라고 주장하였다. 어떤 의미에서 ANT 방식은 치료자가 내담자의 애착유형을 인식하고 있다는 것을 암시하는 것이라고 볼 수 있는데, 내담자들은 자신들이 가진 애착 패턴에 부합하는 방식으로 방어적이기 때문에 치료자가 자신이 인식한 것을 내담자와 공유하는 것은 어려울 수 있다. 그러나 이것은 모든 경우에 적용되지는 않는다. 예를 들어, 우리는 우울하고 자살 충동을 가진 제임스라는 젊은 청년과 작업한 적이 있다. 그는 "내가 감정을 드러내지 않는 것을 사

람들이 내가 무관심하고 감정을 느끼지 않는 것으로 생각하는 것 같아서 힘들어요."라고 말했다. 제임스는 특이할 정도로 자기표현을 명확히 하는 청년이기는 했지만, 일반적으로 우리의 경험상 사람들과 그들의 애착 과정에 대한 우리의 생각, 특히 그들의 감정과 욕구를 다루는 방식에 대한 우리의 생각을 공유하는 것은 가능하다. Crittenden(1997)이 강조한 바와 같이, 사람들이 단순하게 자신의 애착 유형을 바꿀 필요가 있다는 것이 아니다. 오히려 애착 유형들에 맹목적으로 휘둘리는 것이 아니라 스스로 적절하다고 여기는 유형을 사용하기 위해 선택할 수 있다는 것이다. 따라서 우리가 애착 패턴에 대한 인식을 갖는 것은 일관된 이야기를 개발하고 우리의 감정을 통합할 수 있는 방향으로 가는 중요한 과정의 일부라 본다. 제임스는 비교적 감정 면에서 말을 아끼는 것을 선택하였지만 자신의 패턴을 반영하는 것이 가능해지면서 자신의 감정과 좀 더 접촉할 수 있었던 것으로 보인다. 그러므로 사람들의 특징적인 패턴에 대한 논의가 도움이 되며 공동으로 작업하는 것도 가능하다. 내 경험상 가장 생산적인 방법 중 하나는 세대 간 패턴에 대한 대화를 사용하는 것이다. 왜냐하면 세대 간 패턴에 대한 논의는 덜 위협적이고, 사람들이 자연스럽게 자기 가족의 정서 패턴에 대한 통찰을 갖도록 해 주기 때문이다. 보다 넓게 보자면, 사람들을 안정애착이라는 어떤 규범적인 위치로 몰아가는 것이 목표가 아니다. 그러나 불행하게도 '애착 장애'라는 용어의 사용에서 볼 수 있듯이 이러한 입장을 향한 움직임은 지속되고 있다. 이와는 대조적으로 Crittenden(1997)은 어떤 상황에서는 안정 애착 과정을 갖는 것이 위험하다고 지적한다. 우리의 경험, 감정, 반응 그리고 다른 사람에게 행한 자신의 행위 결과를 고찰하는 데에는 시간이 걸리기 때

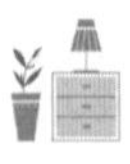

문이다. 위험한 상황에서 이런 과정은 치명적일 수 있다. 이와 더불어 중대한 문화적 차이도 있다. 그러나 우리는 또한 어떤 문화적 신화들을 밝혀낼 수 있는 애착 내러티브의 유형들을 면밀히 관찰할 필요가 있음을 유념해야 한다. 예를 들면, 흔히 믿고 있는 바와 같이 여성이 정서와 관계에서 더 우월하다고 기대하는 것은 불공평하다. 그들이 자신의 남자 형제들과 동일한 유형의 애착 관계를 공유하는 것을 감안한다면 왜 우리는 이런 기대를 하게 되는 걸까? AAI 내용의 분석은 감정과 관계에 대해 말하고자 하는 피상적인 의지를 제외하고는 내러티브, 통합, 반영적 기능과 기억 체계 간의 일관성 등에서 깊은 수준의 특징들에는 성별에 따른 차이가 거의 없다는 것을 보여 준다. 여성이 정서와 관계에서 우월할 것이라는 기대는, 예를 들어 자신의 원가족에서 정서와 관계에 대해 배울 수 있도록 도움을 받지 못한 젊은 어머니들에게 복잡한 관계적 이슈들을 잘 해결할 수 있어야 한다는 압력으로 작용할 수 있다.

다음 장에서는 구체적인 사례를 통해 ANT의 실제와 치료 과정을 살펴보도록 한다.

CHAPTER 06

애착 이야기치료의 과정

이 장에서는 먼저 애착 이야기치료 접근을 요약한 4단계 모형의 세부 내용을 소개한다. 각 단계는 애착이론, 이야기치료 및 체계적 관점으로부터 나온 개념들이 어떻게 치료적 관계를 형성하고, 호소문제를 탐색하고, 변화를 만들고 그 변화의 유지를 촉진하는 데에 기여하는지를 요약하여 제시한다.

애착 이야기치료 접근의 개요

심리치료 과정을 일련의 명확한 단계들로 보는 것이 일반적이다. 보통 초기 평가 단계는 문제에 대한 증거들을 수집해서 사례개념화를 하고, 이것을 가지고 치료의 방향을 결정하는 것으로 시작된다. 비록 이것이 자명한 기본 구조로 보일 수 있지만, 실제로 더 면밀하게 살펴보면 이런 단계들이 쉽게 구분되지는 않는다. 문제에 대한 정보 수집은 그 자체만으로도 강력한 개입이다. '질문하기'는 중립적인 활동이 아니다. 정보를 수집할 때 묻는 질문들이 이해에서의 변화를 이끌어 내는 데 기여할 수 있는 새로운 사고방식을 촉진할 수 있다. 치료를 그 속에서 탐색과 개념화와 개입이 조화를 이루는 지속적이고 순환적인 과정이라고 보는 관점은 체계적 접근과 이야기치료 접근에서 중심이 된다. 체계적 접근의 치료들은 문제를 지속적인 순환적 과정으로 개념화하는 과정을 설명하기 위해 점진적 가설이라는 아이디어를 채택하였다(Palazzoli, 1978). 이후 체계적 접근의 치료와 다른 치료들에서 나타난 포스트모던의 흐름에 따라서 이것은 덜 확실하고 덜 전문적인 '호기심'의 과정으로 수정되었다(Cecchin, 1987). 이것은 '가설'이라는 개념에 담겨 있는 과학적으로 함축된 의미와는 대조되는 것이다. 이러한 입장은 치료를 공동으로 의미를 구성하는 과정이라고 보는 이야기치료와 흡사하다. 따라서 그들은 문제를 평가하거나 개념화하는 것을 별도의 구분되는 과정으로 여기지 않는다. 오히려 그들은 치료자와 내담자의 최초 만남부터 상호 의미 구성 과정으로 본다. 4장에서 보았듯이(Coulehan et al., 1998), 이야기치료도 다른 치료와 마찬가지로 치료자가 대화 흐름의 방향을 끌어가면서 적합하다고 느끼는 기술을 사용한다. 또한 다른 치료와 마찬가지로 정서 상태가 옮겨지는 것을 변화 과정의 중요 부분이라고 본다.

ANT의 핵심은 치료 과정이 관계를 형성하면서부터 시작된다는 점이다. 이런 관계의 본질은 사람들이 자신의 문제에 대해 말하는 방식을 형성하고, 이것은 다시 진행되고 있는 문제를 개념화하는 데 영향을 준다. 문제에 대한 개념화는 치료적 관계가 발전됨에 따라 진보하는 상호적 · 협력적 활동으로 볼 수 있다(Johnstone & Dallos, 2006). 치료적 관계는 치료적 노력이 나타나는 맥락으로 볼 수 있다. 치료적 관계 형성과 사례개념화는 본질적으로 서로 연결된 활동이다. 우리가 질문을 하고, 가족 문제에 대한 이해를 공유하는 것이 치료적 관계를 더욱 강화시킨다. 신뢰와 안전감이 발달함에 따라 가족은 자신들의 더 많은 감정을 나눌 수 있고, 감춰져 있었던 감정과 신념들에 더욱더 접근할 수 있게 된다. 그래서 치료는 발견을 위해 함께 하는 여행이라고 할 수 있다([그림 6-1] 참조).

정보 드러내기
정보 공유하기

사례개념화

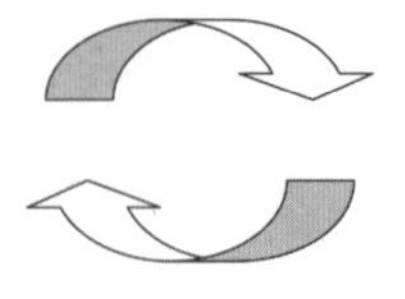

치료적 관계

새로운 통찰을 증진시키는 안전감을 발달시키기

[그림 6-1] 치료적 과정과 사례개념화

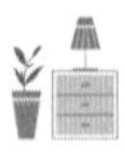

애착 이야기치료 모형의 단계

치료가 자칫 뚜렷한 단계가 없는 상호적인 과정으로 보일 수도 있지만 치료 작업을 돕기 위한 지침을 제공하기 위해 폭넓은 관점에서 단계라는 측면을 생각해 보는 것은 도움이 될 수 있다. ANT에 속하는 네 단계는 우리가 흔히 간과할 수 있는 특징들에 관심을 집중할 수 있도록 하는 지도 또는 지침으로 고안되었다. 한 회기 내에서 단계들이 중복되기도 하고 단계 사이를 건너뛰는 일도 빈번할 수 있다. 우리는 안전한 치료적 기반을 구축하는 데에 충분한 시간을 사용하기 전에 가족이 원하는 변화에 대해 탐색하는 것으로 첫 회기를 시작할 수도 있다. 치료자는 내담자들이 기대하는 것에 적합한 상담을 하는 것이 필요하다. 가족들은 문제가 무엇인지 충분히 설명하기도 전에 변화를 위해 그들이 무엇을 할 수 있는지에 대해 말하고 싶어 하며 이 아이디어들을 더욱더 탐색하고 싶어 한다. 우리는 가족과의 이 같은 대화에 참여함으로써 무언가 달라질 것에 대한 그들의 간절함과 열망에 대해 우리가 인식하고 인정하고 있음을 보여 줄 필요가 있다. 확실히 가족들은 그들이 절박하다는 것을 인정받기 위해서 의사소통하고 싶어 한다. 때로는 처음으로 되돌아가서 문제에 대해 조금 더 알고 관계를 형성하는 것이 가능하다. 우리가 그들의 말에 귀를 기울이고 그들의 염려에 관심을 가질 것이라는 점을 보여 줌으로써, 중요한 의미에서 우리는 이미 시작을 한 것이라고 할 수 있다.

1단계: 안전기지 만들기

이 단계의 특징은 다음과 같이 요약할 수 있다. 상담 현장에서 이 모든 것을 활용하지는 않겠지만 다음의 내용은 우리가 어떻게 관계 형성을 시작할지에 대한 몇 가지 아이디어를 제공한다.

- 말하는 것에 대해 말한다. 해도 되는 이야기는 무엇인지, 해서는 안 되는 이야기는 무엇인지 가족 규칙과 감정을 탐색한다.
- 수용하는 자세, 비난 금지, 느린 속도를 유지한다.
- 가진 역량에 집중하고 문제를 외재화한다.
- 안심시키는 태도를 견지한다. 치료는 고통스러운 감정을 담아낼 수 있어야 하고, 치료자는 충분히 안전한 존재여야 한다.
- 가족 지원 체계 및 전문가 체계의 지도를 작성한다.
- 계속 생각해야 한다. 치료자가 고통의 원인을 이해하고, 그것을 어떻게 느끼고 공감하는지에 대해 다시 반영하고 조율한다.

이 단계를 자세히 설명하는 데 바바라와 그녀의 가족 이야기(서론 참조)가 도움이 될 것이다.

저자: 치료가 어떨 것이라고 기대했나요?

타냐: 우리 모두 치료가 아주 형식적일 거다, 말하기가 어려워서 서로 발끝만 내려다보면서 엄청 오래 입을 다물고 있을 거다, 누가 무슨 말인가 꺼내기를 기다리면서도 너무 사적인 얘기는 안 했으면…… 그렇게 생각했죠.

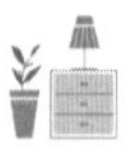

해리: 저는 분석당하는 거라고 생각했어요…….

타냐: 그래요, 맞아요. 웅크리고 모든 것을 숨기고 싶었죠. 이게 제가 '치료는 이럴 것이다'라고 생각하는 관점이었어요.

해리: 제 생각은 우리는 치료가 필요 없는데, 그렇지만 하라고 하니까 해야만 한다…… 그런 거였죠. 그런데 사실 저는 초반부터 부드러워졌다는 것을 인정할 수밖에 없네요. 하지만 그게 솔직한 제 첫인상이었어요……. 진땀 나게 하는구나.

저자: 바바라, 당신은 어때요?

바바라: 저는 이게 아주 끔찍한 아이디어라고 생각했어요. 끔찍할 거야, 나는 아무 말도 하지 말아야지. 곤혹스럽고, 정말 꺼내기 싫은 말을 하라고 할 것이고…… 저는 치료가 진짜 끔찍할 거라고 생각했어요.

사람들은 다양한 기대와 감정, 불안과 심지어 두려움까지 치료에 가져온다. 틀림없이 많은 사람에게는 치료에 오기로 결정하는 것 자체가 상당한 변화를 대변하는 것이므로 어떻게 이런 일이 일어나게 되었는지에 대해 그들과 함께 탐색하는 것은 중요할 수 있다. 앞의 바바라의 가족 사례에서 그들의 기대는 비슷하게 부정적이고 염려스러웠다. 그러나 모든 사례가 항상 그렇지는 않다. 많은 부부와 가족은 기대하는 바와 참여하려는 의지가 다르다. 어떤 사례에서 가족들은 '상담실에 질질 끌려 왔다'고 말한다. 예를 들어, 자신의 배우자가 원해서 상담에 온 남성도 있고, 부모의 강요로 마지못해 상담에 온 청소년도 있다. 어떤 청소년이 독립 선언의 일환으로 상담 참여를 거부하거나 부모에게 그들의 문제를 해결하

는 데에 자신을 끼워 넣지 말라는 것을 알리는 수단으로 상담을 거부하는 것은 흔히 볼 수 있는 일이다. 때로는 다른 전문가들의 압력 때문에 상담에 참여하게 된 사람들도 있다. 그러므로 초기 과정에서 어떻게 상담에 참여하게 되었는지를 파악하는 것은 치료 관계를 수립할 때 도움이 된다. 예를 들어, 소년범을 상담할 때 치료자인 내가 형사사법기관과 어떤 관계를 맺고 있는지를 알려 주는 것이 중요했다. 청소년들은 내가 우리의 대화 중 어떤 부분은 다른 사람들에게 알리고 어떤 부분을 비밀 보장할 것인지 명확히 했을 때 치료자인 나를 더 신뢰할 수 있었다.

전형적으로 우리가 어떻게 상담을 하는지, 우리가 상담하는 다른 가족들은 어떻게 느끼는지, 문제를 논의하는 방식에 대해 어떤 규칙을 적용할지 등에 대해 대화할 수 있는 개방적 자세를 취하는 것이 상담에 도움이 된다. 특히 이것은 사람들이 자신의 주된 애착 유형에 따라 다른 방식으로 치료에 임할 것이라는 애착이론의 아이디어를 보여 준다. 이런 이유로, 모든 일반적인 상담 접근이 내담자가 안전감을 갖는 데 도움을 주는 것에 초점을 맞춤에도 불구하고 처음부터 사람들에게 특정한 어려움이나 불안을 일으키는 요인이 무엇인지 생각할 수 있다. 바바라와 가족의 경우, 감정과 문제에 대해 말하는 것이 확실히 불안을 초래하였고 위협으로 인식되었다. 초기 대화에서 우리는 가족의 정서 유형과 연결하면서 시작했는데, 앞으로 어떤 종류의 활동에 참여할 것인지, 진행 과정이 얼마나 빠를지 또는 느릴지에 대해 의논을 하였다. 많은 사례의 경우 사람들이 종종 문제를 상세하게 설명하고 싶어 하기 때문에 치료자가 어떤 지침을 가지고 있는 것이 필요하다. 논쟁, 비난, 반격 등이 상담 초기에 나타날 수 있는데, 이것은 이 상황이 위험하고 안전하지 않을 것이라는, 가족이 가진 최악의 두려움을 확신시켜 줄 수도 있다.

체계이론과 애착이론에서는 공통적으로 '비난하지 않는' 자세를 채택한다. 따라서 이때 상담의 목적을 분명히 논의하면서 이 상담이 결단코 결점이나 비난을 찾는 방향으로 가지 않는다는 점을 명확히 한다. 오히려 문제해결을 위해 그들이 사용할 수 있는 강점들이 무엇인지를 알아보는 데에 상담의 초점이 있음을 전달한다. 전문가 생태지도를 그리는 것은 가족 문제를 돕거나 치료하는 데 포함된 사람들이 누구였는지를 밝히고 가족이 그들로부터 어떤 설명을 들었는지를 알아보는 데에 도움이 된다. 생태지도는 또한 이러한 전문적 개입 중 도움이 되었던 것과 그렇지 않은 것을 구분할 수 있도록 해 주는데 이것이 가장 중요한 점이다. 가족은 그들을 고통스럽게 만들 뿐 도움이 되지 않았던 경험을 반복할 필요가 없으며 이 같은 상황에서 가족이 통제력을 가지면 안전감을 느낄 수 있다는 점을 확신할 수 있게 된다([그림 6-2] 참조).

[그림 6-2]에서는 '정신질환' 문제를 갖고 있는 잭이라는 젊은 남성의 사례를 보여 준다. 그의 사례는 주로 의료진이 관여하고 있는데, 임상심리학자만이 예외적으로 심리학적 관점과 개입을 견지하고 있다.

치료자가 변화에 대해 보수적인 자세 또는 역설적인 입장을 가지는 것은 도움이 된다. 치료자가 변화가 빨리 일어나는 것을 기대하지 않는다는 것과 가족은 그들의 속도에 맞춰서 진행할 수 있다는 것을 강조하면 가족들은 준비되지 않은 채로 변화를 일으켜야 한다거나 모든 것을 다른 시각에서 보아야 한다는 압력을 느끼지 않아도 된다. 그러나 각각의 가족 구성원들이 서로 다른 기대를 가

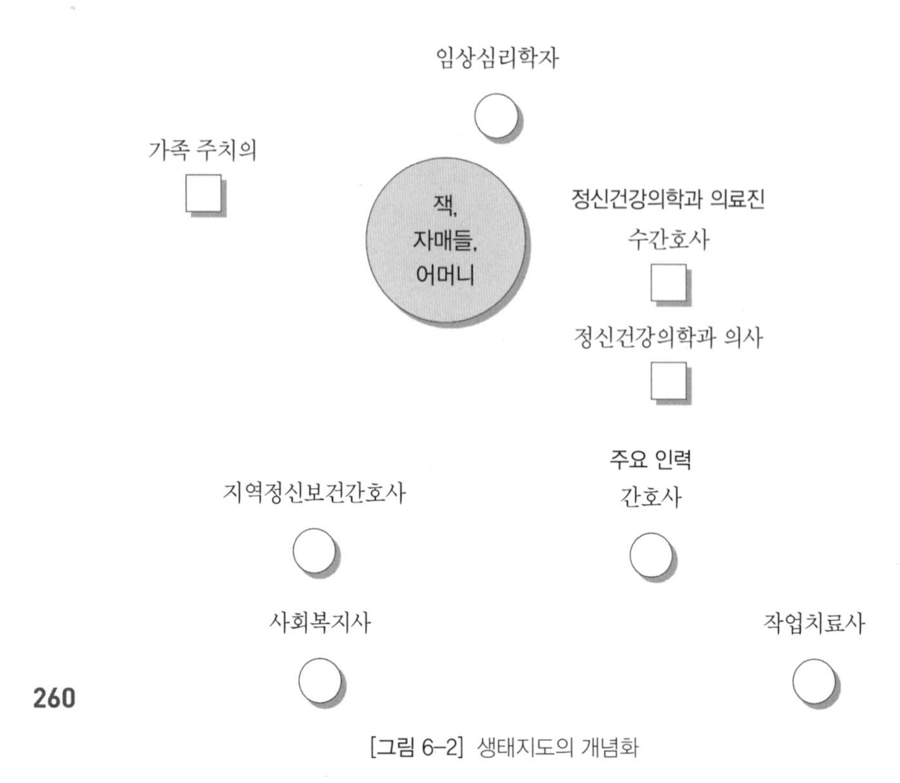

[그림 6-2] 생태지도의 개념화

질 수 있다는 점을 명확히 하는 것이 중요하다. 어떤 가족은 문제가 빠르게 진정되기를 원하는가 하면 또 다른 가족은 자신이 원하는 변화나 변화 속도에 대해 더 모호할 수 있다. 따라서 치료자는 가족들과 함께 치료 과정을 얼마나 빠르게 진행할지에 대한 의견을 절충할 수 있어야 하며 언제나 이것을 개방적으로 토의할 수 있다는 점을 명확히 전달하는 것이 도움이 된다. 이야기치료와 해결 중심 접근과 마찬가지로 여기에서도 문제뿐 아니라 내담자의 역량과 효과가 있는 방법들에도 초점을 둔다. 이것은 가족에게 문제에 대한 희망을 제공하며 치료자가 내담자의 능력과 강점을 존중할 수 있도록 돕는다.

치료자와 내담자의 관계 형성은 안정 애착의 기본 요소를 반영하는데, 치료자는 가족이 문제와 그 원인을 어떻게 보고 있는지를 자신이 이해하고 있음을 보여 줄 수 있다. 특히 이것은 내담자들이 가진 문제의 의미적 표상과 연결될 수 있다. 또한 감정에 대한 치료자의 이해를 전달하는 것은 매우 중요하다. 이것은 내담자들이 느꼈을 좌절감, 분노, 슬픔, 절망감을 치료자 역시 느낄 수 있음을 보여 주는 정서의 반영을 필요로 한다. 내담자들의 관점과 감정의 이해를 돕기 위해 다른 사례에서 경험한 비슷한 감정에 대해 치료자가 자기노출을 하는 것이 도움이 되기도 한다. 감각적인 이미지를 불러일으키는 언어를 사용하는 것도 연결감을 줄 수 있다. 예를 들어, 우리는 가족의 느낌을 은유를 사용하여 표현할 수 있는데, 이것은 가족들이 무엇을 느끼고 있는지에 대한 연결을 전달하는 데 효과적이다. 예를 들어, '벼랑 끝에 선 느낌, 구렁에 빠진 느낌, 분노의 불길, 어찌할 바 모르는' 등과 같은 것이다. 애착 관점에서 이것은 그들의 감각기억 체계와 그것이 포함하는 강력한 감정들에 관여하도록 돕는다.

동시에 치료자는 자신이 강렬한 감정들에 압도되지 않고 그런 감정들을 다룰 수 있다는 것을 내담자에게 전달해야 한다. 문제를 설명하도록 충분한 시간을 주는 것도 중요하지만, 내담자에게 희망을 주고 문제가 그들을 압도하는 것이 피하지 못할 일은 아니라는 것을 전달하기 위해 내담자의 유능한 영역들을 살펴보는 것 또한 유용하다. 외재화라는 이야기치료 접근은 문제가 어떤 중요한 특성으로 가족 구성원들 내면에 존재하는 것이 아니라 외부적인 것이라고 여기도록 하므로 문제에 대한 새로운 방식의 논의에 적합하다. 더구나 외재화는 함께 문제에 저항한다는 느낌을 촉진시킨다는 점에

서 치료자와의 연결을 강화시킬 수 있다. 외재화는 불안을 감소시키는 데 도움이 되는 비난하지 않는 입장을 지지하고 대화에서 방어적인 태도나 행동 대신에 안전감을 촉진시킬 수 있다.

2단계: 문제 탐색하기

문제에 대한 탐색은 특히 문제의 진술이라는 점에서 이미 초기에 시작된다. 탐색 단계에서는 문제 내에 존재하는 정서적 패턴에 중점을 둔다. 탐색은 문제에 대한 논의와 문제들에 대한 이해를 탐구하는 데에 기초하여 진행된다.

- 요즘 가족에서 일어나고 있는 일들
- 문제와 해결에 대한 신념을 탐색: 어떻게 문제를 극복할지에 대한 다양한 아이디어
- 애착 패턴과 애착 손상
- 삼각화 과정
- 표상: 문제의 유형과 문제에 대한 기억 체계, 개인 대 관계, 스타일 탐색하기
- 정서 조절: 위안
- 세대 간의 패턴: 유년기 기억들
- 통합적 질문: 가족이 경험을 통해서 배운 것은 무엇인가?
- 다양한 묘사와 서술을 격려하기

일반적으로 사람들은 문제 탐색을 위한 대화를 하면서 그들의 애착 패턴을 드러낸다. 한 예로 바바라 가족의 토론은 논리적이고

이성적이며 인지적이지만, 정서, 특히 서로와의 관계에서 어떻게 느끼는지에 대한 표현은 결여되어 있다. 이것은 이 가족에게 있어 정서가 어려운 영역이며 탐색은 매우 안전한 속도로 진행되어야 한다는 것을 알려 준다. 지금 주고받는 질문들이 부담스럽지는 않은지, 이해는 잘 되는지 혹은 대화의 주제를 바꾸고 싶지 않은지에 대해서 지속적으로 물어보는 것도 도움이 된다. 이런 과정은 정서적인 절차를 무시하지 않고도 이루어질 수 있다. 예를 들어, 내담자에게 현재 이루어지고 있는 치료 과정에 대해 어떻게 느끼는지 물어보고, 이후에 어떤 식의 방어 체계가 작용할 수 있는지에 대해 언급한다. 내담자는 이처럼 어려움을 느끼는 부분을 스스로 인정하고 돌아보도록 이끄는 과정을 통해 누군가 자신을 정서적으로 돌봐 준다는 느낌을 받게 된다. 이것은 그들에게 새로운 경험이 될 수 있다. 이와 같은 체험으로 내담자는 스스로에게 발전 가능성을 부여하는 새로운 방식의 관계 맺음을 할 수 있게 된다. 이를 통해 변화를 촉진하는 다른 방식을 찾을 수 있다. 실제로 치료 동맹은 정서적으로 조율되는 새로운 방식으로 다른 사람과 관계를 맺는 경험을 제공해 주는 효과적인 개입 방법이라 할 수 있다.

넓은 의미에서 탐색은 특정한 가족이 가진 전반적인 애착 유형에 적응하기 위한 것이 아니라 오히려 가족 구성원들 간의 차이를 고려하는 것이다. 다양한 가족 구성원에게 저마다의 내러티브 유형에 잘 맞는 서로 다른 활동들을 해 보도록 격려할 수 있다. 감각적인 재료, 그림, 역할극, 그리기, 비디오 보기 등의 방법은 무시형에게 보다 적절할 수 있다. 이미지들은 내담자의 감정과 정서를 끌어올리는 데에 도움이 되므로 정서에 접근하고 정서에 대해 논의하는 것이 가능해진다. 반대로 집착형의 경우라면 탐색 과정에서

'열'을 식히기 위해 구조적인 대화나 가계도를 사용하고, 순환 과정을 그리게 하거나 인생 사건을 도식화하여 인생 곡선을 그리게 하는 등의 방법을 사용할 수 있다. 이를테면, 감정 표현이 거칠고 즉각적인 가족들에게는 '한 번에 한 사람씩'만 대화하는 규칙을 정할 수도 있다. 또는 커플 중 남성 내담자가 남성 치료자와 대화하는 동안 여성 내담자는 여성 상담자와 같이 그 이야기를 듣고 또 바꿔서 하는 등 구조화된 대화 방식이 도움이 된다. 이런 방법은 내담자가 감정에 휩쓸리지 않고 대화를 구조화하고 체계화할 수 있도록 하여 대화 내용을 의미론적으로 처리하게 할 수 있다.

삼각관계와 관계 과정을 탐색하는 데에는 일반적으로 순환질문을 사용한다. 이를 통해 행동과 신념뿐 아니라 핵심적인 정서에도 초점을 맞추게 된다. 예를 들어, 부모가 자신의 음식 섭취량에 대해 말다툼을 할 때 바바라는 어떤 감정을 느꼈을까? 만약 앨버트가 그녀에게 다가와 위로한다면 캐시의 어머니는 어떤 감정을 느낄까? 이런 탐색을 통해 내담자가 자신의 비밀을 숨기는 방식이나 스스로의 정서를 기만하는 행위, 방어의식 등이 전면에 드러나도록 이끌 수 있다. 질문들을 통해서 내담자들이 스스로의 감정을 감추려 하는 태도에서 벗어나 마음을 열고, 정서를 언어로 표현한다면 어떤 기분이며 어떤 차이를 느끼는지를 생각해 보도록 한다. 특히 이혼한 부모들 사이에서 끝없이 반복되는 갈등으로 인한 정서적 압박감에서 벗어나지 못하는 자녀들이라면 이런 대화를 통해 해방감을 맛볼 수도 있다. 어떤 청년 내담자는 이혼한 부모의 집을 교대로 오갈 때 자신이 뱉는 말 하나하나를 신중하게 고려했어야만 했다고 고백하였다. 그는 말실수에 대한 걱정 때문에 결국 말이 없는 사람이 되어 버렸다는 사실을 깨닫게 되었다. 틀린 말을 하거나 한쪽 부모 말에 동의하는 것처럼 보여서 다른 쪽 부모를 화나게 하는 위험을 감수하는 것보다 병을 핑계로 아무 말도 하지 않는 것이 최선이었다. 당연히 이 청년은 불안 관련 행동 문제들을 보였는데, 부모들은 그 문제가 자신들의 부부 갈등과 관련이 깊을 것이라고는 생각하지 못했다. 특히 어머니는 이미 불안장애를 겪고 있었으며 치료를 위해 CBT(Cognitive Behavioral Therapy, 인지행동치료)를 받고 있었기 때문에 아들의 문제점에 대한 책임을 인정하기 힘들어했다. 그러나 이것은 불안이 개인 안에, 즉 어머니 안에 그리고 아들 안에 각각 내재한 것이고 대인관계 과정과는 무관한 것이라는 그들의 신념을 더욱 강화시켜 주는 것으로 보였다.

탐색에 대한 치료적 입장은 위로의 패턴을 탐색하는 과정과도 연결된다. 가족은 자신들의 문제점과 무력감에 대해서는 자주 이야기하지만, 어떻게 위로를 받고 사용하는지는 자세히 설명하지 않는다. 세대 전수 패턴의 탐색을 통해 위안을 주는 행동을 탐색할 수 있다. 예를 들어, 자해나 자살시도를 하는 딸을 진정시키는 방법에 대한 논의는 어떤 가족에게는 매우 위협적일 수 있다. 왜냐하면 그 주제가 그 가족이 실패했다는 것을 암시하기 때문이다. 그럼에도 이전 세대의 관계 탐색으로부터 시작해서 부모가 어떤 방식으로 위안을 얻었는지, 어떤 기대를 가지고 있었는지 혹은 스스로 무엇을 얻고자 하는지에 관한 일반적인 토론을 통해 이야기를 확장시켜 나갈 수 있다. 이런 탐색 단계는 가족이 문제에 대항하기 위해서 함께 활용하고 서로 도왔던 위로의 방식을 확인할 수 있는 외재화 작업이라 볼 수 있다. 종종 이 과정을 통해서 부모가 어린 시절 자신들의 부모로부터 위안을 받지 못한 채 스스로 위로하는 방법들을 배워야만 했음을 알게 된다. 이런 경험을 가진 부모들은 부부

로서 서로를 위로하지 못한다.

탐색에서 중요한 부분은 버림받고 상처를 입고, 거절당했던 과거의 기억들 또는 '애착 손상'을 밝혀내는 것이다. 5장에서 살펴본 바와 같이, 사람들은 특정한 사건이나 에피소드 또는 '손상'을 입은 기간들을 주로 기억한다. 예를 들어, 캐시는 어머니에 대한 생각으로 불안해졌을 때 아버지가 자신에게 "바보같이 굴지 마."라고 말했던 것을 기억했다. 그런 기억들을 떠올리면 괴로워질 뿐 아니라 서로를 방어적으로 비난하게 될 위험이 있다. 한 번에 한 사람씩 말하는 식의 대화 구조를 사용하면 한 사람이 말을 할 때 다른 사람들은 그 말을 정확히 들을 수 있도록 하는 데에 도움이 된다. 이것은 듣는 사람들로 하여금 이야기 속에서 비난뿐만 아니라 상처도 발견할 수 있게 한다. 이런 이야기들을 끌어내어 모두에게 들려준다면, 대화는 안전할 뿐 아니라 가족들은 서로를 더욱 깊게 이해할 수 있게 되리라는 메시지를 함축적으로 전달할 수 있다. 결과적으로 구조화된 대화는 이런 이야기들을 하는 것은 너무 위험하다거나 자신에 대한 이야기를 하면 부정적인 결과가 뒤따를 것이라는, 강력하고 때로는 파괴적인 의사소통 규칙에 저항하도록 도와준다.

거듭 말하지만, 이 같은 논의는 가족 구성원들의 애착 유형에 대한 인식을 통해 유도될 수 있다. 집착형의 사람들은 이런 기억들을 떠올리면 감정적이 되고 눈물을 흘리기도 한다. 반면에 무시형의 경우에는 어린 시절에 위로받은 경험이 없다는 것이 자신들과 현재의 문제에 미치는 영향도 부정할 수 있다. 이 같은 탐색 과정은 과거 사건들의 의미를 이해하고 이것을 현재 가족들의 행동 패턴과 연결 짓고 여기에 의미 구조를 부여하는 데에 초점을 맞출 수 있다. 또한 가족들의 감정을 알아보고 초기의 경험을 현재의 정서, 이를테면 문제에 맞닥트렸을 때 발생하는 분노 등과 연관 짓는 데에 초점을 맞출 수도 있다. 자녀들은 부모가 자신들의 부모, 즉 조부모와의 관계에 대해 말하는 내용을 듣게 된다. 이를 통해 교정적 · 복제적 각본들에 대해 이야기할 수 있다. 부모들은 자신의 부모로부터 무엇을 배웠으며 문제 접근 방식에 있어서 자녀들에게 어떤 면에서 같고 어떤 면에서 다른 태도를 보이는가? 이것은 가족의 현재 스타일에 대해 긍정적인 관점에서 의미를 부여할 수 있도록 도와준다. 예를 들어, 부모가 자신들의 어린 시절 경험 중 어떤 측면을 어떻게 반복하고 싶은지를 설명한다면(복제적 각본) 이것은 좋은 의도라고 표현될 수 있을 것이다. 반대로 부모가 다르게 행동하고 싶다고 말하면(교정적 각본) 이것 역시 긍정적으로 볼 수 있다. 어느 쪽이든, 이 같은 탐색 과정은 부모들이 자녀에게 잘해 주려고 노력했다는 점에서 부모의 '의도'를 긍정적으로 볼 수 있는 틀을 허용한다. 이것은 부모들이 가족 내에서 어떻게 잘 지내고 있는지를 자유롭게 이야기할 수 있게 만들어 준다. 이 같은 세대 간 전수 대화를 통해 부모들은 잘되고 있는 것과 잘되지 않는 것에 대한 그들의 견해를 자발적으로 꺼내 놓게 된다. 관계와 감정에 대한 추상적인 대화에 참여하는 것을 어려워하는 가족들이 있을 수 있는데, 특히 무시하는 내러티브 유형의 가족들이 그러하다.

3단계: 대안 탐색하기와 변화

2단계에서의 몇 가지 탐색 과정은 문제와 행동을 다르게 보도록 촉진한다. 3단계에서는 치료 관계에서 형성된 안전감을 보다 강화하고 서로 다른 애착 내러티브를 탐색한다. 또한 다음의 방법들을

통해 변화를 시도한다.

- 관계적 애착 틀을 개발하기
- 애착의 손상을 회복하기
- 개방적인 애착 의사소통에 대해 생각해 보고 행동으로 옮기기
- 다양한 묘사를 권장하기
- 치료의 경험에 대한 반영을 격려하기
- 교정적 · 복제적 각본 탐색하기
- 가상적이고 미래 중심적인 애착 이야기를 탐색하기

이야기치료와의 중요한 연결점은 독특한 결과의 탐색에 있다. ANT에서는 가족 구성원들이 서로를 편안하게 해 주고 안심시켜 줄 수 있었던 때 같은 독특한 정서적 결과들에 초점을 둔다. 이것은 특히 '애착 손상'에 초점을 맞추면서 예외적인 경우에 초점을 둘 수 있다. 예를 들어, 가족은 이와 유사한 안전에 대한 욕구가 표현된 적이 있는지에 대해, 또 가족 구성원이 안심시켜 주고 편안하게 해 주는 방식으로 반응했던 일에 대해 이야기한다. 이런 활동은 그 자체로 강력한 감정 경험을 제공한다. Johnson과 Best(2003)가 묘사하는 것처럼 치료자는 정서적 공격이 있을 때 그 과정을 도울 수 있다. 여기에서 시연이 이루어질 수 있다. 예를 들어, 커플은 서로의 사과를 받아들이려고 노력하는 것과 같은 새로운 방식의 반응을 해 보게 된다. 이와 더불어 커플은 서로 다른 욕구로 인한 갈등이 촉발될 때 어떻게 서로의 욕구를 이전과 다르게 다룰 수 있을지에 대한 미래 지향적인 이야기를 보다 정교화하도록 도움을 받을 수 있다.

이 장은 문제에 관한 관계적 애착 이야기를 개발하는 데 초점이 맞춰져 있다. 사람들이 관계 역동과 문제를 연결하도록 격려한다. 이야기치료에서는 이것을 사람에 대한 문제의 영향과 문제에 대한 사람의 영향을 지도화하는 것으로 묘사한다. 좀 더 구체적으로 ANT에서는 문제에 대한 감정과 감정에 대한 문제의 영향을 강조한다. 이전 세대에서는 문제에 대해 어떻게 반응했는지 그리고 정서적 반응들은 어땠는지, 예를 들어 회피했는지, 압도당했는지에 관해 세대 간 패턴을 생각해 보게 된다. 이때 약물이나 알코올을 통한 자가치료법의 사용 같은 위로의 패턴 역시 살펴볼 수 있다. 또한 다른 사람들의 도움을 받아서 힘든 감정들을 조절하는 것이 가능했는지 그리고 자신은 이 과정에 어떻게 관여했는지 등의 대안들도 탐색할 수 있다. 가족 구성원들은 서로에게 자신이 필요로 하는 것을 명확하게 전달하도록 격려받는다. 예를 들어, 한 젊은 여성은 울먹이면서 자신이 거식증을 극복하기 위해 얼마나 어렵게 노력했는지를 부모에게 인정받고 싶었다고 말했다. 그녀는 항상 울먹이는 어머니와 화를 내는 아버지는 도움이 되지 않았다는 말도 할 수 있었다. 그녀는 부모가 한발 물러나서 그녀가 자신의 식습관을 스스로 다루도록 놓아두기를 원했다. 그러면서도 그녀 자신이 얼마나 노력하고 있는지 부모가 알아주기를 원했다. 더불어 그녀는 자신이 사교적이 되기 위해 얼마나 필사적으로 노력했고 친구를 사귀었는지에 대해서도 언급하였다. 그리고 그런 과정이 거식증에 대한 몰두를 잊을 수 있게 도와서 자신의 기분이 나아지고 거식증과 싸우도록 힘을 주었음을 부모에게 설명했다. 그녀는 자신의 식습관을 질책하기보다 차라리 이를 인정해 주는 것이 그녀가 필요했던 것이라고 말했다.

2단계에서 이루어졌던 세대 전수 패턴에 대한 논의는 가능성 있는 대안들을 더욱 자세히 탐색하는 것을 통해 계속된다. 앞에서 언급한 바와 같이, 이런 대화가 가진 가장 유용한 점은 부모가 자녀의 유익을 위해 이전과 같은 방식을 반복하든 아니면 무언가 다르게 하려고 시도하든 간에 어떤 식으로든 긍정적인 함의를 제공한다는 것이다. 그러면 우리는 이것이 어떻게 작용하는지에 대해 질문할 수 있는데, 이런 질문들은 부모들로 하여금 그들이 바라는 만큼 잘 작동하지 않을 수도 있다는 것을 받아들일 수 있게 해 준다. 이런 대화를 들은 자녀들은 또한 부모의 의도가 긍정적이라는 것을 알 수 있고, 일부 패턴들은 공격보다는 수용과 안전의 태도로 바꾸는 것을 고려하는 게 훨씬 쉬워진다. 이런 대화는 다양하게 시도될 수 있다. 자녀들은 부모가 어린 시절 자기 부모와의 관계를 설명하는 것과 현재 가족의 관계를 병행하여 묘사하는 것을 들을 수 있다. 자녀들에게 자신이 들은 것을 반영하도록 요청할 수도 있다. 나이가 좀 더 많은 자녀들은 다양한 상황을 고려하는 것이 가능하기 때문에 만약 그들이 미래에 부모가 된다면 이런 상황에서 어떤 이야기를 하게 될 것 같은지 말해 보도록 질문할 수 있다. 토론은 조부모가 어떻게 위로나 편안함을 제공했는지, 그리고 조부모라면 현재 가족이 직면하고 있는 문제들을 어떻게 다루었을 것 같은지에 대한 내용들을 포함시킬 수 있다. 이 같은 논의는 조부모와의 현재 애착을 드러내 줄 수도 있는데, 예를 들어 조부모의 사고방식뿐 아니라 그들의 존재 자체와 그들이 자신의 자녀 및 손자들과 맺고 있는 관계의 영향력을 보여 준다.

커플이라면 그들이 관계에서 반복하거나 다르게 하길 원하는 것이 무엇인지에 대해 각자가 설명하는 것을 들을 수도 있다. 그리고

나서 그들은 서로가 원하는 것들 간의 유사점과 차이점에 대해 의견을 낼 수 있다. 간혹 이런 논의는 힘들었던 이전의 결혼 같은 로맨틱한 관계들과 관련되어 이루어질 수 있는데, 그들이 현재 관계에서 바라는 것들은 이전과는 다른 것들일 수 있다.

순환적이고 가상적인 질문들을 사용함으로써 대안들에 대한 논의를 촉진할 수 있다. 예를 들어, 만일 부모들이 원가족에서 그들 부모에 의해 다른 방식으로 길러졌다면 어떤 결과가 나타났을지 같은 질문이다. 자녀들에게는 그들이 세대 간 패턴으로 본 것은 무엇인지, 어떻게 이것이 달라질 수 있을지, 그런 변화가 일어나기 위해서 필요한 것은 무엇인지에 대한 의견을 말하도록 질문할 수 있다. 이런 논의는 역사적 맥락에서 가능한데 각 시대별로 부모-자녀 관계에 대한 기대가 다르기 때문이다. 따라서 개방적인 대화, 훈육과 성교육에 대한 부모의 기대 차이를 다룰 수 있다. 이는 다양한 대안을 고려하게 돕고, 이런 생각들이 어떻게 부모의 정서적 반응을 구성할 수 있는지에 대한 명료화 및 해결책 간구도 가능하게 만든다.

마지막으로, 3단계가 안내하는 목표는 일관성 있고 통합적인 내러티브를 발달시킬 수 있는 잠재성을 촉진하는 데 있다. 대안들과 세대 간 패턴을 고려하고, 이전과는 다른 정서적 패턴들의 행동화를 생각해 보는 것은 보다 일관성 있는 내러티브가 구축될 수 있는 의식적인 자료들을 드러내고 끌어내는 데에 도움이 된다.

4단계: 통합과 접촉 유지하기

- 치료 경험에 대해 반영하고 통합하기
- 재발을 예견하기
- 미래를 지지하기
- 접촉을 협상하기—치료로부터의 분리

이 단계는 과거의 정서적 경험들이 어떻게 위로와 의사소통의 패턴을 형성해 오고 있는지 지속적으로 탐색하고 통합하는 과정에 초점을 둔다. 여기에는 치료 과정 그 자체와 치료 과정에서 배운 것들을 생각해 보는 것이 포함된다. 이 단계의 대화는 또한 미래에 어떤 문제들이 생겨날 수 있는지와 그 문제들이 어떻게 나타날지에 대한 내용에도 초점을 맞춘다. 정서 과정을 필연적으로 포함하는 관계와 가족생활 또한 다루게 된다. 이 단계에서의 논의는 미래에 어떻게 문제를 해결할 수 있을지에 대해서도 다룬다. 과거에 어떤 감정적 패턴이 있었는지를 반영하는 것도 이 과정에서 도움이 된다. 여기에는 과거 패턴의 일부로 되돌아 갈 것인지, 어떤 환경을 자극할 것인지를 선택할 수 있는 현실적인 평가가 포함될 수 있다. 예를 들어, 사람들은 감정을 자제하는 패턴으로 복귀할 수 있다. 어쨌든 이런 과정에 대한 메타 인식은 문제적 행동과 다시 일어나는 감정을 피할 수 있는 행동을 취할 수 있게 한다. 아마도 이 단계의 중요한 특징 중의 하나는 지나친 낙관주의 또는 일어날 가능성이 있는 앞날의 문제들을 최소화하는 경향이 있는지를 검토하는 것이다. 이것은 아마도 통합과 성찰이 거의 이루어지지 않았다는 것을 나타내는 것일 수 있다.

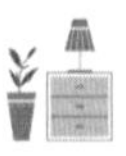

통합적인 과정들을 촉진하는 것은 지속적으로 서로의 정서적 상태에 대한 반영에 초점을 두는 것을 포함한다. 이 단계에서는 사람들이 미래에 어떻게 느낄 수 있고, 서로 간의 관계가 어떻게 발전하거나 변하는지에 대한 가상적 혹은 미래 지향적인 반영을 할 수 있다. 예를 들어, 막내가 성장하여 집을 떠날 때, 은퇴했을 때, 손자들이 태어났을 때 각기 다른 사람들이 어떤 기분을 느낄지와 같은 전환기에 대한 탐색이 도움이 될 수 있다. 중요한 점은 이러한 과정이 미래 시점에서 애착 이야기를 정교화하도록 격려할 수 있다는 것이다.

많은 가족에게 있어 치료자 그리고 치료팀과 신뢰할 수 있는 관계를 형성한다는 것은 그들의 전형적인 패턴에서의 변화이자 중요한 과업이었다. 또한 많은 가족이 전문가들과의 관계에서 손상된 애착을 끝없이 경험해 왔는데, 전문가들은 가족의 삶에 들어와서 '도와주겠다'고 약속을 하고는 사라져 버렸다. 절망을 부추기고 신뢰를 상실하게 만드는 이 같은 사이클을 반복하지 않는 것이 중요하다. 따라서 치료의 종결도 결국은 공동 협력을 필요로 한다. 어떤 경우는 단계적으로 차츰 종결이 이루어질 수도 있는데, 전화나 편지를 통해 연락함으로써 가족이 치료팀과 만날 필요는 없을지라도 치료팀이 그들을 계속 기억하고 있다는 사실을 전달할 수 있다.

CHAPTER 07

사례연구: 캐시와 그녀의 가족

7장에서는 캐시와 그녀의 가족 사례를 자세히 살펴보면서 ANT 접근에 대해 설명한다. 가족 안에 여러 가지 다양한 문제가 있었지만, 가장 두드러지게 제시된 문제는 캐시의 식욕부진증이었다. 치료 작업은 부부 관계를 다루고, 각 부모와 자녀를 짝지어 작업하거나 때로는 가족 구성원 개인 회기를 갖는 등, 가족에 대한 작업으로 이루어졌다. 치료는 안전기지 만들기, 문제 탐색, 대안과 변화 탐색, 통합과 접촉 유지의 네 단계로 설명된다. 그러나 실제 상담에서는 단계들은 중첩되고, 순차적으로 일정하게 진행되지는 않는다.

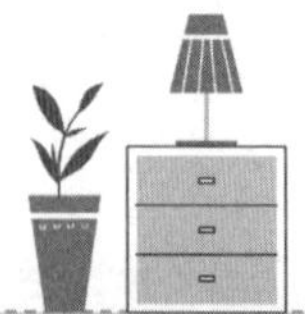

나는 2년 동안 캐시와 그녀의 가족과 함께 임상 작업을 했으며 그들이 우리의 연구 참여자로 자원해 주어서 추가적인 서비스가 진행되었다. 내가 그들의 내러티브를 사용할 수 있도록 허용해 준 것과 그들로부터 많은 것을 배울 수 있도록 해 준 것에 대해서 감사한 마음을 가지고 있다. 나는 캐시 가족을 애정의 눈으로 지켜보고 있으며 현재 캐시가 잘 지내고 있다는 사실에도 기쁨을 느낀다.

우리가 그녀의 가족과 처음 작업을 시작했을 때 캐시는 16세였다. 가족은 아동 · 청소년 정신건강 서비스(Child and Adolescent Mental Health Service: CAMHS)를 통해 지역 내 입원 치료 기관에 딸린 섭식장애 전문 외래 서비스에 의뢰되었다. 여기는 섭식장애를 가지고 있는 젊은이들에 특화된 서비스를 제공하는 곳으로, 캐시 가족에 대한 상담 중 처음 몇 회는 이곳에서 이루어졌다. 이후에도 캐시는 이곳에서 약물치료와 개인치료를 계속 받았으나 가족상담은 다른 곳에서 지역사회 서비스를 통해 제공되었다.

캐시는 식욕부진의 어려움이 있지만 밝고 쾌활한 소녀였다. 그녀의 체중 감소는 입원을 권유할 정도로 심각하지는 않았기 때문에 섭식장애 외래 서비스를 받고 있었다. 그러나 그녀는 종종 소아청소년과 병실에 입원할 만큼 신체적인 통증을 호소하기도 했다. 캐시는 이후 학교생활을 하면서 사회적 대처도 잘하는 편이었다. 그녀는 당시 학교 수업을 잘 따라갈 뿐 아니라 대학 진학도 꿈꾸고 있었다.

캐시는 부모님(앨버트와 메리)과 함께 살고 있었는데, 동거가족으로는 일 때문에 집을 자주 비우는 오빠가 한 명 더 있었다. 또 다른 두 명의 오빠는 독립해서 살고 있었다. 가족은 30년 전, 아이들이 태어나기 전에 앨버트의 직장이 있는 곳으로 이사했는데, 이것은 그들에게 여러 가지 실질적인 사회적 변화를 가져왔다. 메리도 아이들이 어렸을 때부터 교대근무로 일을 해 왔다. 교대근무이기 때문에 메리가 저녁에 아이들을 두고 나가는 일이 잦을 수밖에 없었다. 앨버트의 아버지는 15년 전에, 어머니는 10년 전에 돌아가셨다. 메리의 아버지는 15년 전에 돌아가셨고, 어머니는 생존해 계셔서 주기적으로 만나고 있었다.

우리는 첫날 부모님과 캐시를 함께 만났다. 함께 살고 있는 캐시의 오빠는 상담에 참여하고 싶어 하지 않았고 캐시와 부모님도 그가 함께 오는 것을 원하지 않았다. 단지 그가 캐시를 걱정하고 있으며 건강해지길 바란다는 부분만 강조해서 이야기했다. 이 같은 가족 배경에 관한 정보는 캐시를 걱정하면서 관심을 가지고 상담을 했던 심리학자가 제공한 것이다. 또한 캐시의 어머니가 가족 관계에 대해 설명한 내용들도 함께 포함되어 있다.

안전기지 만들기

첫 회기에서 캐시는 부모님 사이에 앉았다. 캐시의 첫인상은 매우 활발해 보인 반면, 메리는 위축된 자세로 깊은 슬픔을 전달하는 의사소통을 하였다. 반면에 앨버트는 자신이 가족을 지키기 위해 침착하고 강한 모습을 유지하고 있다는 것을 알리고 싶어 했다. 캐시는 감정적이지만 매우 침착했고, 자신감이 있으며, 자주 미소를 짓고 우리와 눈도 잘 맞추었다.

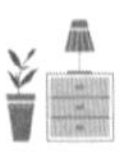

우리는 캐시와 부모님을 팀에게 간략하게 소개했다. 비디오 촬영과 라이브 관찰 같은 기술을 설명해 주었다. 또한 그들의 선택을 존중하기 때문에 작업 방식에 대해서는 언제든지 마음을 바꿀 수 있다고 분명하게 설명해 주었다. 부모님은 이의 없이 '캐시를 도울 수 있는 것이라면' 무엇이든 하겠다고 하였다. 메리는 상담 과정에 대해 가장 불안함을 나타냈기 때문에 우리는 그들이 이미 동의를 했지만 상담하는 과정 중에 마음이 바뀌면 항상 그들의 의견을 존중해 줄 것이라고 다시 한번 설명하였다. 또한 비디오테이프를 원하거나 테이프를 삭제해 달라고 요청할 수도 있음을 전달했다. 초기 단계에 가족에게 동의 내용을 알리는 것과 작업 내용을 지나치게 설명하여 불안감을 높이는 것은 종이 한 장 차이와도 같다. 각 회기에서 가족이 어떻게 느끼는지 이야기 나눔으로써 균형을 맞추는 것이 유용했다. 또한 가족은 반영팀과의 작업이나 비디오 촬영이 도움이 된다는 것을 발견하면서 결국에는 이런 것들을 편안하게 느끼게 되었다.

회기의 초반에는 목표에 대해 논의하였다. 가족 단위의 면담을 하는 이유는 구성원 각자의 의견을 이끌어 내기 위한 것이며 직면하고 있는 문제를 돕기 위한 방법을 찾기 위한 것임을 강조하였다. 이런 설명을 하자 메리는 자신이 어찌할 바를 모르겠다고 말했다. 자신은 최선을 위해 무엇을 해야 할지 모르겠으며 이제까지 한 모든 것이 잘못된 것처럼 보인다고 계속해서 말했다. 우리는 먼저 메리가 고통스럽게 느낄 수 있다는 것을 인정하면서 그녀를 비난하는 것이 상담의 의도가 아니라는 점을 강조했다. 우리의 경험 중에서 도움이 되었던 것은 '함께 작업하는 방법들'을 발견한 것이었다. 이미 전에 거식증 가족과 작업을 많이 해 보았기 때문에 거식증이

가족을 분리시키고, 이 때문에 점점 더 나쁜 감정이 생겨서 결국 식욕부진을 유발하는 요인들을 더욱 강화시키게 된다는 것을 발견했다. 외재화 작업 후에 우리는 그들이 변화가 일어나기를 간절히 원한다는 것을 이해할 수 있었다. 우리도 변화에 대한 기대가 크지만 그것은 시간이 걸리는 일이라는 것을 알려 주었다. 초기면담을 하는 동안 우리는 각각 말할 기회를 준 후 그들이 어떻게 느끼는지에 주목하였다.

가족은 문제에 대한 설명을 시작하면서 예민해질 때가 많았다. 그러나 메리가 자신에 대한 이야기를 시작하자 우리는 모두 함께 열심히 들으면서 그녀가 얼마나 걱정했는지 이해한다는 점을 강조하였다. 사실 더 깊게 문제를 듣기 전에 메리에게 그래도 괜찮은지 물었고, 어떻게 우리가 함께 작업할지 의논하였다. 이 단계에서 가족이 포함된 전문가 체계의 생태지도([그림 7-1] 참조)를 그리는 것이 유용하다고 판단했다. 이것은 단지 개입 관계에 관한 정보를 제

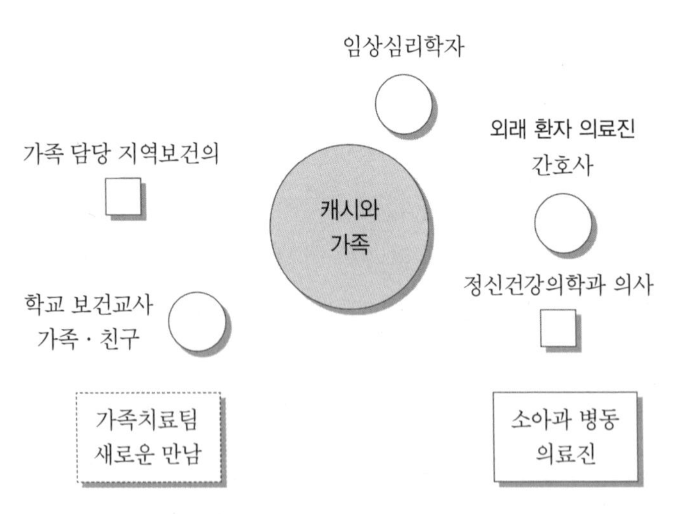

[그림 7-1] 전문가 체계 생태지도

공할 뿐만 아니라 간접적으로 치료가 안전한 속도로 서서히 진행되는 데 도움이 되었다. ANT 접근은 갑자기 떠오르는 강한 정서들을 인식하고 함께 엮어 가도록 하며, 구조와 의미에 중점을 둔 대화와 정서적인 측면들을 번갈아 가며 다루는 패턴을 형성한다.

이 생태지도는 임상심리학자의 관여를 제외한 대부분의 개입은 의료 중심적임을 보여 주었다. 이런 정보를 통해 무엇을 알아냈는지, 무엇이 도움이 되었는지에 대한 논의를 하도록 격려했다. 또한 가족과 하는 우리의 팀 작업이 생태지도에 있는 다른 접근들과 어떻게 연결될 수 있는지 의논하였다. 메리는 전문가들이 무슨 생각을 했는지는 모르지만 그녀는 이것이 '질병'이고 자신의 잘못이라는 생각이 들었다고 했다. 앨버트는 거식증을 극복하기 위해 무엇을 할 수 있는지에 대해 많이 배우지는 못했다고 언급했다. 캐시는 심리학자로부터 얻은 조언이 매우 유용했다고 하면서, 문제가 식욕부진과 식습관에만 있는 것을 아니라는 사실을 이해했다고 말했다.

이런 활동은 가족 작업이 무엇에 관한 것인지, 또한 현재 진행되는 다른 작업들과 어떻게 연결될 수 있는지 설계하는 과정을 도울 수 있다. 예를 들어, 의학적 문제점들을 어떻게 모니터링해야 하는지 또는 우리의 가족 작업 과정 중에 의학적 자문이 필요할지에 대한 이야기를 명확히 할 수 있다. 그리고 이것은 우리의 상담 회기가 다른 개입과 어떻게 다를 수 있는지에 대한 유용한 설명도 제공할 수 있다. 또한 문제에 대한 보다 생산적인 토론이 가능하도록 길을 열어 줄 수도 있다. 더 나아가 다른 개입의 어떤 특징들이 유용하고 도움이 되는지, 어떤 점을 고려하면서 우리의 상담을 지속해 나가길 원하는지를 명확히 하는 데 도움이 된다.

특히 우리가 가족과 작업하면서 발견한 것은 문제에 대한 논의

로 지나치게 빨리 들어갈 경우 그것이 오히려 가족의 기분을 상하게 할 수 있다는 점이었다. 가족은 종종 문제나 그들이 겪는 고통스러운 감정에 대해 계속해서 이야기를 할 필요가 있다고 느낀다. 왜냐하면 우리가 그들이 그렇게 하기를 원한다고 오해하게 되기 때문이다. 그러므로 우리는 자신의 감정에 대한 신호를 알아차리거나, 어떻게 멈추고 정서적 휴식을 가질 것인지에 대한 방법에 대해 논의하였다. 또한 만약 치료자인 우리가 빨리 진행하도록 재촉하거나 그들이 준비되지 않은 지점으로 이끄는 순간 가족이 우리에게 표현할 수 있는 방법에 대해서도 전달하였다. 치료자는 내담자들이 어떻게 느끼는지 정기적으로 체크하는 것을 잊지 않아야 한다. 즉, 가족에게 그들이 화가 나면 그것을 표현하도록 하고 필요에 따라서는 잠시 상담실을 떠나 있을 수 있다는 사실을 알리고 동의를 구했다. Haley(1987)의 아이디어를 차용하여 한 번에 한 사람만 이야기하도록 정하는 것도 도움이 된다. 그렇지 않으면 상대방의 이야기를 듣고 무엇을 이야기해야 할지 결정하기 전에 먼저 감정이 북받칠 수 있기 때문이다. 이 같은 요청은 감정이 기본적으로 내적인 상태보다 사람 사이의 상호작용을 통해 유발된다는 것을 암묵적으로 전달한다. 때때로 가족은 대화를 시작할 때 자주 다른 사람의 말에 끼어들거나 방해하고, 맞서고, 반박하고, 서로를 비난한다. 어떤 가족의 경우는 서로 말을 하도록 허락하는 것 자체로 불안해질 수도 있다. 사람들이 무엇을 말할지에 대해 두려움이 있을 수 있고, 특히 '피스메이커' 역할을 하는 사람에게는 만일 누군가 위험한 발언을 하려 할 때 끼어들지 않는다면 후에 자신이 이에 대한 책임을 지게 될 것이라는 불안이 있다. 따라서 이 단계에서는 각 사람이 말하고 싶은 것을 토론하는 것이 도움이 된다. 강조하자면, 가족

을 어떤 틀에 넣도록 강요해서는 안 되지만 이따금씩 대화의 흐름을 유지하는 것에 대해서는 제안을 할 수 있다. 어떤 단계에 있더라도 가족이 제안에 대한 코멘트를 할 수 있고 다르게 해 보자고 제안할 수도 있음을 강조한다.

'말하기에 대한 말하기(talking about talking)'와 정서적 안전감을 위한 규칙 세우기는 통제나 위험에 반대되는 안전한 맥락을 설명하는 데 도움이 된다. 일반적으로 가족은 면담 후에 안전감을 느끼게 되면 자신들이 가진 보다 어려운 문제에 대해 상당히 빠르게 드러내고 다루고자 한다. 만약 치료자가 이것이 다소 빠르다고 느낀다면 조절할 필요가 있다. 예를 들어, 다른 가족 구성원들이 도움을 주기는커녕 오히려 누군가에게 고통을 주고 있다는 것을 알아차리지 못한다면 치료자는 약간 속도를 늦추면서 그들이 어떻게 느끼고 있는지 탐색해 보도록 제안할 수 있다. 모든 형태의 방법을 사용하여 가족에게 치료자가 자신들의 말을 듣고 있다고 느낄 수 있도록 해야 한다. 설령 내담자가 걱정이나 고민을 털어놓는 등 문제 중심적인 대화로 가더라도 그 사이에서 적당한 균형을 유지하며 허용하는 것이 중요하다. 캐시 가족의 경우에는 회기에서 '지금 그리고 여기' 작업의 스트레스, 문제가 있다는 것 자체에 대한 비난을 느끼고 있음을 확인할 수 있었다. 따라서 우리는 거식증이 방해하고 있음에도 불구하고 가족이 여전히 유지할 수 있는 가족의 강점과 즐거운 활동, 흥미, 직업에 대한 해결 중심적인 대화들을 문제에 대한 설명들 사이에 배치했다.

ANT 접근의 핵심은 문제에 대한 토론을 통해서 우리가 가족 구성원 각자가 문제에 대해 이야기하는 것을 정확히 듣고, 우리가 그들이 문제에 대해 가진 관점과 설명뿐 아니라 문제에 대해 느끼는

감정도 이해한다는 것을 보여 주는 데에 있다. 메리는 다른 사람의 말을 듣는 것이 어려워 보였는데, 특히 캐시가 말할 때 더욱 그랬다. 또한 감정을 자제하고 대응하는 것이 어려워 보였고 자주 눈물을 흘렸다. 그녀는 캐시의 사소한 비판에도 상당히 예민해져서 반복적으로 절망감을 드러냈다. 고통스러운 말투로 "내가 모든 것을 망쳤다." "다 내 잘못이야."라고 말하곤 했다. 첫 회기에서 캐시가 엄마를 안심시키려고 애썼다. 그러나 그녀 자신이 괴로워하며 엄마와 함께 울기 시작하면서 그 패턴은 분명히 드러났다. 앨버트는 이 같은 상황에 대해 어떻게 해야 할지 안절부절못하면서 '무슨 일이 일어나고 있는지 보세요, 이런데 내가 뭘 할 수 있겠어요?'라는 마음을 전하려는 듯한 표정으로 치료자를 쳐다보았다.

첫 회기가 효과적이려면 치료자는 가족의 애착 문제를 잘 연결해야 하고 현재 가족이 경험하는 아픔을 인식하고 이해한다는 사실을 반영해야 한다. 또한 우리는 각 가족의 애착 패턴과 가족의 정서적 기능이라는 관점에서 이러한 애착 패턴들이 어떻게 얽혀 있는지 보기 시작한다.

예비적 사례개념화

각 가족 구성원이 가진 애착 문제

첫 회기부터 메리는 자신이 잘못해서 문제가 일어났고 엄마로서 실패감을 느낀다고 했다. 그녀는 슬퍼 보였고 삶에 짓눌려 있었으며 스스로를 불행한 여자로 묘사하였다. 우리는 메리의 어린 시절이 불행했던 기억들로 차 있고 그것을 해결하지도, 극복하지도 못한 채 발목이 잡혀 있다고 추측할 수 있었다. 그녀의 애착 성향은

집착형으로 보였다. 그녀의 태도와 잦은 눈물은 그녀의 감정이 매우 즉각적이고, 강렬하며, 자기비난과 슬픔에 압도당하고 있다는 것을 보여 주었다. 반면에 앨버트는 어려운 상황에서 용감하게 문제를 해결하는 모습과 긍정적이고 강하게 보이기 위한 시도를 해온 것으로 보였다. 우리는 그의 초기 경험들이 그가 가족을 돌보는 역할을 하도록 만들었으며 보다 회피적인 애착 태도를 갖도록 했을 것으로 추측하였다. 반면에 캐시는 다른 가족보다는 더 편하게 자신의 감정과 만나는 것처럼 보였다. 그녀에게는 부모의 애착 유형이 혼합된 것처럼 보였으나 나름대로 균형 잡힌 애착 형태를 나타냈다. 그리고 그녀가 부모의 도움에 의지하는 것에 대해서 안전하게 느끼지 않는다는 것을 알 수 있었다.

관계와 애착

부모들 사이의 관계는 정서적으로 소원해 보였다. 눈 맞춤, 감정에 대한 반영, 서로의 입장에 대한 지지는 상당히 적은 편이었다. 메리는 앨버트가 말할 때는 조용히 있었으나 그가 말하는 것에 대해 어떤 반응도 하지 않았다. 반대로 앨버트는 아내가 말할 때 불안해 보였고, 그녀의 대화 흐름을 따라가면서 지속적으로 달래고 있었다. 그들의 관계는 앨버트가 아내에게 다가가고 달래려 하는 '추적하기-거리 두기 순환'으로 보였다. 이때 메리는 스스로 거리를 두면서 지속적으로 물러나고 있었다([그림 7-2] 참조).

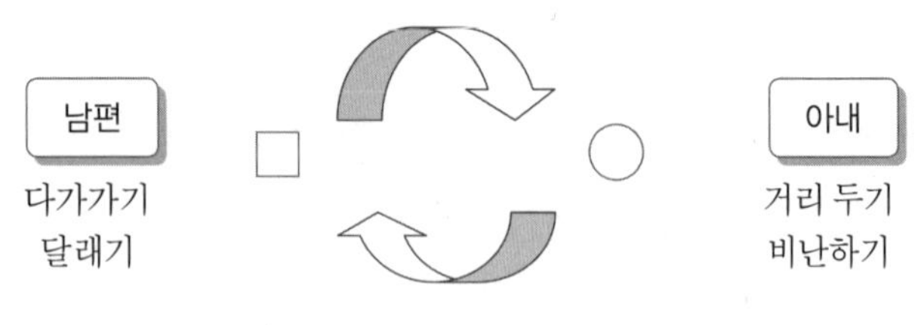

[그림 7-2] 달래기-비난하기 순환

캐시와 엄마 사이에서는 확실한 감정 연결의 패턴이 있었다. 엄마를 위해 감정적으로 지원하는, 뒤바뀐 애착 역할을 하는 캐시에게 엄마는 지지와 인정을 요구했다. 그러나 캐시는 감정적으로 뒤로 물러나면서 엄마에 대한 비난을 내비춘다. 메리가 다시 눈물로 반응을 하면 결국 캐시는 비난을 멈추고 엄마를 안심시키는 쪽으로 행동을 바꾼다([그림 7-3] 참조).

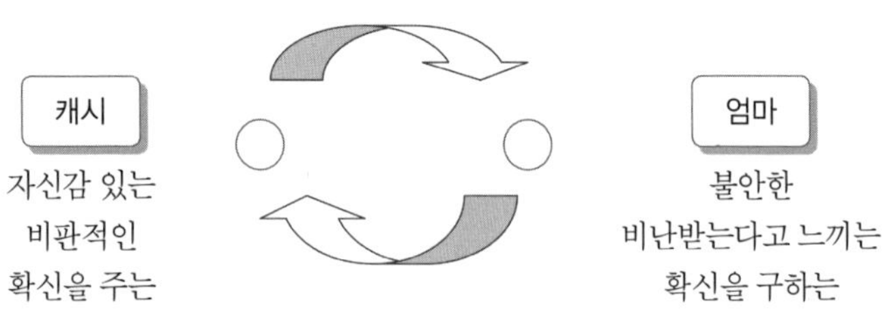

[그림 7-3] 캐시와 엄마

메리가 정서적으로 의존적인 역할을 하는 것처럼 보이는 것을 제외하면 모녀 관계는 부모의 부부 관계와 유사해 보였다.

비록 캐시가 정서적으로 더 지배적이었고 아빠는 캐시를 향해 지지를 제공하는 것으로 보였지만, 캐시와 아빠의 관계는 정서적으로 더욱 거리감이 있는 것으로 나타났다.

애착 체계

이전 장에서 인용된 캐시의 말을 통해서 그녀가 가정에서 부모와 감정적으로 삼각관계를 이루고 있음을 추론할 수 있었다([그림 7-4] 참조).

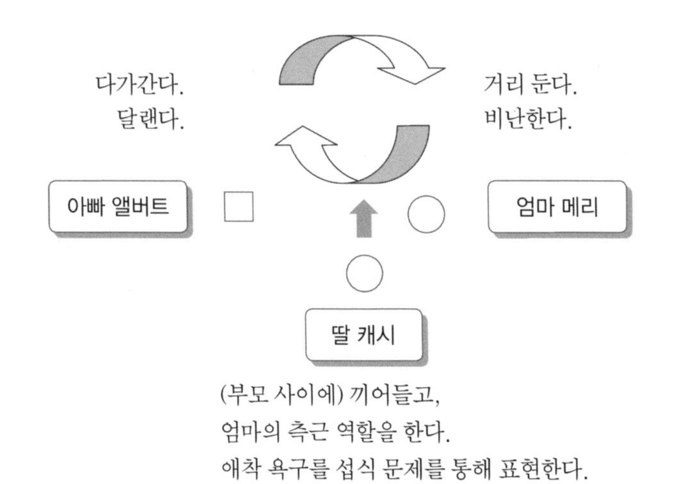

[그림 7-4] 가족 애착 체계

그녀가 부모의 불행을 감지하고 부모 사이의 갈등을 인식하게 되면 즉각적으로 그들의 역동에 정서적으로 개입하였다. 캐시는 부모의 애착 욕구를 돌보는 중요한 역할을 감당하고 있는 것으로 보였는데, 특히 엄마와의 관계에서 더욱 그러하였다. 캐시는 만약 자신이 부모 중 한 명에게 더 가까워지는 것처럼 느껴지면 부모가 어떻게 화를 내며 서로를 비난하는지 묘사하였다.

치료자-가족 애착 체계

애착의 관점에서 보면 이 가족 중 어느 누구도 정서적으로 돌봄을

받고 위로를 얻기 어렵다는 것을 알 수 있다. 사실 표면적으로 가장 상처를 입은 캐시는 자신의 애착 욕구보다 부모의 애착 욕구를 마주하는 역할을 맡고 있었다. 부모는 위로받은 경험을 한 적이 없었기 때문에 치료팀이 위로를 제공해 줄 것이라고 쉽게 믿지 않았다. 우리와 협력함으로써 부모에게 대항하는 측면이 있기도 했지만, 실제로 우리를 가장 신뢰하고 우리의 지원을 받을 수 있었던 사람은 캐시였다. 그녀는 우리의 제안을 이해했음을 표시하고, 심리적 준비를 위한 접근을 사용하는 것에 동의할 것이다. 캐시가 부모의 감정적 보호자 역할에서 해방될 가능성도 보였다. 우리는 부모의 정서적 과정을 돕기 위해 부모의 부부 관계에 대한 지지를 제공하는 것이 도움이 되리라고 생각했다. 궁극적으로는 이것이 캐시가 부모의 감정적 보호자의 역할에서 쉽게 벗어날 수 있도록 돕는 방법이 될 수 있다.

협력적 사례개념화

우리가 이 작업을 하고 있을 당시에는 이 같은 사례개념화를 가족과 공유하는 방법에 대해서는 거의 생각하지 못했다. 이러한 중요한 주제를 다루기 위해 우리는 대략 세 가지 접근을 사용한다. 첫째, 우리는 이런 아이디어들을 점진적으로 공유하는데, 특히 세대 간 패턴이나 세대 간 반복에 대한 논의를 통해 전달하려고 한다. 둘째, 우리는 가족들과 치료자들을 포함한 우리 모두가 자신의 감정을 어떻게 다루고, 지지와 위로의 자원은 어떻게 얻을 수 있는지에 대한 방법을 토론할 수 있다. 따라서 가족들이 서로를 어떻게 바라볼 수 있으며 문제의 맥락에서 이런 행동이 얼마나 어려울 수 있는지에 대한 토론도 가능하다. 마지막으로, 우리는 가족과의 관계가 발전하는 것에 대해, 예를 들어 우리가 그들 각자를 어떻게 도와주고 우리가 제공한 것이 도움이 되었는지의 여부를 알 수 있는 방법에 대해 대화하려고 시도한다.

문제의 탐색

캐시와 그녀의 가족에 대한 탐색은 우선 거식증이 어떻게 그들 모두와 관계에 영향을 주었는지에 중점을 두었다. 가족 각자에게 미치는 문제의 영향과 서로에게 느끼는 감정을 중심으로 문제의 영향에 대해 살펴보았다. 이때 ANT의 초점은 가족이 각각 문제를 어떻게 느끼고 서로에 대한 느낌이 어떤 영향을 미치는지에 대해 정교화하는 것에 있다. 여기에서 메리는 캐시가 문제를 가진 것이 모두 그녀의 잘못이고 엄마로서 실패한 느낌을 갖는다고 말했다. 캐시는 모두를 걱정하거나 화나게 만든 것에 대해 비참하게 느꼈으며 가족이 자신에 대해 그렇게까지 걱정하지 않았으면 좋겠다고 말했다. 앨버트는 상황을 개선하기 위해 무엇이 최선인지 잘 모르겠으며 자신이 도움이 안 된다고 느껴진다고 말했다. 우리는 이어서 위로하기(comforting)와 재확신을 위해 서로에게 어떤 시도를 했는지에 대해 말하도록 이끌었다. 앨버트는 아내에게 걱정하지 말라고 했지만 전혀 도움이 안 되는 것 같았고, 캐시도 "다 잘 될 것이고 이건 엄마의 잘못이 아니야."라고 말하면서 엄마를 안심시켰다고 했다. 이 같은 대화들을 살펴보면 위로는 온전히 메리를 위한 것 같았다. 사실 캐시는 엄마에게 걱정하지 말라고 말하면서 동시에 질병에 대한 상당한 걱정을 드러내는 전형적인 역설을 보인다([그림 7-5] 참조).

캐시

• 질병
• 만약 엄마가 걱정하면 나는 긴장한다.
• 엄마가 걱정하지 않으면 무시당한 기분이 들어서 엄마를 화나게 만든다.

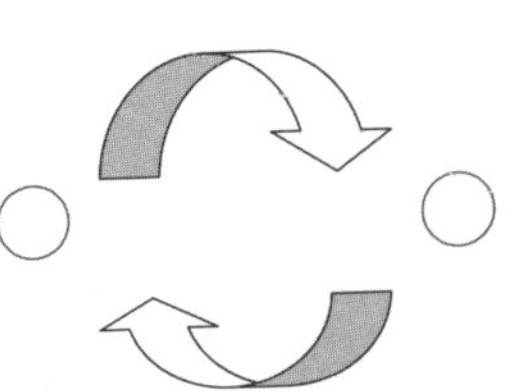

엄마

• 걱정의 표현
• 캐시는 걱정이 상황을 더 악화시킨다고 말한다.
• 걱정을 멈추려고 해 본다.
• 내가 하는 일은 다 잘못된 것 같고 기분이 나쁘다.

[그림 7-5] 자기영속적 순환 "나는 아파요. 하지만 걱정하지 말아요."

이런 패턴은 다양한 방법으로 서로를 비난하다가 결국 모두 다 잘못되었다고 느끼기 때문에 부정적인 감정이 반복되는 순환을 가진다. 우리는 가족이 역동을 의미론적으로 이해하도록 격려하기 위해 이것뿐 아니라 다른 패턴들에 관해서도 논의하였다. 이 과정은 메리와 관련 있는 것이 될 거라고 예상했다. 단지 이러한 패턴을 이해하는 것을 넘어 원인과 시간적 순서라는 관점에서 상황을 살펴보고, 감정적으로 대응하던(집착하는) 방식과는 대조적으로 행동하는 것이 무엇인지 생각해 보게끔 하였다. 메리에게는 이렇게 하는 것이 어려워 보였다. 이런 식으로 생각하는 것이 그녀에게는 문제를 상대적으로 지엽적인 것으로 여기도록 한 것 같았다. 이렇게 인식을 무시하는 것이 집착형의 정서적 지향과 일치하기 때문에 감정적인 데에 덜 중점을 둔 사고로의 전환이 점진적으로 나타날 것을 예측할 수 있었다.

이런 탐색의 핵심은 세대 간 전수를 연결하는 데 있다. 현재의 가족 역동에 광범위하게 초점을 맞추는 것은 비난받는다는 감정을 불러오고 방어적인 태도로 이어질 수 있다. 따라서 우리는 가계도를 그리면서 가족 구성원들 간에 어떤 유사한 문제가 있는지에 대

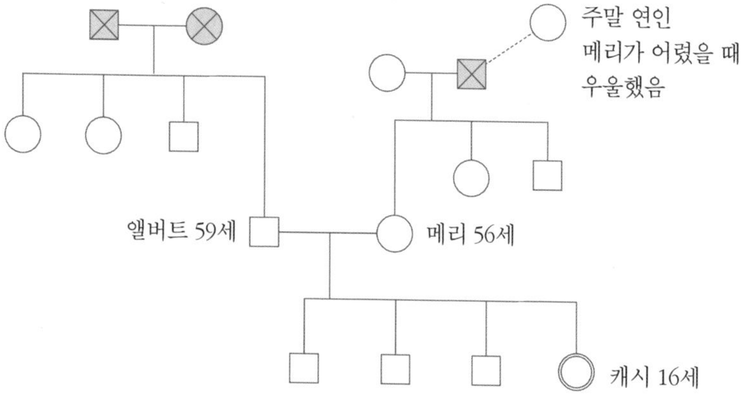

주말 연인
메리가 어렸을 때
우울했음

앨버트 59세

메리 56세

캐시 16세

[그림 7-6] 캐시 가족의 가계도

해 살펴보기 시작하였다([그림 7-6] 참조). 그리고 그다음에 애착과 위안의 세대 간 전수 패턴으로 탐색을 옮겨 갔다. 그 시작으로 우리는 앨버트와 메리에게 그들 각자가 부모에게 가지고 있는 애착에 관해 물었다. 여기서 우리는 전반적인 인지적 표현이 포함되는 의미기억과 더불어 특정 사건의 예시, 활동, 부모와의 구체적 상호작용을 묘사하는 일화기억에 대해서도 신중하게 질문했다. 부모끼리의 관계에 대해서도 마찬가지로 의미기억과 일화기억을 질문했다. 이어서 자신들이 상처받거나 아프거나 화가 났을 때 각자의 부모가 어떻게 자신들을 편안한 상태로 만들어 주었는지에 대해서 물었다.

메리는 불행한 유년 시절을 언급하였다. 자신의 아버지가 오랜 기간 바람을 피워서 어머니는 정서적으로 멀리 떨어져 있었기 때문에 도움을 받기 어려웠다고 했다. 메리는 다른 여자를 만나기 위해 옷을 말끔히 차려입고 나가는 아버지를 보며 화내던 어머니를 생생하게 기억하고 있었다. 메리는 "어머니가 참을 만큼 참았어요……. 그때 다들 그랬으니까요."라고 말했다. 메리는 어머니의

제한된 시간을 차지하기 위해 형제자매 간에 약간 경쟁한 것을 제외하고는 기본적으로 형제자매 사이는 친밀했다고 말한다. 어쨌든 메리는 그럴 수 있는 여건이 허락되지 않았기에 부모에게서 위안을 받은 기억이 없었으며, '아파 본 적이 없는' 아이였다고 울면서 말을 이어 갔다. 앨버트는 자신의 어머니를 뚱뚱하고 무기력했다고 묘사했다. 그리고 그녀는 자신의 '책임을 회피하기 위해' 질병을 이용한 사람이라고 표현했다. 대조적으로 그의 아버지는 근면했으나 만성 질환을 앓고 있어서 언제나 화가 나 있었다고 하였다. 엄격하고 때로 무서운 남자의 모습이었는데, 아버지는 심하게 화를 내고 난 후에는 죄책감을 느껴서인지 앨버트에게 뇌물로 사탕을 주곤 했다. 식사 시간처럼 가족이 함께하는 경우에도 화기애애하지 않았고 그들 부모 사이는 다정하지 않았으며 오히려 냉랭했다.

다음은 가족에서 특별히 음식, 식사 시간에 대한 기억, 위안을 주는 음식의 역할에 초점을 맞춘 인터뷰에서 발췌한 내용이다.

첫 번째 발췌문에서 부모는 가족 내에서 그들이 위안을 받았던 기억을 다음과 같이 묘사한다.

> 저자: 당신이 아프거나 화났을 때, 부모에 의해 어떻게 안정을 찾았는지 기억하고 있나요?
> 메리: 나는 한 번도 아파 본 적이 없었어요. [눈물을 흘린다.]
> 앨버트: 아버지는 성미가 급했고, 화를 냈고, 그러고 나면 후회를 한 것 같았어요. 그리고는 내게 영화를 보러 갈 수 있는 돈을 주었지요. 우리가 살고 있는 곳 근처에 세 개의 영화관이 있었기 때문에 사탕을 사가지고 영화를 보러 가곤 했어요.

저자: 앨버트, 당신이 기분 안 좋거나 화가 났을 때 아버지가 그렇게 하신 거네요. 메리…… 당신도 기억해 볼래요?

메리: 아니요. 아무것도 기억나지 않아요.

앨버트: 아무 일도 일어나지 않았다는 뜻이야? 아니면 단지 당신이 기억하지 못하는 거야?

메리: 아무 일도 없었다고. [운다.]

우리는 이 발췌문을 통해 부모 중 누구도 위안에 관한 좋은 경험이 없다는 것을 알 수 있었다. 메리는 자신의 어머니가 부재했다는 고통스러운 기억을 즉시 떠올렸다. 앨버트는 위안을 느낀 경험을 회상할 수는 있었지만, 변덕스럽고 무서운 아버지와 결부된 이야기였다. 지속되는 과정은 '위안'에 대해 좀 더 구체적으로 집중하는 방향으로 진행하면서 위안이 음식과 어떻게 연결되어 현재의 거식증으로 나타나는지 보여 준다. 메리와 앨버트는 자신의 부모가 경험한 이전 세대에서의 위안의 패턴에 대해 질문을 받고 생각해 본다.

저자: 어떤 가족들은 자신들이 상처받았거나 어렸을 때 화가 난 경우, 위로의 의미로 음식을 받았다고 말하거든요. 당신도 비슷한 경우가 있었나요? 메리, 당신은 옷을 선물로 받았다고 이야기했는데요. 예를 들어, '내가 아팠을 때 어머니는 항상 내게 수프를 주셨다. 그래서 나는 지금도 아프면 내가 수프를 만들어 먹는다' 이런 게 있나요?

메리: 나는 아파 본 적이 전혀 없었어요. [눈물을 글썽이다가 울기 시작한다.]

저자: 닭고기 수프 같은 것 있잖아요.

메리: 아팠던 기억이 나지 않아요. [조용히 흐느낀다.]

앨버트: 우리 어머니와 아버지는 어떤 아이에게 무슨 일이 생기면 모두 한 침대에 같이 두라고 말하셨던 기억이 선명해요. 형제 중 한 명이 수두에 걸리면 우리는 모두 한 침대에 있었어요. 그래서 우리 모두가 수두에 걸리고 그걸 이겨 냈어요…….

저자: 그것 참 유감이네요. 메리, 혹시 계속할 수 있겠어요?

메리: 네, 지금은 괜찮아요. 우리는 지금은 서로 매우 가깝지만 예전엔 그렇지 않았어요. 엄마에게는 엄마 자신의 문제가 많았기 때문에요.

음식은 위안을 제공하는 중요한 매개로 가족끼리 어울리기 위한 좋은 배경이 될 수 있지만 따뜻하고 즐거운 기억으로 추억되지 못하는 경우도 있다. 메리와 앨버트에게는 음식이 좋은 기억으로 다가가기 어려웠으며, 조금이라도 그것을 받아들이려고 하면 부정적인 감정들이 재빠르게 솟구쳤다는 점은 놀랄 만한 일이었다. 앨버트와 메리 모두 음식과 관련된 연결고리를 찾는 것은 어려운 일이었다. 반면 캐시는 과자를 통해 감정적 관계의 연결을 쉽게 찾아냈다. 물론 그 과자는 메리의 관점에서는 부정적이기는 하지만 호의가 담긴 것으로 여겨진다.

캐시: 나는 아빠가 총애를 받아서 과자를 많이 받았다고 생각했어요.
메리: 아빠가? 아빠는 늘 초콜릿 과자를 먹는 습관이 있었을 뿐이야.
캐시: 왜냐면 엄마가 나한테 '아빠가 형제 중에 제일 사랑받았다'고 했잖아요.
메리: 맞아. 아빠는 할머니한테 사랑받는 아이였지. 당신이랑 로라(아빠의 누나)는 사랑받는 아이였고, 나머지는…… 글쎄, 뭐라 말하기가 어려운데…….

이 발췌문은 부모가 경험한 어릴 적 상황의 묘사다. 이것으로부터 우리는 부모가 어렸을 적 화나거나 속상할 때 위로를 받았던 경험이 없었음을 알아냈다. 메리는 어머니의 부재에 대한 강렬한 기억들을 떠올렸다. 이것은 그녀로 하여금 자신의 아이들에게는 다르게 행동하기를 소망하면서도 결국 그와 같은 경험을 가지고 있지 못해서 어떻게 해야 할지 알 수 없었다는 것을 알게 했다. 앨버트는 아버지를 대체로 무섭고 예측 불가한 사람으로 기억하지만 드러난 고통은 적은 것 같았다. 앨버트와의 대화에서 그는 위로를 뇌물과 동일시하는 것 같았고, 메리는 아이들에게 선물을 주는 것을 좀 더 부드러운 시선으로 보도록 앨버트의 생각을 바꿔 주고자 하였다.

세대 간 전수에 대한 인터뷰의 중요한 요소는 교정적이고 복제적인 각본들을 탐색하는 것이다. 메리의 교정된 각본 중 하나는 자신의 어머니가 그랬듯이 참지 말라는 것으로, 그래야 침묵 속에서 고통을 받지 않는다는 것이다. 이런 묘사 과정에서 우리는 그녀가 현재 결혼 생활에 대해 어떤 이야기를 할지, 결혼 생활이 불행한지

또는 뭔가를 바꾸고 싶어 하는지가 궁금했다. 앨버트 역시 본인의 가족에서 경험한 것보다 더 따뜻한 가정생활을 희망했다고 말했다. 캐시와 다른 아이들과의 관계에 대해, 메리와 앨버트 모두 자기들이 경험한 것보다 더 가깝게 지내기를 바란다고 했다. 그러나 그들에게는 그것이 좀처럼 실현되기 어려운 일 같아 보였다. 특히 메리는 자신은 노력했지만 실패했으며 잘되지 않았다고 말했다.

저자: 그것과 연결해서 어떤 생각을 했는지 메리 당신에게 먼저 물어도 될까요? 어떤 생각들로 인해 당신은 본인의 자녀들에게 다르게 행동하고 싶었나요? 되돌아보면 그 행동이 당신에게는 어떤 결과를 가져왔나요?

메리: 나는 아이들에게 소리를 많이 지르곤 했어요. 왜냐하면 나의 부모가 나에게 소리를 많이 질렀기 때문인 것 같아요.

이때 캐시는 메리가 그녀 자신의 어린 시절 경험 중 좋은 부분을 일요일 특식을 통해 현재 가족에서도 유지하려고 노력했다는 점을 언급하면서 엄마를 도와준다.

캐시: 꽤 오랫동안 엄마는 우리 가족을 위해서 구이 요리를 계속 만들었잖아요.

메리: 그래…… 우린 항상 그랬지…….

캐시: 그거 엄마 어릴 때 했던 거 아니에요?

앨버트: 일상적이었던 거겠지.

캐시: 그래서 엄마가 우리한테 계속 해 줬던 거잖아요.

엄마의 감정을 돕기 위해 나타나는 캐시의 이런 패턴은 회기마다 반복된다. 하지만 이것은 양면적인 과정으로 보인다. 캐시는 엄마를 확실하게 또는 모호하게 비난하는 것을 한바탕하고 나서 엄마를 위로하는데, 이것은 거의 정서적인 '도발'에 가깝다.

가족 식사에 대한 캐시의 인식과 가족 식사에서 그녀가 배운 것을 인터뷰하면서, 우리는 캐시가 그녀의 가족으로부터 습득한 것과 어머니에 대한 암시적 비난이 숨어 있는 저의를 엿볼 수 있다.

저자: 과거의 전통이 세대를 따라 계속해서 전해져 내려간다고 볼 때, 캐시 네가 너의 가족을 만들게 된다면 어떤 전통을 이어 갈 생각이니?

캐시: 음…… 꼭 전통이라 말하기는 그렇지만 그냥 매일 제 아이들과 함께 자리에 앉아서 식사를 하며 도란도란 이야기를 나눌 것 같아요. 배운 건 아니지만 그렇게 하고 싶어요. 우리도 그렇게 가족 식사를 했을 때가 있었어요. 오빠들과 그 여자 친구들도 함께요. 저는 제 아이들과 그런 모습이고 싶어요.

캐시가 자신의 아이들과 함께하고 싶은 미래의 모습에 대해 이야기할 때 메리는 잠잠해졌다. 이것은 아마도 엄마인 메리가 원했던 것이지만 지금은 엄마로서 갖는 실패 감정을 강조하고 있는 것으로 보였다.

세대를 아우르는 인터뷰는 각 부모가 그들의 부모와 맺어 왔던 관계에 대한 질문들부터 교정적이고 반복되는 각본들을 탐색하는 것을 포함하여 이루어졌다. 여기에서 알 수 있었던 점은 메리와 앨

버트 중 어느 누구도 이러한 패턴들에 대해 의식적으로 연결시켜 본 적이 없었다는 것이다. 메리에게 이 과정은 너무 어려웠다. 많은 회기에서 그녀는 자신의 어린 시절 감정들과 캐시에 대해 느끼는 실패감에 갇혀 있는 것 같았다. 앨버트가 연결을 위해 시도하기는 했으나, 음식이나 선물을 마치 자녀들에 대한 뇌물로 여긴다는 점에서 부정적인 기억이었다. 캐시는 한편으로는 그녀의 엄마가 일요일 특식을 전통으로 유지해 오기 위해 노력했다는 것을 강조하면서 긍정적인 연결을 제공했다. 그런 반면에 캐시는 자신이 미래에 자신의 아이들과 어울리며 친밀한 식사 시간을 가지고 싶다고 할 때 엄마인 메리의 마음이 상하게 된다는 것을 알았을 텐데도 이런 내용의 대화로 옮겨 갔다. 대화 속에서 메리는 이것을 자신을 향한 비난으로 받아들이며 점점 말수가 줄어들었다.

대안의 탐색 그리고 변화

이 단계는 가족 전체와 개별 가족 구성원들이 애착 내러티브상의 변화, 그리고 이와 관련하여 가족 구성원들 간의 정서적 과정에서의 변화를 생각해 보도록 하는 시도들에 중점을 둔다. 탐색 단계에서 우리는 치료적 개입을 위한 몇 가지 방향을 정리하였다.

1. 안정 애착의 결핍과 양쪽 부모 모두에 대한 애착 경험의 부족이 세대 간에 전수되는 패턴이다. 내러티브 관점에서는 두 경우 모두 일관성 있는 애착 스토리, 욕구의 표현, 위로 패턴 또는 감정과 욕구에 대한 개방적 의사소통이 갖는 잠재적 가치

에 대한 개념들이 발달하지 못한 것으로 보였다.

2. 부모는 고통스럽고 정서적으로 결핍되었던 관계를 경험했고 그 속에서 서로의 애착 욕구를 충족시킬 수 없었던 것으로 보인다.
3. 캐시는 부모 사이에서 삼각관계를 형성하고 있다. 캐시는 부모의 관계가 자신에게 부정적인 영향을 미친다는 것을 깨달았으며 부모 또한 이에 대해 다소 자각할 수 있었다. 그러나 부모는 지나치게 정서적으로 반응적이었으므로 이것에 대해 발전적인 방향에서 생각하는 것이 불가능했다.

1단계: 애착에 대한 일관성 있는 내러티브 강화하기

이것은 세대 간 전수되는 애착 패턴에 대한 논의로 시작되었다. 치료 회기에서는 이러한 패턴들을 참고하여 현재 이루어지는 과정과 연결시켜 보도록 도와주었다. 일관성의 발달은 반영팀 토론으로 촉진되는데, 반영팀 토론은 가족의 정서적 과정에 대해 새롭고 다중적인 서술을 제공한다. 예를 들면, 반영팀과 치료자의 토론은 부모가 그들 자신의 어려웠던 경험에도 불구하고 캐시를 위해 뭔가 다르게 해 보려는 시도를 했을 때 그 안에 담긴 긍정적인 의도들에 관심을 기울였다. 한 예로, 메리가 출근하는 것이 그녀가 딸에게 독립적인 여성의 모델을 보여 주려는 시도로 비춰질 수 있지 않을까에 대해 이야기를 나누었다. 이런 독립적인 여성의 모습은 양가의 할머니들이 보여 준 갇혀 있고 의존적인 모습과는 대조적이다. 앨버트 또한 다른 종류의 아버지가 되려고 애썼는데, 그는 자녀들에게 소리 지르지 않았고 캐시가 어릴 때 매우 가깝게 지냈다.

독특한 결과를 탐색하는 내러티브적 접근은 예외적 상황과 그들의 관계가 달라졌을 때에 집중함으로써 대안적인 내러티브 발달을 유발한다. 예를 들면, 캐시가 아프기 전에 그들이 어떻게 일상을 관리하면서 살아왔는지를 생각해 보는 것이다. 캐시는 엄마가 일하지 않았을 때 엄마와 함께 보낸 시간들을 얼마나 좋아했는지에 대해 말했다. 이 시간의 중요성과 그들이 좀 더 많은 시간을 함께 보내는 것이 가능한지에 대한 논의를 하였다. 캐시는 자신이 부모와 오빠들 그리고 그들의 여자 친구들과 함께 외식하러 가는 것을 즐겼다고 말했다. 다른 사회적 환경과 가족 모임에 있는 것이 섭식 문제의 경험 또는 그로부터의 자유에 대해 만들 수 있는 차이점들에 대해 논의하였다. 2단계에서 진행된 음식과 감정의 연결은 정서, 식욕, 위로 그리고 음식 간의 관련성에 대한 보다 폭넓은 대화로 확장되었다.

2단계: 부부 관계의 탐색

부부와 작업하면서 우리는 암암리에 캐시의 감정과 식습관, 식욕을 가족 정서 과정 및 갈등과 연결시키는 관계적 내러티브의 발달을 격려했다. 우리는 3회기에 걸쳐서 부부로서의 부모를 집중적으로 상담하기로 했다. 우리는 거식증이 그들에게 미치는 영향과 휴식할 수 있는 권리라는 관점에서 이것을 구조화하였다. "당신들의 삶에 찾아온 거식증 같은 어려움으로 인해 많은 것이 소진될 수 있습니다. 당신들 관계나 걱정에 대해서는 이야기할 기회가 거의 없었을 거예요. 어쩌면 어떤 것들에 대해서는 캐시를 제외하고 당신들과만 이야기를 나누는 것이 보다 쉽고 적절할지 모릅니다."라

고 설명하였다. 이것은 캐시가 포함된 것으로 보이는 삼각관계 과정을 완화시키려는 시도였다. 물론 어떤 부모에게는 이런 제안조차 위협처럼 느껴질 수도 있다. 그러므로 우리는 대부분의 면담 시간을 '거식증'과 관련된 문제를 말하게 될지라도 자신의 욕구를 위해 최소한의 여지를 남겨 둘 필요가 있다는 점을 부부에게 강조하기도 한다. 우리는 모든 부모, 특히 이런 어려움을 가진 부모들에게 자신의 '배터리를 재충전'할 기회가 필요하며 그렇지 않으면 자녀들이 문제와 싸우는 것을 도와줄 수 없다는 점을 덧붙이기도 한다.

메리와 앨버트에게 있어 자신들의 문제는 아주 표면적인 것이었다. 메리는 '참아 내는 것'을 더 이상 못하겠다고 여러 번 언급하였다. 첫 회기 부부 상담에서 메리는 자신의 결혼 생활이 매우 불행했고 앨버트를 떠나고 싶다고 빠르게 이야기하였다. 그녀는 몇 년 전에 짧게 외도를 했다고 하면서 나중에 앨버트 역시 외도를 했음을 알게 되었다고 했다. 그녀는 자신의 감정을 어머니의 상황과 연결시켰는데, 이것은 메리로 하여금 어머니가 했던 것처럼 모든 일을 참고 견디거나 입 다물고 고통스러워하는 것을 원하지 않는다는 강력한 생각을 갖게 하였다. 어머니처럼 자신의 삶도 불행하고 외롭게 끝날지 모른다는 불안은 메리에게 마치 망령처럼 매달려 있는 것 같았다. 메리에게 이 회기는 매우 힘들어 보였고 앨버트에게 거절당하고 상처 입은 자리로 후퇴했다. 우리는 '구조화된 반영대화'라고 설명했던 접근을 시도하기 위해 그들을 초대했다. 이것은 두 세트의 대화로 구성되었다. 먼저 메리는 여자 치료자와 대화하는 시간을 가지는데, 이때 앨버트와 치료자인 나는 이 대화를 경청하였다. 이어서 나와 앨버트가 이야기할 때 여자 치료자와 메리가 우리의 대화를 들었다. 대화는 세대 간 애착 인터뷰의 주제들을

다루었지만 특별히 부부의 관계가 그들의 부모 간의 관계와 어떻게 유사하고 어떻게 다른지에 초점을 두고 이루어졌다. 또한 이 대화는 그들이 자신의 결혼이 어떻게 부모의 결혼과 다르거나 비슷할 것을 기대했는가라는 관점에서 교정적/복제적 각본에 중점을 두었다. 이 대화는 정서적 연결의 본질을 포함하고, 각 파트너가 그들의 관계에 대해 가진 긍정적 · 부정적 측면에 대해 토론하도록 허용하였다. 우리는 또한 각자의 부모의 결혼에 대한 교정적이고 복제적인 각본이라는 관점에서 보았을 때 자신들의 관계가 처음에는 어땠는지, 언제 자신들의 관계에 중요한 변화가 있었다고 느끼는지를 질문했다. 이것은 '애착 손상'이나 상황이 악화되는 전환 시점과 연결된다.

이 인터뷰에 임했던 다른 커플들처럼 그들도 처음에는 그들 부모의 관계와는 다른 친밀함이나 다정함, 따뜻함을 바랐다고 말했다. 그런데 추적-회피라는 일반적 패턴이 관계에 나타나면서 그들의 친밀감에 문제가 생기기 시작했던 것이다. 이것은 자신과 사귀기 전에 메리에게 친밀한 관계 경험이 있었다는 사실을 알게 된 앨버트가 받은 상처와 불안감에 의해 촉발되었다. 이것은 과거의 일이었기 때문에 이 사건에 대해 메리가 앨버트에게는 말하지 않았지만 앨버트에게는 이것이 깊은 상처와 배신으로 경험되었다. 메리는 여성 치료자에게 그들의 관계 패턴이 얼마나 고통스럽고 학대적이었는지 표현할 수 있었다. 앨버트는 자신이 요구했던 것들이 메리에게는 극도로 회피하고 싶었던 경험이었다는 것을 알게 되자 충격을 받았다. 그는 메리에게 자신을 용서해 달라고 말할 수 있었고, 그녀는 이것이 도움이 되기는 했지만 모든 것을 되돌리기에는 너무 늦은 것이 아닌지 확신하지 못하겠다고 말했다. 그러나

서로의 감정과 괴로움에 대해 진심으로 인정했던 것이 우리의 작업에서 매우 중요한 순간이었던 것 같았다. 각 파트너가 동성 치료자의 도움을 받으며 대화하고 듣도록 되어 있는 구조가 이 과정에서 도움이 되었던 것으로 보인다. 우리는 또한 이러한 노력들이 그들의 입장에서 용기 있는 행동으로, 그들 자신뿐 아니라 캐시에게도 도움이 되었다는 것을 인정해 줄 수 있었다. 또한 캐시가 그들의 슬픔과 괴로움의 일부를 알아차렸는지에 대해서 함께 생각해 보았다.

앨버트의 사례에서처럼 그들의 애착에 대한 요구를 명백하게 만듦으로써 후회나 아픔을 표현하는 시도 자체가 더 큰 상처를 가지고 오는 위험이 따라올 수도 있다. 너무 늦은 것 같다는 메리의 고백은 그의 후회와 눈물 앞에서 잠재적인 거부처럼 느껴질 수 있었다. 그러나 일반적으로 많은 커플의 경우 신뢰를 회복하기 위해서는 시간과 노력이 필요하다는 점에 대해 이야기를 나누었다. 우리는 앨버트가 화나게 하는 요구를 하지 않으리라는 것을 메리가 믿을 수 있기까지, 그리고 메리가 자신을 떠나겠다고 위협하거나 무시하지 않을 것이라고 앨버트가 신뢰할 수 있을 때까지는 시간이 필요할 것이라고 알려 주었다. 개별 회기는 커플 회기들 사이에 유용하게 배치될 수 있다. 앨버트는 우리와 함께 개인 상담 회기를 가졌는데, 메리가 수년간 느꼈던 것들을 알게 된 순간의 충격에 대해 표현할 수 있었다. 또한 부부의 친밀감에서 캐시가 얼마나 중요한 역할을 했는지에 대해서도 언급하였다. 특별히 캐시가 태어났을 때 그들의 신체적 친밀감은 최고조에 달했고, 메리는 수년간 매우 행복했다. 이것은 캐시가 그 부모와 얽혀 있음을 보여 주는 것으로, 그녀가 태어난 순간부터 얼마나 특별했는지를 확인시켜 주었다.

3단계: 부모의 관계에 얽혀 있는 자녀에 대한 논의

우리는 가족 회기, 개인 회기뿐 아니라 캐시와 부모 중 한 명이 참여한 많은 회기에서 캐시가 부모의 부부 관계에 정서적으로 얽혀 있다는 중심 주제에 대해 언급하였다. 우리는 양쪽 부모와 그들의 관계 욕구에 대해 보다 깊이 이해하기 위해 작업했다. 또한 메리가 자신의 어머니를 돌봐 왔던 역할을 살펴보면서 캐시의 역할을 탐색했다. 메리의 어머니는 슬프고 우울했으며 늘 메리에게 화를 내면서도 그녀에게 의존했다. 메리는 자신도 자녀들에게 화를 냈고 그녀가 자녀들을 위해 해 주었던 것들에 대해 인정받지 못한다고 생각할 때 실망했다고 말했다. 메리는 자신이 캐시의 애정을 필요로 했다는 점을 인정할 수 있었다. 부모는 자신들 역시 다른 아이들과 마찬가지로 자기 부모의 불행을 보면 속상했다고 하면서 캐시가 자신들 관계에 영향을 받았고 또 여전히 영향받고 있음에 대해 논의하였다. 그러나 메리와 앨버트는 캐시가 그들의 갈등에 진짜 영향을 받는 것은 아니라거나 또는 이런 것이 그녀의 문제들에 '원인'이 될 수는 없다는 신념을 가지고 있었다. 캐시가 앨버트와 함께 참여한 회기에서 그녀는 부모의 갈등을 느낄 때 화가 나고 개입해야 할 것 같은 압박을 느낀다고 설명했다. 캐시는 메리에게도 이와 같은 마음을 드러냈다. 또한 엄마를 비난하는 것이 아니라 엄마가 지금보다 더 행복해지길 원한다고 말했다. 우리는 그들의 분투에 공감하면서 자신이나 서로를 비난하는 것은 도움이 되지 않으며 캐시의 질병에 대한 단순한 설명은 없다고 덧붙였다. 메리는 어쩌면 앨버트와 헤어지는 것이 캐시에게 더 나을 수 있을 것 같다고 여러 번 말했다. 우리는 이것에 대해 부부와 지속적으로 논의하였는데, 특히 이것을 캐시가 어떻게 느낄지를 염두에 두고 가능한 결과들을 고려하는 것을 격려하였다.

4단계: 통합 그리고 접촉을 유지하기

전 단계에서 다뤄진 논의의 목적은 점차 가족 구성원들이 경험을 통합하고 보다 일관된 내러티브를 구축해 가도록 격려하는 것으로 옮겨진다. 이 같은 통합은 지속적으로 이뤄지지만 반영팀은 우리의 논의가 가능한 통합적 주제로 이동할 때 이 과정을 모델링하는 데 도움을 줄 수 있다. 반영팀을 포함하는 것은 정보의 유형을 정교화하게 도와서 감정과 관계에 대해 잘 살펴볼 수 있도록 한다. 또한 보다 일관된 내러티브를 생산해 내도록 가족의 능력을 지지하거나 '발판'을 제공할 수 있다. 여기에서 중요한 점은 그들이 자신의 초기 경험에서 배운 것을 통합하고 이것을 다시 지속되는 회기들에서 배우는 내용들과 연결시키는 것이다.

애착이론에서 연속성과 신뢰에 반대되는 상실, 유기, 거부는 중요한 주제다. 그러므로 치료의 종결은 사람들이 자신의 인생 경험으로부터 무엇을 배웠는지에 대한, 특별히 우리와의 치료 회기에서 도움이 되었던 것과 그렇지 않은 것에 대한 고찰을 포함하며 통합적 주제들과 중요하게 연결된다. 따뜻하고 지지적인 많은 표현에도 불구하고 치료의 종결은 사람들과 그들이 하는 말은 믿을 수 없다거나 치료자도 다른 사람들처럼 진짜 마음 쓰는 것은 아니라거나 또는 이것들은 모두 다 엉터리고 너는 결국 버려진 거라는, 깊게 자리 잡은 애착 내러티브를 강화시키는 데 기여할 수 있다.

이것은 캐시와의 작업이 끝날 때 나타났던 시나리오와 거의 같

다. 그녀가 대학에 진학할 즈음이었고 상황이 많이 개선되었기 때문에 그녀를 둘러싼 전문적인 지원 시스템이 한꺼번에 철수했다. 우리 팀 역시 캐시가 보내는 어려움의 신호를 간과했다. 예를 들어, 그녀는 자신이 그동안 함께 작업해 온 심리학자에게 얼마나 애착되어 있는지를 거듭 말하곤 했다. 대학에 가야 할 날이 다가올수록 자신이 치료자를 얼마나 그리워할지에 대해 반복해서 말했다. 여기서 분명한 것은 부분적으로는 상담 대기 명단의 압박과 다른 가족들의 필요 때문에 우리 역시 캐시와 그 가족의 치료를 종결하려고 했다는 것이다. 마지막 회기에 이 가족은 정중한 모습으로 참석해서 우리가 노력한 것에 대해 무수히 감사의 표시를 했다. 그러나 상담 시간이 끝나갈수록, 캐시가 열심히 노력하고는 있지만 여전히 매우 힘들어하고 있다는 사실이 점점 분명해졌다. 또한 우리만이 아직 남아 있는 전문가 지지 체계였다는 점도 확실했다. 우리는 이것이 캐시가 처음으로 우리에게 자신의 괴로움을 드러낸 것이었다는 점을 명확히 인식하게 되었다. 자신의 부모를 정서적으로 지지해 왔지만 지금은 그녀 자신을 위한 미래의 지지 체계를 갖지 못한 취약한 젊은 여성에게 이것은 감당하기 매우 어려운 일이었다. 공교롭게도, 이 시점은 부모에게 있어서는 자신들이 가지고 있는 문제의 일부를 해결했던 시점이 되었다. 예를 들어, 부모는 휴일을 어떻게 보낼지를 같이 상의했고, 메리는 자신이 앨버트와 어떻게 관계를 구축해 나가야 할지를 긍정적으로 바라보게 되었다.

이런 변화들이 캐시에게 유익했던 반면에, 캐시는 다른 도시의 대학으로 가야 했기 때문에 부모와 분리해야 하는 문제와 직면하게 되었다. 따라서 우리는 이렇게 치료가 종결되는 것이 과연 적절한지에 대해 가족과 논의하였다. 이것은 지지와 정서적 욕구들 그리고 필요할 때 다른 사람들에게 도움을 요청하는 것에 대한 대화를 이끌어 냈다. 우리는 그날 사례를 종결하지 않기로 함께 결정하였다. 캐시가 대학에서 집으로 다시 돌아올 때 두 달 간격을 두고 그녀를 다시 만나기로 했다. 또한 우리는 캐시와 전화 통화를 하고 대학이 그녀에게 전문적 도움을 제공하도록 연락하기로 하였다. 그녀의 부모에게도 도움이 필요할 때마다 만날 수 있다고 알려 주었다.

캐시의 사례는 우리가 내담자에게 지속적인 지원을 제공하는 것이 얼마나 중요한지를 돌아보게 하는 전환점이 되었다. 지속적인 지원을 계속 제공한다는 것은 빈번한 연락 그 자체보다도 지속적인 돌봄과 애착이 사람들에게 얼마나 중요한지를 상징적으로 보여주는 것일 수 있다. 그 후에 우리는 캐시의 가족을 한 번 더 만났으며 캐시와는 몇 번의 전화 통화를 했다. 이러한 지속적 지원이 없었다면 그녀의 상태가 다시 급격하게 나빠졌을 것이라 확신한다.

여기에서의 논점은 단순히 애착 의존성이 형성되었는지 아닌지에 대한 것이 아니다. 회기의 종결은 그 자체가 애착의 특성에 대한 강력한 내러티브다. 우리는 또한 가족과 더불어 앞으로 있을 기복과 미래의 갈등에 대해 대화를 나누었고, 그들이 어떻게 서로를 그리고 캐시를 지지할 수 있을지에 대해 생각해 보았다. 애착 관점에서 재발에 관한 이러한 논의는 가족이 애착에 대해 보다 일관되고 덜 회피적인 내러티브로 향할 수 있게 돕는다. 그렇지 않으면 우리는 캐시가 집을 떠날 때, 미래에도 항상 많은 어려움이 있을 것이라는 것을 무시하게 만드는 회피형 내러티브와 결탁할 위험이 있다. 미래의 필요나 문제를 어떻게 처리할 것인가에 대한 몇 가지 현실적인 계획들을 세우는 것은 보다 일관성 있는 내러티브를 제공한

다. 이것은 지나치게 두렵고 감정적으로 포화되어 미래의 감정들을 다루기 위한 계획을 계발하는 것을 방해하는 집착형의 내러티브를 피하게 한다. 또다시 절묘한 균형이 필요하다. 치료자로서 우리도 때로는 떠나보내는 것에 대해 지나치게 두려워할 수도 있고, 전환기의 불안을 담아내고 조절하도록 가족을 제대로 돕지 못하고 있는 것 같다는 염려를 표현할 수도 있다.

탐색을 위한 양식

위로 패턴 탐색하기

다음의 질문들은 개인, 커플 그리고 가족과 작업할 때 사용할 수 있다.

- 어린 시절을 떠올려 보세요. 화가 나거나 놀랐을 때는 언제였으며 그때 무슨 일이 있었나요?
- 어떻게 기분이 좋아질 수 있었죠? 누가 도움이 되었나요? 그들은 그런 일을 어떤 방법으로 할 수 있었나요?
- 현재 가족을 위해 당신이 과거 경험으로부터 배운 것은 무엇인가요?
- 과거와 똑같이 하고 싶은 것은 무엇인가요?
- 과거와 다르게 하고 싶은 것은 무엇인가요?
- 당신의 가족은 서로를 어떻게 위로하고 있나요?
- 당신은 자녀들을 어떻게 위로하고 있나요?
- 자녀들은 당신을 어떻게 위로하고 있나요?

커플 상담의 대화 과정에서 한 사람은 말하고 한 사람은 듣게 한다. 어떤 사람들은 사건을 기억하고 말하는 것이 어렵기 때문에 확신을 필요로 할지도 모른다. 어떤 사례의 경우는 좀 더 가정적인 질문을 하는 것이 도움이 된다. 예를 들면, "상상해 본다면 무슨 일이 일어날까요? 무슨 일이 일어나면 좋겠다고 생각하나요? 누군가가 당신을 위로하고, 안아 주고, 지지해 주었다면 어떤 느낌이 들 거라고 생각하나요?"라고 질문할 수 있다. 질문을 통해 경험에서 배운 내용에 초점을 두고 과거의 사건이 현재의 관계 경험과 어떻게 연결되는지에 대해 인식하도록 돕는다.

어린 아동들과 탐색 작업을 할 때는 그림이나 장난감, 인형을 사용하여 그들이 어떻게 위로받았는지를 표현하도록 할 수 있다.

가계도를 통한 애착 내러티브 탐색하기

부모의 애착 탐색하기

가족이 함께 가계도를 그리도록 한다. 자녀가 있는 자리에서 함께 그려 볼 수도 있고 때로는 자녀들에게 부모가 말하는 것을 그냥 듣기만 하도록 요청할 수도 있다. 자녀들이 참관을 하는 경우라도 자녀들은 질문에 대답하거나 코멘트하는 방식으로 면담에 참여하게 된다.

부모 가족의 정서적 분위기

- 가족의 정서적 분위기를 어떻게 묘사할 수 있나요? 차가운가요, 따뜻한가요, 방관적인가요?
- 가족의 신체적 표현은 어떤가요? 서로 잘 껴안고 뽀뽀했나요, 아니면 신체적 접촉이 별로 없었나요?

• 괴로움이나 고통, 슬픔 등은 어떻게 다루었나요?

부모가 그들 부모와 맺은 애착의 특징을 탐색하기

• 당신은 부모님과의 관계를 어떻게 묘사할 수 있나요?
• 부모 중에 누구와 더 친밀했나요?
• 성장하면서 친밀감에 변화가 있었나요?
• 친밀함이나 거리감에 대한 예를 들어 줄 수 있나요?

조부모 사이의 관계

조부모 간의 관계에 대한 질문은 부모의 어린 시절 경험에 대한 이야기를 이끌어 낼 수 있으며 자녀들이 어떻게 부모와의 관계를 정의할지 결정 내리도록 돕는다.

• 당신의 부모님(조부모)의 관계를 어떻게 표현할 수 있나요? 차가운가요, 따뜻한가요, 방관적인가요, 열정적인가요, 갈등적인가요?
• 외조부모와 친조부모의 관계에서 차이점을 발견한 게 있나요?
• 각 조부모와의 관계는 부모와 당신의 관계에서 어떤 점과 비슷한가요?

교정적/복제적 각본

• 이러한 관계들과 유사점이나 차이점을 만들기 위해 당신이 노력했던 것들은 무엇인가요?
• 부모 각각과의 관계에 대해 당신이 가치 있다고 느끼거나 혹은 비판적으로 느끼는 것들은 무엇인가요?

부모가 자녀와 맺고 있는 관계에 미치는 영향

다음의 질문들은 부모들로 하여금 자신의 경험이 어떻게 의식적 또는 무의식적으로 자녀와의 관계에 영향을 주고 조성하는지를 생각해 볼 수 있도록 한다.

- 당신의 부모와의 관계는 당신의 자녀와의 관계에 어떻게 영향을 미치나요?
- 당신과 자녀의 관계는 당신과 부모와의 관계와 어떻게 다른가요?
- 당신과 부모의 관계와 비교했을 때, 당신은 자녀와 더 가까운가요, 아니면 소원한가요?

부모와의 인터뷰 후에 자녀들에게 이 과정을 통해 무엇을 알게 되었는지 물어볼 수 있다. 부모 사이의 관계 또는 자녀인 자신들과의 관계에서 이해되는 점은 무엇인지, 인터뷰를 통해 새롭게 알게 된 것은 무엇인지를 질문할 수 있다.

구조화된 반영적 대화

이 대화의 목적은 가족 구성원이나 커플이 방해와 비난 없이 서로의 이야기를 듣도록 하기 위함이다. 커플을 위해서는 한 방에 두 명의 치료자가 필요하다. 다양한 변환이 가능할 수 있지만 한 명의 치료자는 커플 중 한 명과 함께 앉는데, 보통은 같은 성별끼리 짝을 짓는다. 한 치료자는 한 명의 파트너와 대화를 나눈다. 예를 들

어, 세대 간 전수에 대한 인터뷰로 구조화된 대화에서는 애착 손상과 상처를 입은 사건들 또는 위로하기 패턴을 탐색한다. 대화는 보통 5~15분 정도 걸리며, 이후 다른 치료자와 다른 파트너가 같은 주제의 대화를 나눈다. 그러고 나서 각 파트너들은 치료자의 도움을 받아 각자 자신들이 들은 내용에 대해 반영을 한다. 끝으로 대화를 통해 떠오른 것에 대해 자유롭게 대화를 나눈다.

이 방법은 가족과 함께하는 치료 상황에서 다양하게 적용될 수 있다. 예를 들어, 부모 집단 그리고 자녀 집단 혹은 성별로 나눈 집단 등으로 작업할 수 있다. 요약하면 다음과 같다.

- 가족 혹은 커플은 각각의 공동 치료자와 짝이 됐다.
- 반영적 대화가 가진 잠재적 가치를 가족과 토론한다.
- 두 세트의 대화: A집단이 말하고 B집단은 듣고, B집단이 말할 때 A집단이 듣는다.
- 두 집단 사이의 반영적 대화

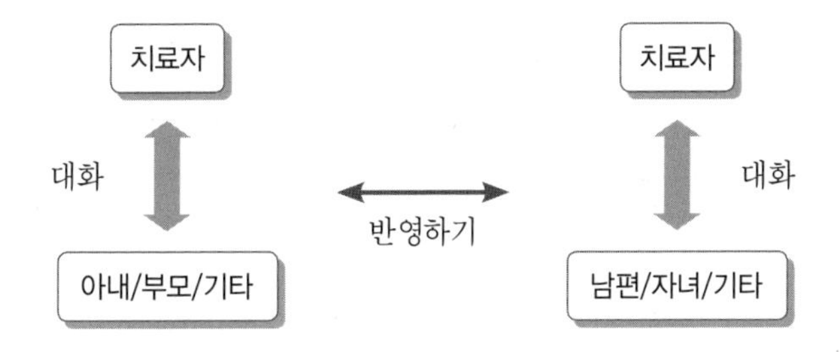

반영팀 토론: 애착 내러티브

Tom Anderson(1987)과 다른 치료자들이 정리한 일반적인 반영팀 형식에 가족 내에서 애착 주제와 정서적 과정에 초점을 두는 내용을 포함시켰다. 여기에는 현재의 애착 과정, 세대 간 전수 패턴, 위로 패턴, 애착 손상과 '상처들'에 대한 질문과 반영이 포함된다. 또한 앞으로 애착이 어떻게 변화할 것인지에 대한 미래 지향적인 대화와 통합적인 대화들도 포함된다. 이와 관련된 질문과 대화의 예는 다음과 같다.

- 저는 이 부모들이 어떻게 자기 부모들이 했던 방식과 다르게 할 수 있었다고 생각하는지 궁금하네요. 이것에 대해 생각하면서 그들은 무엇을 발견했을까요? 이것은 그들이 다르게 생각하고, 행동하고, 느끼도록 하는 데 도움이 되었을까요?
- 그들이 서로를 위로하는 방법을 바꿀 수 있다면 어떤 변화가 생길까요? 이런 일이 일어나도록 도울 수 있는 방법은 무엇일까요? 그러면 미래는 어떻게 달라질까요?
- 이 치료 상황에 대해 이 가족은 어떻게 느낄까요? 이것이 이전의 감정과 어떻게 다를까요? 가족이 우리를 신뢰할 수 있게 돕는 것은 무엇이며 방해가 되는 것은 무엇일까요?
- 가족이 과거 자신들의 애착 패턴에 대해 새롭게 발견한 점은 무엇일까요? 가족은 역사가 세대에 걸쳐 반복될 필요가 있다고 생각할까요? 반복되는 역사를 바꾸는 데 도움이 되는 것은 무엇일까요?

- 과거의 사건을 되돌아보면서, 이 가족은 어떻게 과거가 그들을 지금과 같은 가족으로 만들었다고 생각할까요?
- 미래에 자녀들은 어떤 방식으로 다르게 행동할 것 같나요? 그들이 자기 가족을 갖는다면, 그들은 자신의 가족이 더 친밀하길 원할까요, 아니면 보다 독립적이고 자급자족적인 관계를 원할까요?

부록: 성인 애착 인터뷰

1. 가족과 관련된 이야기를 해 주세요. (성인기 이전)
   a. 부모나 형제자매, 자신을 연령 순서에 따라 배열하고, 종교, 직업, 결혼 시기, 교육 수준 등 다양한 정보를 기록해 주세요. 특별히 기록하고 싶은 가족(조부모, 이모, 등)도 적어 주세요.

   ....

   ....

   b. 각 사람의 성격을 나타내는 형용사를 긍정적인 것 세 개, 부정적인 것 세 개씩 적으세요. (형제의 수가 많을 경우에는 가족을 이해하는 데 중요하다고 여겨지는 형제 몇 명에 대해서만 적으세요.)

   ....

   ....

2. 기억해 낼 수 있는 가장 어린 시절을 회상해 보세요. 그 시절에 당신의 부모님과의 관계를 한번 묘사해 보세요.

   ....

   ....

* 출처: Cassidy, J. and Shaver, P. R. (eds) (2008). The adult attachment interview. *Handbook of Attachment: Theory, Research, and Clinical Applications* (2nd ed., pp. 552-598). New York: Guilford Press.

** 역자 주: 원저에는 없으나 3장의 AAI(151쪽 참조) 양식을 보충하기 위해 역자가 추가하였다. 실제 상담 현장에서 내담자에게 작성하도록 하거나 상담자가 질문하고 내담자의 대답을 기록하여 사용할 수 있다.

3. 쉽지 않다는 것은 알지만, 기억해 낼 수 있는 가장 어린 시절로 돌아가서(5~12세), 당신의 어머니와 당신의 관계를 표현해 줄 수 있는 다섯 개의 형용사나 단어를 제시해 주세요. 각각의 단어를 선택한 이유를 적어 주세요. (각 단어와 관련된 사건이나 기억도 적어 주세요.) 아버지와 관련된 형용사나 단어도 제시해 주세요.

4. 부모님 중 누구와 더 가까웠나요? 어느 한쪽의 부모와 덜 가까웠다고 느낀다면 그 이유는 무엇일까요?

5. 당신이 자랄 때에 감정을 어떤 식으로 다루었나요?
   a. 표현하고 나누었나요?

   b. 무시하였나요?

   c. 참았나요?

   d. 분노는 어떻게 다루었나요?

6. 부모님과 처음으로 분리(이별)했던 경험에 대해서 적어 주세요. 언제였고, 그때 당신은 어떻게 반응하고 당신의 부모님은 어떻게 반응했나요? 그 외에 기억에 남아 있는 다른 이별 경험에 대해서도 적어 주세요.

7. 어린 시절 큰 실망이나 불행한 사건이 있었나요? 그것들을 어떻게 다루었나요?

8. 어린 시절 부모로부터 거부 또는 거절당했다고 느끼거나 위협을 받은 적이 있나요? 그때가 몇 살이었나요? 그리고 당신은 그렇게 느꼈을 때 어떻게 했나요?

9. 전반적으로 당신 부모와의 경험이 지금 당신의 성격에 어떤 영향을 주었다고 생각하나요?

10. 배우자 선택의 기준으로 중요하게 생각했던 것은 무엇인가요? 어린 시절 가족이 어떤 영향을 미쳤나요?

커플상담에서의 활용 예: 앞의 인터뷰 내용들을 커플이 각자 작성한 후 서로 보여 주지 않는다. 후에 상담실에 와서 서로의 인터뷰 내용을 읽게 한다. 그러고 나서 다음의 질문들을 반영 형식으로 질문하고 답하도록 할 수도 있다.

앞의 답을 쓰시느라 고생 많으셨습니다. 여기서부터는 배우자가 이 내용들을 모두 읽고 나서 반응하는 반영의 시간입니다.

1. 배우자의 인터뷰 작성 내용을 읽고 무엇이 가장 와닿았고 기억에 남았나요?

2. 배우자의 경험들을 보면서 어떤 이미지가 떠올랐나요?

3. 배우자의 내용 중 나와 비슷한 부분이 있다면 어떤 점이었나요?

4. 배우자의 이야기 중 나에게 영향을 미치거나 변화를 준 부분이 있다면 무엇인가요?

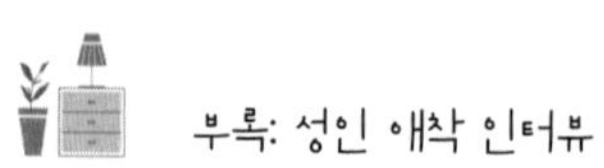

참고문헌

Ainsworth, M. D. S. (1973) The development of infant-mother attachment, in B. M. Caldwell and H. Riccuiti (eds) *Review of Child Development Research,* Vol. 3. Chicago: Chicago University Press.

Ainsworth, M. D. S. and Bell, S. M. (1970) Attachment, exploration, and separation. Illustrated by the behaviour of one-year olds in the strange situation, *Child Development,* 41: 49-67.

Ainsworth, M. D., Blehar, M. C., Waters, E. and Wall, S. (1978) *Patterns of Attachment: A Psychological Study of the Strange Situation*. Hillside, NK: Lawrence Erlbaum.

Andersen, T. (1987) The reflecting team: dialogue and meta-dialogue in clinical work, *Family Process,* 26: 415-28.

Anderson, H., Goolishan, H. A. and Windermand, L. (1986) Problem determined systems: toward transformation in family therapy, *Journal of Strategic and Systemic Therapies,* 5: 1-13.

Baerger, D. R. and McAdams, D. (1999) Life story coherence and its relation to psychological well-being, *Narrative Inquiry,* 9: 69-96.

Bales, R. F. (1950) *Interaction Process Analysis: A Method for the Study of Small Groups*. Cambridge, MA: Addison-Wesley.

Baron-Cohen, S., Tager-Flusberg, H. and Cohen, D. J. (eds) (1993) *Understanding Other Minds*. Oxford: Oxford University Press.

Bartholomew, K. and Horowitz, L. M. (1991) Attachment styles among young adults: a test of a four-category model, *Journal of Personality and Social Psychology*, 61(2): 226–44.

Bateson, G. (1972) *Steps to an Ecology of Mind*. New York: Ballantine.

Belsky, J. (1999) Interactional and contextual determinants of attachment security, in J. Cassidy and P. R. Shaver (eds) *Handbook of Attachment*. New York: Guilford Press.

Bion, W. R. (1962) *Learning from Experience*. London: Heinemann.

Bordin, E. (1979) The generalizability of the psychoanalytic concept of the working alliance, *Psychotherapy, Theory, Research and Practice*, 16: 252–60.

Bowlby, J. (1969) Attachment, *Attachment and Loss*, Vol. 1. New York: Basic Books.

Bowlby, J. (1973) *Attachment and Loss*, Vols 1 and 2. New York: Basic Books.

Bowlby, J. (1980) Loss, *Attachment and Loss*, Vol. 3. New York: Basic Books.

Bowlby, J. (1988) *A Secure Base*. New York: Basic Books.

Brennan, K. A. and Shaver, P. R. (1995) Dimensions of adult attachment, affect regulation, and romantic relationship functioning, *Personality and Social Psychology Bulletin*, 21(3): 267–83.

Bretherton, I. (1985) Attachment theory: retrospect and prospect, in I. Bretherton and E. Waters (eds) *Growing Points of Attachment Theory and Research* (Monographs for the Society for Research in Child Development), 50 (1–2, Serial No. 209): 3–35.

Bretherton, I. (1995) A communicational perspective on attachment relations and internal working models, in E. Waters, B. E. Vaughn, G. Posada and K. Kondo-Ikemura (eds) *Caregiving, Cultural, and*

Cognitive Perspectives on Secure-base Behaviour and Working Models: New Growing Points of Attachment Theory and Research. (Monographs of the Society for Research in Child Development.) 60 (2-3, Serial no. 244).

Brown, G. W. and Harris, T. (1989) *The Social Origins of Depression.* London: Routledge.

Bruner, J. (1990) *Acts of Meaning.* Cambridge, MA: Harvard University Press.

Byng-Hall, J. (1980) The symptom bearer as marital distance regulator: clinical implications, *Family Process,* 19: 355-65.

Byng-Hall, J. (1995) *Rewriting Family Scripts.* London: Guilford Press.

Cain, A. C. and Fast, I. (1972) Children's disturbed reactions to parent suicide, in A. C. Cain (ed.) *Survivors of Suicide.* Springfield, Ill: C. C. Thomas.

Cassidy, J., Woodhouse, S. S., Cooper, G., Hoffman, K., Powell, B. and Rodenberg, M. (2005) Examination of the precursors of infant attachment security, in L. J. Berlin, Y. Ziv, L. Amaya-Jackson and M. T. Greenberg (eds) *Enhancing Early Attachment.* Basingstoke: Taylor-Francis.

Catlin, G. and Epstein, S. (1992) Unforgettable experiences: the relation of basic beliefs to extreme life events and childhood relationships with parents, *Social Cognition,* 10: 189-209.

Cecchin, G. (1987) Hypothesizing, circularity and neutrality revisited: an invitation to curiosity, *Family Process,* 26(4): 405-13.

Coulehan, R., Friedlander, M. L. and Heatherington, L. (1998) Transforming narratives: a change event in constructivist family therapy, *Family Process,* 37: 17-33.

Craik, K. (1943) *The Nature of Explanation.* Cambridge: Cambridge

University Press.

Crittenden, P. M. (1995) Attachment and psychopathology, in S. Goldberg, R. Muir and J. Kerr (eds) *John Bowlby's Attachment Theory: Historical, Clinical and Social Significance*. New York: The Analytic Press.

Crittenden, P. M. (1997) Truth, error, omission, distortion, and deception: an application of attachment theory to the assessment and treatment of psychological disorder, in S. M. Clany Dollinger and L. F. DiLalla (eds) *Assessment and Intervention Issues Across the Life Span*. London: Lawrence Erlbaum.

Crittenden, P. M. (2004) Workshop on Dynamic Maturational Model and personal communication, Reading, UK.

Dallos, R. (1991) *Family Belief Systems, Therapy and Change*. Buckingham: Open University Press.

Dallos, R. (2000) *An Introduction to Family Therapy*. Buckingham: Open University Press.

Dallos, R. (2004) Attachment narrative therapy: integrating ideas from narrative and attachment theory in systemic family therapy with eating disorders, *Journal of Family Therapy*, 26(1): 40-66.

Dallos, R. and Draper, R. (2005) *An Introduction to Family Therapy*, 2nd edn. Maidenhead: Open University Press/McGraw-Hill.

Dallos, R. and Hamilton-Brown, L. (2000) Pathways to problems—an exploratory study of how problems evolve vs dissolve in families, *Journal of Family Therapy*, 22: 375-93.

Dallos, S. and Dallos, R. (1997) *Couples, Sex and Power: The Politics of Desire*. Buckingham: Open University Press.

Davies, P. T. and Cummings, E. M. (1998) Exploring children's emotional security as a mediator of the link between marital relations and child

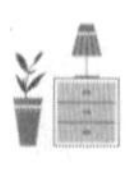

adjustment, *Child Development*, 69: 124-39.

De Shazer, S. (1982) *Patterns of Brief Therapy: An Ecosystemic Approach*. New York: Guilford Press.

Diamond, G. S. and Siqueland, L. (1998) Emotions, attachments and the relational reframe, *Journal of Structural and Strategic Therapy*, 17: 36-50.

Doane, J. A. and Diamond, D. (1994) *Affect and Attachment in the Family*. New York: Basic Books.

Donaldson, M. (1978) *Children's Minds*. New York: Norton Ekman.

Epstein, S. (1973) The self concept revisited or a theory of a theory, *American Psychologist*, 28: 404-16.

Epstein, S. (1980) The self concept: a review and the proposal of an integrated theory of personality, in E. Strubb (ed.) *Basic Aspects and Current Research*. Englewood Cliffs, NJ: Prentice-Hall.

Eron, J. B. and Lund, T. W. (1993) How problems evolve and dissolve: integrating narrative and strategic concepts, *Family Process*, 32: 291-309.

Feeney, J. (2003) The systemic nature of couple relationships: an attachment perspective, in P. Erdman and T. Caffery (eds) *Attachment and Family Systems*. Hove: Brunner-Routledge.

Fonagy, P., Leigh, T., Steele, M. et al. (1996) The relation of attachment status, psychiatric classification, and response to psychotherapy, *Journal of Counselling and Clinical Psychology*, 64(1): 22-31.

Fonagy, P., Steele, H., Moran, G. S., Steele, M. and Higgit, A. (1991a) The capacity for understanding mental states: the reflective self in parent and child and its significance for security of attachment, *Infant Mental Health Journal*, 13: 200-17.

Fonagy, P., Steele, M. and Steele, H. (1991b) Maternal representations of attachment during pregnancy predicts the organisation of infant-mother attachment at one year of age, *Child Development*, 62: 880-93.

Foreman, S. (1995) Inequalities of power, strategies of influence and sexual problems in couples. Unpublished PhD thesis. Milton Keynes: The Open University.

Foreman, S. and Dallos, R. (1992) Inequalities of power and sexual problems, *Journal of Family Therapy*, 14: 349-71.

Foucault, M. (1967) *Madness and Civilisation*. London: Tavistock.

Foucault, M. (1975) *The Archeology of Knowledge*. London: Tavistock.

Freud, S. (1922) *Introductory Lectures on Psycho-Analysis*. London: Allen and Unwin.

Freud, S. (1961) The ego and the id, in J. Strachey (ed. and trans.) *The Standard Edition of the Complete Works of Sigmund Freud*, Vol. 19. London: Hogarth Press.

George, C. and Salomon, J. (1999) Attachment and caregiving: the caregiving behavioural system, in J. Cassidy and P. R. Shaver (eds) *Handbook of Attachment: Theory, Research, and Clinical Applications*. New York: Guilford Press.

George, C., Kaplan, N. and Main, M. (1985) The Berkeley adult attachment interview. Unpublished. Berkeley, CA: Protocol Department of Psychology, University of California.

Gergen, K. (1999) *An Invitation to Social Constructionism*. London: Sage.

Gergen, K. J. and Davis, K. E. (eds) (1985) *The Social Construction of the Person*. New York: Springer-Verlag.

Goffman, E. (1959) *The Presentation of Self in Everyday Life*. Penguin: London.

Gottman, J. M. (1979) *Marital Interaction: Experimental Investigation*.

New York: Academic Press.

Gottman, J. M. (1982) Emotional responsiveness in marital conversation, *Journal of Marriage and the Family,* 32: 108-20.

Habermas, T. and Bluck, S. (2000) Getting a life: the emergence of the life story in adolescence, *Psychological Bulletin,* 126(5): 748-69.

Haley, J. (1963) *Strategies of Psychotherapy.* New York: Grune and Stratton.

Haley, J. (1976) Development of a theory: a history of a research project, in C. E. Sluzki and D. C. Ransom (eds) *Double Bind: The Foundation of the Communicational Approach to the Family.* New York: Grune and Stratton.

Haley, J. (1987) *Problem Solving Therapy,* 2nd edn. San Fransisco, CA: Jossey-Bass.

Harvey, J. H., Orbuch, T. L. and Weber, A. L. (eds) (1992) *Attributions, Accounts and Close Relationships.* London: Springer-Verlag.

Hazan, C. and Shaver, P. (1987) Romantic love conceptualised as an attachment process, *Journal of Personality and Social Psychology,* 52: 511-24.

Hoffman, L. (1981) *Foundations of Family Therapy.* New York: Basic Books.

Hollway, W. (1989) *Subjectivity and Method in Psychology.* London: Sage.

Hollway, W. and Jefferson, T. (2001) Free association, narrative analysis and the defended subject: the case of Ivy, *Narrative Inquiry,* 11(1): 103-22.

Howes, C. (1999) Attachment relationships in the context of multiple caregivers, in J. Cassidy and P. R. Shaver (eds) *Handbook of Attachment.* New York: Guilford Press.

Jackson, D. (1957) The question of family homeostasis, *Psychiatry Quarterly Supplement,* 31: 79-99.

Jackson, D. (1965) The study of the family, *Family Process,* 4: 1-20.

Johnson, M. and Best, M. (2003) A systemic approach to restructuring adult attachment: the EFT model of couples therapy, in P. Erdman and T. Caffrey (eds) *Attachment and Family Systems.* New York: Brunner-Routledge.

Johnstone, L. and Dallos, R. (2006) *Formulation in Clinical Psychology and Counselling.* London: Brunner-Routledge.

Katz, L. F. and Gottman, J. M. (1996) Spillover effects of marital conflict: in search of parenting and coparenting mechanisms, in J. P. McHale and P. Cowan (eds) *New Directions in Child Development,* Vol. 74. San Fransisco: Jossey-Bass.

Kelly, G. A. (1955) *The Psychology of Personal Constructs,* Vols. 1 and 2. New York: Norton.

Kobak, R. (1999) The emotional dynamics of disruptions in attachment relationships: implications for theory, research, and clinical applications, in J. Cassidy and P. R. Shaver (eds) *Handbook of Attachment.* London: Guilford Press.

Kobak, R. and Cole, H. (1994) Attachment and meta-monitoring: implications for adolescent autonomy and psychopathology, in D. Cichetti and S. C. Toth (eds) *Disorders and Dysfunctions of the Self.* Based on Papers presented at the 5th Annual Rochester Symposium on Developmental Psychopathology, Vol. 5. Rochester, NY: University of Rochester Press.

Kohut, H. (1977) *The Restoration of the Self.* New York: Internatioal Universities Press.

Labov, W. (1972) *Language in the Inner City.* Philadelphia: University of

Pennsylvania Press.

Labov, W. and Walesky, J. (1967) Narrative analysis: oral versions of personal experience, in J. Helm (ed.) *Essays on the Verbal and Visual Arts.* Seattle: University of Washington Press.

Laing, R. D. (1966) *The Politics of the Family and Other Essays.* London: Tavistock.

Lamb, M. E. (1977) The development of infant-mother and infant-father attachments in the second year of life, *Developmental Psychology,* 5: 355-7.

Leiper, R. (2001) *Working Through Setbacks in Psychotherapy.* London: Sage.

Luborsky, L., Critis-Cristoph, P., Leslie-Alexander, M. S., Margolis, M. and Cohen, M. (1983) Two helping alliance methods for predicting outcome of psychotherapy, *Journal of Nervous and Mental Disease,* 171(8): 480-91.

Main, M. (1991) Meta-cognitive knowledge, metacognitive monitoring, and singular (coherent) vs Multiple (incoherent) models of attachment: findings and directions for future research, in P. Harris, J. Stevenson-Hinde and C. Parkes (eds) *Attachment Across the Lifecycle.* New York: Routledge-Kegan Paul.

Main, M. and Goldwyn, R. (1991) Adult attachment classification system, version 5. Unpublished manuscript, University of California, Berkeley, CA.

Main, M. and Solomon, J. (1986) Discovery of an insecure disorganised attachment pattern: procedures, findings and implications for the classification of behaviour, in M. Yogman and T. R. Brazelton (eds) *Affective Development in Infancy.* Norwood, NJ: Ablex.

Main, M. and Weston, D. R. (1981) The quality of the toddler's relationship to mother and father: related to conflict behaviour and readiness to establish new relationships, *Child Development,* 52: 932-40.

Main, M., Kaplan, N. and Cassidy, J. (1985) Security in infancy, childhood and adulthood: a move to the level of representation, in I. Bretherton and E. Waters (eds) *Growing Points of Attachment Theory and Research* (Monographs of the Society for Research in Child Development), 50(1-2, Serial No. 209).

McCabe, A. and Peterson, C. (1991) Getting the story: a longitudinal study of parenting styles in eliciting narratives and developing narrative skill, in A. McCabe and C. Peterson (eds) *Developing Narrative Structure.* London: Lawrence Erlbaum.

McConnell, M. and Kerig, P. (1999) Inside the family circle: the relationship between coparenting and child adjustment in two-parent families. Paper presented at the Society for Research in Child Development, Albuquerque, NM, April.

Marx, K. and Engels, F. ([1846] 1970) *The German Ideology.* New York: International Publishers.

Mead, G. H. (1934) *Mind, Self and Society.* Chicago: Chicago University Press.

Mikulincer, M. and Shefi, E. (2000) Adult attachment style and cognitive reactions to positive affect: a test of mental cetagorization and creative problem solving, *Motivation and Emotion*, 24: 149-74.

Mikulincer, M., Shaver, P. R. and Pereg, D. (2003) Attachment theory and affect regulation: the dynamic, development, and cognitive consequences of attachment related strategies, *Motivation and Emotion,* 27(2): 77-102.

Minuchin, S., Rosman, B. and Baker, L. (1978) *Psychosomatic Families:*

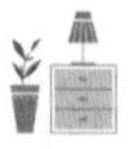

Anorexia. Cambridge, MA: Harvard University Press.

O'Hanlon, B. (1994) The third wave, *Family Therapy Networker,* 18: 18-29.

O'Hanlon, B. and Weiner-Davis, M. (1989) *In Search of Solutions.* New York: Norton.

Oppenheim, D. and Waters, H. S. (1985) Narrative processes and attachment representations: issues of development and assessment, in I. Bretherton and E. Waters (eds) *Growing Points of Attachment Theory and Research* (Monographs of the Society for Research in Child Development), 50(1-2, Serial No. 209): 197-215.

Owens, G., Croswell, J.A., Pan, H. et al. (1995) The prototype hypothesis and the origins of attachment working models: adult relationships with parents and romantic partners, in E. Waters, B. E. Vaughn, G. Posada and K. Kondo-Ikemura (eds) *Caregiving, Cultural, and Cognitive Perspectives on Secure-base Behaviour and Working Models: New Growing Points of Attachment Theory and Research* (Monographs of the Society for Research in Child Development), 60(2-3, Serial No. 244).

Palazzoli, M. S., Cecchin, G., Prata, G. and Boscolo, L. (1978) *Paradox and Counter Paradox.* New York: Jason Aronson.

Pereg, D. (2001) Mood and cognition: the moderating role of attachment style. Unpublished PhD dissertation. Bar-Ilan University, Israel.

Peterson, C. and McCabe, A. (1992) Parental styles of narrative elicitation: effect on children's narrative stricture and content, *First Language,* 12: 299-321.

Piaget, J. (1955) *The Child's Construction of Reality.* London: Routledge and Kegan Paul.

Pistole, M. C. (1994) Adult attachment styles: some thought on closeness-distance struggles, *Family Process,* 33: 147-59.

Potter, J. and Wetherell, M. (1987) *Discourse Social Psychology: Beyond Attitudes and Behaviour*. London: Sage.

Procter, H. (1981) Family construct psychology, in S. Walrond-Skinner (ed.) *Family Therapy and Approaches*. London: RKP.

Reiss, D. (1980) *The Family's Construction of Reality*. London: RKD.

Rogers, C. (1955) *Client-centred Therapy*. New York: Haughton Mifflin.

Salomon, J. and George, C. (1999) The measurement of attachment security in infancy and childhood, in J. Cassidy and P. R. Shaver (eds) *Handbook of Attachment: Theory, Research, and Clinical Applications*. New York: Guilford Press.

Schank, R. C. (1982) *Dynamic Memory: A Theory of Reminding and Learning in Computers and People*. Cambridge: Cambridge University Press.

Schank, R. C. and Abelson, R. P. (1977) *Scripts, Plans, Goals and Understanding*. Hillsdale, NJ: Erlbaum.

Shaver, P. R. and Mikulincer, M. (2002) Attachment related psychodynamics, *Attachment and Human Development*, 4: 133-61.

Simpson, J. A. and Gangestad, S. W. (1991) Individual differences in sociosexuality. Evidence for convergent and discriminant validity, *Journal of Personality and Social Psychology*, 60: 870-83.

Sluzki, C. E. (1992) Transformations: a blueprint for narrative changes in therapy, *Family Process*, 31: 217-30.

Steele, H. and Fonagy, P. (1995) Associations amongst attachment classifications of mothers, fathers and their infants, *Child Development*, 57: 571-5.

Stern, D. (1985) *The Interpersonal World of the Infant*. New York: Basic Books.

Talbot, J. and McHale (2003) Family level emotional climate and its

impact on the flexibility of relationship representation, in P. Erdman and T. Caffery (eds) *Attachment and Family Systems*. Hove: Brunner-Routledge.

Tomm, K. (1984) One perspective on the Milan systemic approach: part 1, overview of development, theory and practice, *Journal of Marital and Family Therapy*, 2: 113-25.

Tomm, K. (1988) Interventive interviewing: part 3. Intending to ask circular, strategic or reflexive questions, *Family Process*, 27(1): 1-17.

Trevarthen, C. (1980) The foundations of intersubjectivity: development of interpersonal and cooperative understanding, in. D. Olson (ed.) *Essays in Honour of J. S. Bruner*. New York: W.W. Norton.

Trevarthen, C. (1992) The function of emotions in early infant communication and development, in J. Nadel and L. Camioni (eds) *New Perspectives in Early Communicative Development*. London: Routledge.

Trevarthen, C. and Aitkken, J. (2001) Infant intersubjectivity: research, theory and clinical applications, *Journal of Child Psychology and Psychiatry*, 42: 3-48.

Tulving, E. (1972) Episodic and semantic memory, in E. Tulving and W. Davidson (eds) *Organisation of Memory*. New York: Academic Press.

Tulving, E. (1983) *Elements of Episodic Memory*. Oxford: Oxford University Press.

Van Ijzedoom, M. (1995) Adult attachment representations, parental responsiveness, and infant attachment: a meta-analysis on the predictive validity of the adult attachment interview, *Psychological Bulletin*, 117: 387-403.

Vaugh, B. E. and Bost, K. K. (1999) Attachment and temperament: redundant, I ndependent or interacting influences on interpersonal

adaptation and personality development, in J. Cassidy and P. R. Shaver (eds) *Handbook of Attachment: Theory, Research and Clinical Applications.* New York: Guilford Press.

Vygotsky, L. S. (1962) *Thought and Language,* 2nd edn. Cambridge, MA: MIT Press.

Waters, E., Vaughn, B. E., Posada, G. and Kondo-Ikemura, K. (1995) *Caregiving, Cultural, and Cognitive Perspectives on Secure-base Behaviour and Working Models: New Growing Points of Attachment Theory and Research* (Monographs of the Society for Research in Child Development), 60(2-3, Serial No. 244).

Watson, M. W. and Fischer, K. W. (1993) Structural changes in children's understanding of family roles and divorce, in R. R. Cocking and K. A. Renninger (eds) *The Development and Meaning of Psychological Distance.* Hillsdale, HJ: Erlbaum.

Watzlawick, P. (1964) *An Anthology of Human Communication.* Palo Alto, CA: Science and Behaviour Books.

Watzlawick, P., Beavin, J. and Jackson, D. (1967) *Pragmatics of Human Communication.* New York: Norton.

Watzlawick, P., Weakland, J. and Fisch, R. (1974) *Change: Principles of Problem Formation and Problem Resolution.* New York: Norton.

West, M. L. (1997) Reflective capacity and its significance to the attachment concept of the self, *British Journal of Medical Psychology,* 70: 17-25.

White, M. and Epston, D. (1990) *Narrative Means to Therapeutic Ends.* London: Norton.

Wiersma, J. (1988) The press release: symbolic communication in life story interviewing, *Journal of Personality,* 56: 205-38.

저자 소개

Rudi Dallos

영국 플리머스대학교 임상심리학 전공 교수이며, 프로그램 디렉터로서 박사과정 학생들의 임상심리 훈련을 책임지고 있다. 또한 그는 영국 남서부 지역에서 아동, 청소년 및 그들의 가족과 작업하는 임상심리학자이며 가족치료사로 일하고 있다. Open University Press에서 출간된 그의 저서들로는 『Researching Psychotherapy and Counselling』(Arlene Vetere와 공동 저술)과 『An Introduction to Family Therapy』(Ros Draper와 공동 저술)가 있다.

역자 소개

김유숙(Yoo-Sook Kim)

일본 동경대학교 의학부 보건학박사(임상심리 전공)

현 서울여자대학교 교육심리학과 명예교수

한스카운셀링센터 책임 슈퍼바이저

최지원(Jiwon Choi)

서울여자대학교 교육심리학과 문학박사(상담 및 임상심리 전공)

현 서울신학대학교 학생상담센터 상담교수

한스카운셀링센터 소장

유승림(Seung-Lim Ryu)

서울여자대학교 교육심리학과 박사수료(상담 및 임상심리 전공)

미국 풀러신학교 임상심리대학원 석사(결혼 및 가족치료 전공)

현 한스카운셀링센터 부소장 및 대표

애착 이야기치료

Attachment Narrative Therapy

2021년 5월 15일 1판 1쇄 인쇄
2021년 5월 25일 1판 1쇄 발행

지은이 • Rudi Dallos
옮긴이 • 김유숙 · 최지원 · 유승림
펴낸이 • 김진환
펴낸곳 • (주)학지사
04031 서울특별시 마포구 양화로 15길 20 마인드월드빌딩
대표전화 • 02-330-5114 팩스 • 02-324-2345
등록번호 • 제313-2006-000265호

홈페이지 • http://www.hakjisa.co.kr
페이스북 • https://www.facebook.com/hakjisa

ISBN 978-89-997-2418-3 93180

정가 15,000원

역자와의 협약으로 인지는 생략합니다.
파본은 구입처에서 교환해 드립니다.